# 사회복지개론

4판

박용순 저

Introduction
to
Social
Welfare

학지사

머리말

현대사회는 급속한 산업화와 정보화의 시대적 변화를 맞이하면서 예견할 수 없을 만큼 다양하고 복잡한 사회문제에 직면하고 있다. 이와 같은 전환기적 사회변동의 시기에 사회적 약자들의 심리적 고통과 경제적 생활고는 더욱 가일층되고 있으며, 일반 국민의 일상생활도 삶의 질에 있어서 불만족한 것이 현실이다.

사회복지는 개인의 기본적 욕구충족에서 인간다운 삶의 질을 높여 주는 경제적, 사회적, 가치적, 문화적 수준까지 그 활동목표를 삼고 있다. 그러나 현존 사회복지의 실상은 사회문제 해결의 기능적인 방법에 역점을 두고 있어 미래지향적이고 과학적인 이론과 실천의 체계화는 미흡한 것이 사실이다. 따라서 오늘날 사회복지의 방향은 특수한 욕구를 지닌 사회적 약자는 물론 일반 국민의 욕구를 충족시킬 수 있는 새로운 방안을 모색할 필요가 있다.

이 책은 저자가 지난 수년 동안 '사회복지개론'을 강의해 오면서 준비하고 수집한 자료를 바탕으로 구성하였다. 특히 금번에 이 책의 재개정을 통하여 최근 자료를 보충하였으며, 전체적인 내용을 수정하고 보완함으로써 독자의 요구에 부응하고자 노력하였다. 이 책은 가능한 한 사회복지학을 체계적이고 종합적으로 정리하여 사회복지의 전공자는 물론 부전공자, 일반 대학생이나 사회복지실무자 등을 대상으로 사회복지의 개괄적인 내용을 제공하기 위한 목적으로 집필하였다.

최근에 사회복지 과목은 대부분의 대학에서 교양과목으로 지정되거나 확대해 가는 중요한 과목으로 인정받고 있다. 이러한 추세는 현존 사회복지가 국민생활에 필수적인 요소가 되며, 사회복지서비스는 중요한 소비품으로 제공되기 때문이라고 본다. 최근에는 사회복지의 전문성을 강화하고 사회복지사의 자질을 향상시키기 위해 국가고시를 통한 전문사회복지사(1급) 자격증을 부여하는 법적 근거가 마련되었다. 이에 따라 한국사회복지대학협의회의 주관하에 2000년도부터 '사회복지학 교과목 지침서'가 마련되었으며, 이후에는 한국사회복지교육협의회를 중심으로 새로운 교과목 개편이 계속 이루어지고 있다.

이 책의 내용은 학생들과 독자들이 포괄적이고 체계적이며 쉽게 이해할 수 있도록 구성하는 데 역점을 두었다. 이에 전체 3부로 구성하고 '사회복지총론' '사회복지방법' '사회복지분야'로 분류하였다.

제1부 '사회복지총론'에서는 사회복지가 어떻게 구성되어 있고, 그 대상은 누구이며, 어떤 방법으로 제공할 것인가를 고찰하였다. 특히 사회복지의 역사적 흐름을 통해 현존 사회문제를 올바르게 이해하고, 거시적·미시적인 이론적 접근으로 새로운 해결방안을 모색하였다. 이에 1장 인간욕구와 사회문제, 2장 사회복지의 개념, 3장 사회복지의 구성, 4장 사회복지의 역사, 5장 사회복지의 이론으로 제시하였다.

제2부 '사회복지방법'에서는 사회복지대상자의 문제원인을 규명하고 진단하여 그 해결을 위한 실천방법론을 제시하였다. 즉, 개인, 집단, 지역사회를 대상으로 한 직접적인 접근방법과 행정, 조사, 행동을 통한 간접적인 접근방법을 중심으로 접근하였다. 이에 6장 사회복지실천, 7장 사회복지실천기술, 8장 지역사회복지, 9장 사회복지행정, 10장 사회복지조사로 제시하였다.

제3부 '사회복지분야'에서는 각 분야의 개념을 정의하고, 문제의 현상과 소재를 파악하여 적합한 프로그램을 제시하였다. 특히 사회복지분야별 문제해결의 과제로서 정책적인 방안과 실천적인 방안을 통한 체계적인 이해를 돕고자 접근하였다. 이에 11장 사회복지분야 I, 12장 사회복지분야 II, 13장 사

회복지분야 III으로 제시하였다.

　이 책을 출간하면서 먼저 하나님께 감사드린다. 그리고 학문적으로 인격적으로 신앙적으로 이끌어 주신 숭실대학교 고(故) 어윤배 총장님께 머리 숙여 감사드리며, 저자가 성결대학교에서 강의할 수 있도록 특별히 동기를 부여해 주신 성기호 총장님께도 깊은 감사를 드린다. 항상 저자에게 학문적 지지와 격려를 아끼지 않으신 학부 교수님들에게도 뜨거운 감사를 드린다.

　끝으로 이 책의 출판에 이어 재개정판을 적극적으로 맡아 주신 학지사의 김진환 사장님, 출판을 위해 많은 협조와 수고를 아끼지 않은 박나리 대리에게 깊은 감사를 드린다. 특히 학문의 정진에 묵묵히 힘이 되어 준 가족의 고마움을 잊을 수 없다.

2017년 3월
수리산 기슭의 연구실에서

차 례

# 제2부 | 사회복지방법

# 제3부 | 사회복지분야

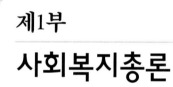

# 제1부
# 사회복지총론

# 제1장

# 인간욕구와 사회문제

　사회복지(social welfare)는 어떤 대상자에게 접근하기 위한 전제로서 우선 인간
욕구와 사회문제를 취급하게 된다. 인간욕구와 사회문제를 취급하는 기초로서 제기되
는 것이 바로 욕구(need)와 문제(problem)의 개념인데, 이 용어들은 사회복지 분
야에서 가장 많이 활용되는 중심적인 용어다. 욕구와 문제의 의미는 사회복지의 대상
자인 클라이언트(client)에게 서비스를 제공하는 전문적인 사회복지의 실천뿐만 아
니라 사회복지정책을 수립하는 데 있어서 중요한 개념이다. 따라서 이 장에서는, 첫
째, 인간욕구의 본질, 둘째, 사회문제의 본질, 셋째, 현대사회와 사회문제 등을 중심으
로 살펴보고자 한다.

<h2 style="text-align:center">제1절 인간욕구의 본질</h2>

## 1. 기본욕구

욕구(needs)란 한글사전에서 '욕심껏 구함'이라고 풀이되어 있다. 심리학에서는 욕구를 '유기체가 건강한 상태를 유지하여야만 하는 세포가 지닌 본질'로 규정하고 있으며, 일반적인 의미로는 '개인이 그의 복지에 유해한 것으로 느껴지는 어떠한 결핍 혹은 부족'으로 설명하고 있다.[1] 따라서 욕구는 어떠한 목적을 위해 '좋은 것' '필요한 것' '필수적인 것' 등을 의미한다. 즉, 어떤 목적을 위해 필요하거나 필수적인 것이 결핍된 것을 말한다.

사회복지학에서는 욕구의 의미에 대해 '인간이 사회생활을 영위함에 있어서 충족시켜야 할 기본적인 욕구를 나타내는 말……. 유기체의 행동을 일으키게 하는 생활체 내부의 원인'으로 본다. 즉, 식물이나 물은 동물에게 절대적으로 필요하며, 이것이 없을 때는 얻으려고 하는 긴장상태가 생긴다고 설명하고 있다.[2]

이상의 내용을 요약해 보면, '욕구는 유기체가 존재하기 위해 무엇인가 필요한 것을 구하는 본질적인 현상'을 의미한다. 모든 생명체는 그 존립을 위해 무엇인가를 소모하고 필요로 하는데, 이는 모든 유기체가 욕구를 가지고 있다고 말할 수 있다.

일반적으로 기본욕구(basic needs)는 두 가지 요소를 포함하고 있다. 첫째는 '최소한의 요소'를 포함하는 것이고, 둘째는 '필수불가결한 요소'를 포함하는 것이다.[3] 즉, 기본욕구란 인간욕구 중에서 모든 개인에게 존재하는 공통

---

1) J. Chaplin, *Dictionary of Psychology* (New York: Dell Publishing Co. Inc., 1968), p. 336.
2) 대구대학교 사회복지연구소 편, 『사회복지사전』 (서울: 경진사, 1985), p. 294.
3) P. Richards & A. Thomson, *Basic Need and the Urban Poor* (London: Croom Helm, 1984), p. 1.

적이면서 필수불가결한 최소한의 욕구를 의미한다. 이에 사회복지는 인간욕구 중에서 특별히 기본욕구의 충족에 일차적인 관심을 두고 있다. 따라서 기본욕구의 구체적인 내용은 다음과 같이 설명할 수 있다. 기본욕구는 ① 모든 개인에게 공통적으로 존재하는 욕구이고, ② 모든 개인에게 필수불가결한 욕구이며, ③ 모든 개인에게 최소한의 수준으로 있어야 하는 욕구 등이다. 이와 같은 기본욕구의 내용을 제시하면 다음과 같다.

- **공통적인 욕구**: 개인이 갖는 인종, 종교, 성, 연령, 교육수준, 사회경제적 지위 등에 관계없이 모든 인간이 지니는 욕구를 의미한다. 이 욕구의 원리는 사회복지서비스를 제공함에 있어서 가끔 무차별적 평등의 원리로 표현되고 있다. 그리고 공통적인 욕구에는 의식주를 중심으로 직업, 건강, 가족 등이 포함될 수 있다.

- **필수불가결한 욕구**: 인간의 생활유지에 필수적으로 요구되는 욕구를 의미한다. 이러한 욕구가 충족되지 않는다면 인간다운 생활이 보장될 수 없다. 오늘날 국가 존립의 핵심적인 근거로서 헌법상 '생존권 규정'을 설정한 것은 이와 같이 기본욕구의 이념을 부각시키고자 하는 데 있다. 따라서 이 욕구의 목적에는 인간으로서 존립이라는 일차적인 생존뿐만 아니라 사회적 존재로서의 적절한 생활내용이 포함되어 있다.

- **최소한의 욕구**: 개인이 인간으로서의 생활을 영위할 수 있는 정도로 충족되어야 하는 인간의 욕구를 의미한다. 즉, 앞의 두 가지 욕구가 기본욕구의 '내용적' 측면이라면 최소한 욕구의 특징은 욕구의 '수준적' 측면에 관한 것이라 할 수 있다. 최소한의 욕구개념은 '국민적 최저수준'(national minimum) 혹은 '사회적 최저수준'(social minimum)으로 표현되면서 한 국가의 사회정책에 대한 기본원리가 된다.

이상에서 중요한 사실은 세 가지 욕구특성이 시대와 국가에 따라 변화하고 있다는 것이다. 이러한 시대의 변화에 따라 사회경제적 수준이 상승하면서 점차 욕구수준이 높아지며 욕구내용도 다양하고 복잡해진다는 것을 알 수 있다.

## 2. 사회적 욕구

사회적 욕구(social needs)는 인간의 기본욕구가 개인적 차원에서가 아니라 사회적 차원에서 발생 가능하다는 인식에서 존재하게 된다. 즉, 사회적 욕구는 기본욕구 중에서 사회적 맥락을 지닌 욕구를 지칭한다. 그러므로 사회복지에서 관심을 가지게 되는 사회적 욕구는 기본욕구의 사회적 특징을 반영하고 있다.

사회과학의 발달은 사회변동으로 인한 욕구불만족의 원인을 개인적인 것에서 사회적인 것으로 인식할 수 있는 안목을 제공하였다. 특히 빈곤의 원인에 대한 해석을 고대사회로 거슬러 올라갈수록 개인책임으로 규정한 반면, 현대사회로 오면서는 점차 가족, 집단, 지역 혹은 국가나 국제사회 등으로 확대하는 경향을 알 수 있다. 물론 빈곤의 원인에는 아직도 개인적인 요소가 존재하고 있지만, 한편으로 현대 산업사회가 가져오는 원인이 더욱 강하게 작용하고 있는 것이 사실이다. 그리고 자본주의 경제제도가 가져오는 경기변동에 따른 실업 등은 전형적인 구조적 빈곤의 원인으로 지적할 수 있다.

따라서 빈곤의 사회적 혹은 사회구조적 맥락을 발견하게 됨으로써 개인의 기본욕구에 대한 사회적 개입의 근거가 확고하게 서게 된다. 브래드쇼(J. Bradshaw)는 사회적 욕구를 ① 규범적 욕구(normative need), ② 느낀 욕구(felt need), ③ 표현된 욕구(expressed need), ④ 비교적 욕구(comparative need) 등으로 제시하고 있다. 이는 사회복지 분야에서 사회적 욕구의 중요성을 파악하는 데 중요한 의미를 지니고 있다. 이에 사회적 욕구의 내용을 구

체적으로 제시하면 다음과 같다.[4]

- 규범적 욕구: 이 욕구는 전문가가 주어진 사회적 상황에서 정의한 욕구를 의미한다. 즉, 사회적으로 욕구의 바람직한 수준이 정해지고, 실질적으로 존재하는 욕구수준과 비교하여 자신이 바람직한 수준에 미치지 못하면 그들이 욕구상태에 있다고 보는 관점이다.

- 느낀 욕구: 이 욕구는 개인이나 집단의 욕망(want)과 동일시되는 욕구를 의미한다. 즉, 욕구의 주관적 지각에 초점을 맞추고 있으며, 관련된 사람들에게 특정 서비스의 필요성을 느끼고 있는지 여부를 물어봄으로써 파악하는 관점이다.

- 표현된 욕구: 이 욕구는 사람들이 어떤 서비스가 필요하다고 인지하는 욕구를 의미한다. 즉, 어떤 상황에서 자신이 지니고 있는 욕구가 충족되길 요청하거나 직접 요구하는 행동을 취하는 욕구상태에 대한 관점이다.

- 비교적 욕구: 이 욕구는 서비스대상자들이 자신의 입장에서 비교하는 욕구를 의미한다. 즉, 비슷한 어려운 생활상태에서 어떤 사람은 수급대상자이고 자신은 수급대상자에서 제외된 경우의 욕구상태를 파악하는 관점이다.

따라서 사회적 욕구는 모든 사람이 생존, 성장, 충족 등을 위해 필요로 하는 기본요건을 의미한다. 이 요건들은 적절한 직업, 소득, 주거, 보건, 지식,

---

4) J. Bradshaw, "The Concept of Social Need", in N. Gilbert & H. Specht eds., *Planning for Social Welfare* (New Jersey: Prentice Hall Inc., 1977), pp. 18-20.

사회참여, 개인의 자유 등을 포함하고 있다.[5] 결국, 사회적 욕구는 특정한 사회에서 사회복지를 통해 해결해야 하는 인간의 기본적 욕구로 인식하고, 브래드쇼가 언급한 이상의 네 가지 욕구 측면이 개인이나 집단에게 적절히 반영되어야 한다.

## 3. 인간욕구

사회복지의 주된 관심부분은 인간이 지닌 욕구에 있다. 인간욕구(human needs)는 인간이 그 존립을 위해 필수불가결하게 충족해야 하는 본질적인 현상을 말한다. 매슬로(A. Maslow)는 인간의 욕구를 생리적 욕구(physiological need), 안전의 욕구(safety need), 사랑의 욕구(love need), 자존감의 욕구(self-esteem need), 자아실현의 욕구(self-actualization need)의 다섯 가지로 분류하고 있다.[6] 이와 같은 인간욕구의 5단계 이론을 간략히 설명하면 다음과 같다.

- 생리적 욕구: 이 욕구는 인간의 욕구 중에서 가장 기본적이고 강한 욕구를 의미한다. 예컨대, 생물학적 생존의 욕구로서 배고픔, 갈증, 수면, 성욕, 피로 등 감각적 자극에 대한 욕구를 말한다. 이러한 생리적 충동들은 유기체의 생물학적 유지 및 기본적인 삶의 영위와 직접적으로 관련되어 있는 기초욕구를 나타낸다.

- 안전의 욕구: 이 욕구는 일단 생리적 욕구가 충족되면 새로운 안전한 것에 관심을 갖는 욕구를 의미한다. 예컨대, 자신의 환경 내에서 안전성, 안락함, 평정, 평온 등으로 적절히 보장받고자 하는 욕구를 말한다. 인

---

5) B. Gates, *Social Program Administration* (New Jersey: Prentice-Hall Inc., 1980), pp. 102-115.

6) L. Hjelle & D. Ziegler, *Personality Theories* (London: McGraw-Hill International Book Co.,1981), pp. 368-374.

간은 누구든지 안전의 욕구를 위하여 끊임없이 축적하고 욕심을 나타
낸다.

- 사랑의 욕구: 이 욕구는 주로 생리적 및 안전의 욕구가 충족되었을 때 건
  전한 사회적 관계를 나타내는 욕구를 의미한다. 예컨대, 개인은 사회체
  계 내에서 타인과의 애정적 관계, 준거집단의 형성, 사회적 관계성 등을
  갈망하는 욕구를 가지게 된다. 개인이 어느 정도 생활의 여유가 생기면
  사회적 관계를 형성할 수 있는 욕구를 나타낸다.

- 자존감의 욕구: 이 욕구는 사회적으로 자기존중과 타인의 존경을 받고자
  하는 욕구를 의미한다. 예컨대, 개인은 사랑을 받고 남을 사랑하려는 욕
  구, 자신의 능력, 신뢰감, 자신감, 자기계발, 긍정적인 자아관 등의 욕구
  를 나타나게 된다. 개인은 사회적으로 출세했다면 자신을 부각시켜 많
  은 사람의 존경을 받고자 하는 욕구를 나타낸다.

- 자아실현의 욕구: 이 욕구는 이상의 모든 욕구가 충족됨으로써 마지막으
  로 성취되는 욕구를 의미한다. 예컨대, 자아를 실현한다는 것은 자신의
  재능, 능력, 잠재력을 충분히 발휘하여 자기가 원하는 유형의 사람이 된
  다는 것을 말한다. 이는 자아실현으로써 자신의 잠재능력을 최대한 발
  휘하여 목표를 이루고자 하는 욕구를 나타낸다.

이상의 인간욕구이론에 의하면, 인간의 욕구는 모든 인간생활의 정도와
깊이에 대한 욕구와 관련되어 있다. 인간욕구의 발생은 특정 집단에의 접근,
이탈, 저항, 대항, 대결 등을 초래하기도 하고, 타인의 도움을 통해 개인의 욕
구를 충족하기도 한다. 인간욕구는 단순히 생존에 국한하는 것이 아니라, 개
인의 성격(personality)을 개발하고 형성하는 데 있어서 매우 중요하다. 특히

개인의 성장은 전반적인 사회적 활동을 통해서 이루어진다. 예컨대, 동료관계, 취업활동, 결혼생활, 이웃관계, 봉사활동, 교회활동 등 상호관계의 경험을 통해 개인의 성격이 바람직하게 형성되고 사회의 구성원으로서 성장되어 간다는 것이다. 이러한 맥락에서 인간욕구는 다음과 같은 세 가지 특징을 지니고 있다.

- 개인의 욕구충족이 실패한다면 상대적으로 역기능적이거나 혼란상태가 유발된다. 예컨대, 비타민의 부족은 영양실조를 가져오고, 사랑의 결핍은 우울증을 야기시킬 수 있다.
- 개인이 실패한 욕구에 대해서는 다시 욕구를 충족시켜 회복됨으로써 역기능이나 혼란상태를 치유할 수 있다.
- 개인은 현존 상태에서 하나의 기본적인 욕구가 충족된다면, 다음 단계의 욕구충족으로 이동할 수 있다.[7]

따라서 사회복지분야에서 매슬로(Maslow)의 인간욕구이론은 우리에게 다음과 같은 중요한 시사점을 제시한다.

- 인간욕구의 단계는 위계적인 특성을 지니고 있다는 점이다. 대부분 사회복지서비스는 낮은 수준의 욕구충족에서 높은 수준의 욕구충족을 지향할 필요가 있다. 이것은 한정된 사회적 자원(social resource)으로서 가능한 한 사회복지프로그램의 효율성을 제고시키기 위해 낮은 수준의 욕구로부터 높은 수준의 욕구해결을 위해 노력해야 된다는 점을 암시한다.
- 인간욕구의 단계는 사회복지서비스 프로그램에서 비교연구의 기준이

---

7) B. Weiner, *Human Motivation* (New York: Holt Co., 1980), p. 412.

될 수 있다는 점이다. 각국에서 사회복지서비스를 제공하는 지향점은 어떤 욕구수준을 중심으로 하고 있는가의 비교분석이 가능하다. 이는 사회복지프로그램의 발달수준을 파악할 수 있는 기준이 될 수 있다.

• 인간욕구는 무한하기 때문에 현실사회에서 완전하게 충족될 수는 없다는 점이다. 인간은 어떤 욕구를 어디까지 충족해야 타당한지를 예측하기 어렵다. 다만, 인간생활은 끊임없이 보다 높은 수준의 욕구를 충족하기 위하여 각 개인이 일생 동안 노력하는 삶이라 할 수 있다.

## 제2절 사회문제의 본질

### 1. 개인문제

개인문제(individual problems)란 '인간에게 자신에 대한 해결욕구를 유발시키는 불만족스러운 상태'로 규정할 수 있다.[8] 일반적으로 개인문제는 인간생활에서 끊임없이 발생되고 있으며, 그것을 해결하는 과정이 인생이라고 말할 수 있다. 이러한 개인문제가 인간으로서 생존과 생활에 치명적이라면 반드시 어떠한 채널을 통해서 해결되어야 한다.

개인문제는 인간의 욕구충족을 차단하는 것이며, 때로는 욕구의 불충족 그 자체인 것으로 해석할 수 있다. 사회복지에서의 개인문제는 일단 욕구와 연관된 것이며 사회복지의 중요한 대상이자 관심사다. 개인문제는 자신이 지닌 다양한 욕구의 충족과 대응하면서 발생하는 동시에 잠재되며 소멸되기도 한다. 따라서 문제와 욕구는 일대일의 상대적인 대응관계를 지니며, 사회복지를 통한 욕구의 충족은 문제해결과 예방으로 연결된다. 이는 인간다운

---

8) J. Anderson, *Public Policy Making* (New York: Holt Co., 1979), pp. 52-53.

생활의 보장이라는 목표달성에도 연결될 수 있다.

그러나 욕구가 어떠한 원인에서든 충족되지 못하였을 경우 개인문제의 발생이 가능하며, 그 결과로 인간으로서의 생활을 영위하는 데 개인과 그 가족이 직접 어려움을 당하게 된다. 가끔 자신이 살고 있는 지역이나 사회 전체에 부정적인 파급효과를 가져오기도 한다. 개인문제의 발생은 인간과 자연활동에 의해 야기된 다양한 사건과 그에 대한 인간문제 의식의 두 가지 요인이 함께 작용함으로써 이루어진다. 즉, ① '소극적 양식'의 문제는 수많은 사건이 계속적으로 발생한다고 해도, 그것을 불만족스럽게 여기지 않는 한 문제는 존재하지 않는다. ② '적극적 양식'의 문제는 느낀다고 해도 문제를 해결하고자 하는 욕구가 없다면, 그것이 문제로 진전되지 않은 채 잠재되어 버린다는 것이다.[9]

따라서 문제는 학자에 따라 '개인문제'(individual problems)와 '사회문제'(social problems)로 상호 대응적인 개념으로 구분하고 있다. 특히 밀즈(C. Mills)는 이를 '사적문제'(private troubles)와 '공공문제'(public issue)로 구분하여 제시하였다. 즉, ① '사적문제'는 개인의 성격문제나 타인과의 당면한 관계성의 문제를 의미하고 있으며, ② '공공문제'는 일련의 특징이 있는 진정한 사회문제로 다음과 같이 강조하고 있다.[10]

- 범주성으로서 사회구성원의 상당수가 문제의 결과에 대해 공유하고 있다.
- 고유성으로서 개인의 연령, 성별 등을 초월하여 공통적으로 발견되고 있다.
- 영속성으로서 사회문제의 결과가 장기간 지속적인 상태로 나타나고 있다.
- 역기능성으로서 사회현상에 나쁜 영향을 미치는 문제의 원인으로 보고 있다.

9) 안해균, 『정책학원론』(서울: 다산출판사, 1990), p. 134.

10) R. Merton & R. Nisbet, *Contemporary Social Problems* (New York: Harcourt Bruce Jovanovich, 1979), pp. 3-8.

이상에서 개인문제의 관점은 영향을 받은 사람들의 생활 속에서 사회정책과 프로그램에 의한 개입에 대하여 언급해 주며, 한편 공공문제의 관점은 불균형적으로 영향을 미치는 역할, 가치기준, 규범, 이해관계 등을 포함하여 구조적 변화에 대한 개선을 시사해 주고 있다.

## 2. 사회문제

사회문제(social problems)는 문제발생의 원인(cause)과 그 특성에 있어서 사회적(social)인 데 강조점을 두고 있다. 최근 사회문제의 본질이 무엇이며, 사회문제와 사회복지가 어떤 연관성을 지니고 있는가에 대해서는 많은 학자에 의해 논의되어 왔다. 따라서 사회문제라고 정의할 때는 다음의 네 가지 의미를 포함하고 있다.

- 사회문제는 다수의 사람에게 영향을 주는 조건이 된다.
- 사회문제는 사회현상에 대해 바람직하지 못한 조건이 된다.
- 사회문제는 사회적으로 무엇이 행하여지기를 요구한다.
- 사회문제는 집단적 사회행동에 의해 사회개입이 존재한다.[11]

사회문제가 개인문제와 구별되는 두 가지의 특성은 '사회성'(sociality)과 '보편성'(universality)으로 제시할 수 있다.

- 사회성: 개인의 욕구충족이 어려운 상태가 문제에 직면한 개인의 책임이 아니라, 상대적으로 사회적 제도나 구조상의 결함으로 인하여 야기되는 경우를 의미한다. 예컨대, 환경오염의 문제는 개인적 차원의 해결이 효과

---

11) P. Horton & G. Leslie, *The Sociology of Social Problems* (New York: Appleton Century Crofts, 1955), p. 4.

적이지 못하며 사회 전체적인 노력을 필요로 한다. 따라서 사회문제란 다양한 개인문제 중에서 사회적인 맥락을 가진 문제라고 말할 수 있다.

• 보편성: 사회문제가 지닌 부정적인 영향력이 특정 개인에게만 한정된 것이 아니라, 사회구성원 전체에 보편적으로 미칠 수 있는 경우를 의미한다. 예컨대, 환경오염의 문제가 가져오는 부정적인 영향력으로 질병과 장애가 사회구성원 누구에게나 보편적으로 끼칠 수 있는 문제라고 말할 수 있다.

이상의 두 가지 관점은 개인문제와 분명하게 구별하기 위한 지침이 되며, 사회문제의 발생에는 그 전제로 개인문제의 발생이 선행되고 있다. 이에 개인문제는 어느 정도 시간이 흐름에 따라 이상의 두 가지 조건이 더욱 분명해지면서 사회문제로 확대된다. 다시 말해서, 개인적인 사건이 불특정 다수인에게 장시간에 걸쳐 반복적으로 일어나면서 개인문제는 사회문제가 된다는 것이다. 그러므로 사회문제의 기본속성은 불특정 다수인과 불만족스러운 상태의 지속성을 의미한다.

따라서 사회문제는 문제인식의 주체와 직접적 또는 간접적인 영향의 대상이 특정 개인이 아닌 불특정 다수인으로서의 사회구성원이라는 것이다. 이러한 사회문제를 방치할 경우 궁극적으로는 사회 자체의 붕괴까지 초래할 수도 있다. 그러므로 사회문제의 출발은 개인문제이며, 이 개인문제에 불특정 다수성과 사회적 중요성이 결합됨으로써 사회문제가 등장하게 된다. 그렇다면 사회문제가 사회복지와 어떤 연관성을 지니는가 하는 것은 두 가지 측면에서 간략히 제시할 수 있다.

• 개인문제에서 사회문제로 문제의 성격이 전환되면 사회적으로나 국가적으로 그 문제해결에 대한 공식적인 관심이 출현할 수 있다는 것을 시

사하고 있다. 그와 같은 공식적인 관심으로서 구체적인 사회문제의 해결을 위한 대응책이 바로 사회복지라 할 수 있다. 이러한 과정에서 사회복지대책은 갑작스럽게 출현하는 것이 아니라, 복잡한 과정을 거치면서 하나의 공식적인 대책이 수립된다는 것이다.

• 개인문제가 사회문제로 규정되고 수용되는 것은 사회체계 내의 다양한 개인문제 중에서 경합과정을 거쳐 선택되고 있다. 경합과정에서 사회문제로 인지되고 수용된다는 것은 그 문제에 대해서 사회가 해결의 의지가 있음을 간접적으로 암시한다. 이러한 과정은 특정 사회의 경제적, 사회적 여건과 가치적, 문화적 측면을 반영하고 있으며, 동시에 특정 사회체계 내의 역학관계를 나타내면서 매우 복잡하고 다양한 의미를 지닌다. 이에 개인문제가 사회문제로 전환되는 과정은 그 문제를 해결하기 위한 공식적이고 체계적인 사회복지정책이 실현되는 가장 초기단계로 볼 수 있다.

## 3. 사회문제의 접근방법

사회문제의 관점을 논의하기 위한 기초과정으로서 사회문제의 동향을 살펴보는 것은 중요하다. 사회문제를 바라보는 입장에서 몇 가지 중요한 질문을 제시해 보면, '사회문제가 무엇인가' '사회문제는 왜 생기는가' '사회문제를 어떻게 해결할 것인가' 등이다. 따라서 사회문제의 속성을 간략히 제시하면 다음과 같다.[12]

• '사회문제가 무엇인가'라는 질문 속에는 두 가지 의미가 내포되어 있다. 하나는 어떤 경우의 사회현상을 사회문제로 보는가 하는 개념적 문제이

12) 김영모, 『현대사회문제론』 (서울: 한국복지정책연구소출판부, 1982), pp. 286-287.

고, 다른 하나는 어떤 현상을 사회문제로서 구체적으로 다루는가 하는 연구대상의 문제라 할 수 있다.

• '사회문제는 왜 생기는가'의 질문도 두 가지 의미를 포함하고 있다. 하나는 어떤 사회현상이 이미 사회문제로 규정되었다면, 그 사회문제가 발생하게 된 원인은 무엇인가 하는 원인적 문제이고, 다른 하나는 여러 사회현상 중 어떤 현상이 사회문제로 부각되느냐 혹은 부각되지 않는가 하는 구성적 문제로 볼 수 있다.

• '사회문제를 어떻게 해결할 것인가'의 질문이다. 즉, 사회문제의 원천이 어디인가에 대한 전제가 있어야 하고, 어떻게 분석할 것인가의 방법적 모색이 있어야 하며, 그 바탕 위에서 해결접근이 이루어져야 할 필요가 있다.

사회문제에 대한 접근방법은 '정책적 접근방법' '실천적 접근방법' '통합적 접근방법' 등으로 구분할 수 있으며, 그 구체적인 내용을 제시하면 다음과 같다.[13]

• 정책적 접근방법: 이 접근법은 사회제도의 결함으로 생긴 사회문제를 정책적으로 해결하는 견해다. 이것은 사회문제를 개인의 책임이 아닌 국가와 사회의 책임으로 보고, 국가정책에 의하여 사회문제를 해설해야 한다는 관점이다.

• 실천적 접근방법: 이 접근법은 사회복지현장 중심으로 개인의 욕구불만에서 기인한 사회문제를 실천방법으로 해결하는 견해다. 이 방법은 인간의 욕구나 개인의 일탈행위 등에 대해 개인성격의 계발을 통해 해결접근을 모색한다는 관점이다.

---

13) 김영모, 『현대사회복지론』(서울: 한국복지정책연구소출판부, 1982), pp. 22-26.

- **통합적 접근방법**: 이 접근법은 정책적 접근과 실천적 접근을 결합하여 해결하는 견해다. 즉, 주로 사회해체, 가출문제, 이혼문제, 빈곤문제 등을 예방하고 치료하는 데 역점을 두고 있다. 특히 현대의 사회문제는 정책적 접근방법이나 실천적 접근방법 중 한 가지에 의해 해결될 수 있는 것이 아니고, 두 가지 방법이 통합적으로 적용되어야 해결이 가능하다고 본다.

## 제3절 현대사회와 사회문제

### 1. 자본주의 경제체제

자본주의 체제는 과거의 봉건적 체제와는 전면적으로 다른 사회경제적 체제로 변화되어 오면서 새로운 인간욕구의 창출과 사회문제를 야기해 왔다. 이러한 흐름 속에서 자본주의 경제체제는 본질적으로 사회복지를 요구하게 되고, 자본주의 경제체제가 시작됨과 동시에 근대적인 사회복지가 출현하기 시작하였다.

- 자본주의 경제체제는 경제원리의 근간으로 영리주의, 자유경쟁, 사유재산 등에 바탕을 두고 있다. 이러한 기본적 원리를 바탕으로 모든 국민은 평등하고 자유롭게 경제활동에 참여하게 된다. 그러나 현실적으로 생산수단을 소유한 자본가와 소유하지 못한 노동자로 구분할 수 있는데, 이러한 자본가와 노동자의 관계는 이상적이고 평등한 관계라기보다는 불평등한 관계로 이루어지고 있다. 즉, 불평등한 관계는 자본주의 경제체제의 발달에 따라 점차 노동자는 상대적 약자로 전락하게 되고, 궁핍화의 길로 접어들게 된다는 것이다. 결국 이윤을 극대화하려는 자본가의

속성에 따라 노동자의 약화와 그 가족생활의 궁핍화를 초래하게 된다는 논리다.

- 자본주의 경제체제는 노동력을 갖지 못한 사회적 약자들에 대한 사회복지대책을 출현하게 하였다. 사회적 약자를 대상으로 하는 사회복지는 일차적으로 노동력을 가진 노동자와 노동력을 아직 갖추지 못한 노동자 대상으로 분류된다. 그러나 자본주의 시장경제의 교환관계에 있어서 노동력이 부분적으로 결여되거나 완전한 노동력을 갖추지 못한 사회적 집단들에 대한 보호는 자본주의의 원리에 맞지 않는 것이다. 그렇다면 문제는 자본주의 시장경제의 원리에 참여하지 못한 자는 방치되어 스스로 삶을 포기하도록 해야 하는가, 그렇지 않으면 국가나 사회는 이들 사회적 약자의 복지증진을 위한 사회복지대책을 강구해야 하는가 하는 것이다.

따라서 국가는 노동자와 그 가족을 보호하려는 사회복지입법을 통하여 자본가와 노동자의 관계에 개입하게 되었다. 즉, 노동법을 비롯한 사회복지법 및 사회보장법이 확대되면서 중요한 사회복지의 기반을 닦게 되었다. 그리고 두 가지 측면에서 사회적 약자에 대한 보호가 이루어지고 있다.

- 생존권이란 측면에서 국가가 일방적으로 사회복지서비스를 제공한다.
- 전체 사회의 질서유지와 사회통제적인 목적에서 사회복지서비스를 제공한다.

이에 국가는 사회적 불안정과 혼란을 예방하기 위해 공공부조와 사회보험, 사회복지서비스 등을 도입하게 되었다. 궁극적으로는 사회적 약자를 원조하기 위한 이상의 제도들은 자본주의 경제의 발달에 따른 산물로 볼 수 있다.

## 2. 산업사회의 산물

산업사회로 이행됨에 따라 산업현장에 종사하는 노동자의 수가 증가하게 되고, 산업화로 초래되는 각종 사회문제들이 확대됨으로써 그에 대응하는 사회복지가 요청되어 왔다. 미쉬라(R. Mishra)는 국가의 사회복지적 개입이 산업화의 진전에 따른 결과라고 주장하였다.

산업화의 진전에 따라 노동자가 점차 늘어나게 되고, 그들은 실업, 질병, 산업재해 등의 위험에 노출되었다. 또한 퇴직한 이후 소득보장의 문제라든 지, 도시화에 따른 도시환경과 토지이용에 대한 국가통제가 필요하게 되었 다. 동시에 산업화에 따른 기술인력, 대중시민의 교육문제 등도 정부의 개입 을 요구하고 있다. 이러한 여러 요인에 의해 국가는 개인의 사회복지 부문에 많은 개입을 필요로 하게 되었다.[14]

윌렌스키와 르보(H. Wilensky & C. Lebeaux)는 산업화가 진행됨에 따라 사 회복지가 요청되었다는 사실을 미국의 사례에서 제시하고 있다. 그들은 산 업화의 영향이 사회변화를 초래하게 되어 인구구조, 사회체계 내의 분화와 계층화, 그리고 사회적 연대성과 통합 및 체제의 존속에 엄청난 파급효과를 가져왔다고 강조한다. 그 결과로서 전통적인 상호부조의 양식은 새롭게 변 화되어 왔다고 설명하고 있다.

따라서 사회변화의 근본요인은 산업화 과학기술의 발전에 있으며, 과학기 술의 발전은 그 사회가 지닌 다양한 조건을 변화시키는 것이라고 강조하였 다. 특히 과학기술을 기본바탕으로 하는 산업화의 진전은 사회복지에도 많 은 영향을 끼쳤으며, 전통적인 '잔여적 사회복지' 형태에서 점차 '제도적 사 회복지' 형태로 변화된다는 것이다.[15]

---

14) 현외성,『비교사회정책연구』(마산: 성은출판사, 1992), pp. 479-480.
15) 현외성 외,『사회복지학의 이해』(서울: 유풍출판사, 1993), p. 31, 재인용.

## 3. 도시화와 핵가족화

현대사회의 특성은 거시적으로 정치경제의 전반과 관련되어 있고, 미시적으로는 도시화와 핵가족화의 현상 등과 관련되어 있는데, 이러한 현상이 사회복지를 필요로 하는 요소로 지적될 수 있다. 이에 따라 도시화와 핵가족화의 특징을 구체적으로 제시하면 다음과 같다.

• 도시화 현상: 이는 인구의 이동을 통한 인구집중을 초래하며 도시지역의 공동체를 형성하고, 각종 사회문제를 초래하며 그 해결책을 필요로 한다. 특히 도시지역이 가지는 특성으로 지적할 수 있는 것은 이익집단적이라는 것이다. 도시지역에서 인간관계의 소외와 고독의 문제, 익명성의 문제 등은 전통적인 상호부조를 약화시키고 상호관계를 경제적 이익에 우선하게 만들었다. 예컨대, 인간관계는 기존의 전통사회가 가졌던 정의적인 관계를 상실하게 되고 다양한 사회문제를 발생시키게 한다. 그리고 한정된 지역에 이질적인 사람들이 함께 거주함으로써 각종 사회문제, 즉 소득, 보건위생, 불량주택, 청소년문제, 노인문제 등 발생의 원천이 되기도 한다. 이에 대한 사회복지의 대응책이 요청된다.

• 핵가족화 현상: 전통사회의 가족은 확대가족으로 양육, 보호, 교육의 기능을 통해 가족기능을 유지해 왔다. 기존의 확대가족이 도시화에 따른 핵가족화로 변화되면서 새로운 사회문제가 부차적으로 발생하기 시작하였다. 예컨대, 맞벌이부부의 확대에 따른 아동문제와 노인부양문제가 대표적인 사회문제로 부각되었다. 이에 가족체계 내에서 아동보호와 노인부양이 어려워짐에 따라 가족기능을 대체할 새로운 제도적 장치로서 아동복지사업과 노인복지사업 등이 요청되고 있다.

이상에서 현대사회의 사회복지는 거시적인 맥락의 제도적인 사회복지라고 할 수 있다. 이러한 제도적 사회복지는 경제제도나 정치제도, 교육제도, 종교제도 등과 마찬가지로 하나의 독립적인 사회제도로서 위치와 기능을 지니고 있다. 반면에, 전통사회에서의 사회복지적 기능은 보충적인 사회복지의 개념으로 볼 수 있는데, 이는 가족과 시장이 중요한 메커니즘의 그 기능을 제대로 수행하지 못할 경우에 일시적이고 한정적인 사회복지제도와 기능이 필요한 것으로 간주되어 왔다. 따라서 이상의 두 가지 관점은 상반되는 것으로 나타나지만 산업화가 진전됨에 따라 제도적 사회복지 개념이 우세한 입장이다. 그러나 현대사회에서는 두 가지 개념을 결합시키려고 노력하면서 절충적인 중간노선을 지향하는 것이 바람직하다.

 생각해 볼 문제

1. 기본욕구, 사회적 욕구, 인간욕구 각각의 특징을 설명하시오.

2. 매슬로(Maslow)의 인간욕구 5단계를 제시하시오.

3. 인간욕구 5단계에서 사회복지의 세 가지 시사점을 제시하시오.

4. 개인문제와 사회문제의 차이점을 설명하시오.

5. 현대사회의 제 문제를 설명하시오.

# 제2장

# 사회복지의 개념

사회복지(social welfare)는 우리의 생활과 관련하여 매우 중요한 의미를 지니고 있다. 그러나 사회복지는 사회변화에 따라 그 용어가 변화되어 왔다. 즉, 전통적 사회복지의 개념은 상호부조, 자선사업, 인보사업, 박애사업 등으로 전수되어 왔고, 현대적 사회복지의 개념은 사회사업, 사회봉사, 사회정책, 사회복지 등으로 변천되어 왔다. 사회복지의 개념이 무엇인가라는 질문에 대한 해답은 그리 간단하지 않다. 특히 사회복지가 무엇이며, 어떻게 규정되어 있는가에 대해서는 학자마다 다양하게 그 의미를 파악하고 있다. 따라서 이 장에서는, 첫째, 사회복지의 정의, 둘째, 사회복지의 가치, 셋째, 사회복지의 동기 등을 중심으로 살펴보고자 한다.

<h2 style="text-align:center">제1절 사회복지의 정의</h2>

## 1. 어의적 정의

　사회복지(social welfare)의 의미는 어의적으로 여러 분야에서 다양하게 해석하고 있다. 그 근원적인 문제를 이해하기 위해서는 사회복지가 지닌 축어적인 의미부터 살펴보는 일이 중요하다. 사회복지는 사회(social)와 복지(welfare)의 합성어다. 복지란 영어의 welfare로서, well과 fare가 합쳐진 말이다. 여기서 well은 사전적인 의미로 satisfactorily, successfully, properly, fittingly, reasonably 등의 의미이고, fare는 state of thing의 의미를 담고 있다. 이에 복지는 '불만이 없는 상태' '만족할 만한 상태'로 설명하고 있다. 다시 말해서, 복지란 '안락하고 만족한 상태' '건강하고 행복한 상태'의 의미를 내포하고 있다.

　웹스터(Webster) 사전에서 welfare는 '안락하고 만족한 생활상태' 또는 '인간의 건강과 번영의 상태'라고 정의되어 있다. 복지가 의미하는 '만족할 만한 상태'는 결코 물질적 조건과 환경만을 의미하는 좁은 뜻을 지닌 것은 아니다. 이러한 어의의 배경에는 인간은 어떠한 상태에 놓여 있더라도 하나의 가치적인 존재이기에 행복을 누리며 충실한 삶을 누릴 수 있도록 하는, 이상적인 생활목표의 사상이 깔려 있다. 이와 같은 생활목표를 실현하기 위해 모든 사람에게 신체적, 정신적, 지적, 감정적 발달의 기회를 부여하는 것이 사회복지의 실천이라 할 수 있다.[1]

　사회복지는 사회(social)라는 말이 첨가되어 '사회적으로 평안하고 만족스러운 상태'를 나타낸다고 할 수 있다. 즉, 사회복지는 사전적인 의미로 일단

---

1) P. Vakharia, *Encyclopedia of Social Work* (NASW, 1965), p. 845.

사회 내의 사람들이 만족스럽고 평안한 상태를 유지할 수 있게 하는 것과 연결되어 있음을 알 수 있다. 여기서 복지라는 의미는 운명적인 축복이나 우연에 의한 행운 혹은 요행 등의 의미와는 다소 차이가 있으며, 행복이나 안녕과 같은 극히 추상적이고 주관적인 의미와도 다르다. 복지는 객관적이고 구체적인 의지와 노력, 활동 등이 개입되어 있는 중요한 의미를 내포하고 있다. 복지는 물질적 조건과 보다 높은 차원의 심리적, 정신적, 인간관계 등이 종합적으로 포함된 것으로서 만족할 만한 상태를 의미한다.

사회복지는 지향하는 수준과 목표가 무엇보다 중요하다. 그것은 사회복지의 수준과 내용이 각 개인의 사회현실을 반영하고 있다는 점을 나타낸다. 사실 사회복지의 개념이 현실사회에서 출발한 것인 만큼, 그것이 지향하고 도달해야 하는 목표와 수준 역시 현실을 반영할 수밖에 없다. 또한 사회복지는 사회 자체가 지니는 역량에 좌우되는데, 사회의 총체적 역량은 복지수준과 목적, 내용, 형태, 방법 등을 결정하는 실체로 존재한다.

따라서 사회복지란 한 사회나 국가의 가치관이나 이념을 포함하는 문화적, 정치적, 경제적 요소는 물론, 사회구성원 사이의 관계를 나타내는 총합적인 제반 사회적 요소를 말한다. 이것은 사회복지제도라는 형태로 구체적으로 표시된다. 사회복지제도는 국가에 따라 다양한 차이를 나타내고 있다. 그러므로 결국 이러한 점에서 사회복지는 한 국가와 사회의 역사적 흐름과 그 특성을 반영한 산물이라 할 수 있다.

## 2. 이념적 정의

사회복지란 이념적으로 어떤 시책을 달성하려는 목적이며, 인간의 복지를 의미한다. 사회복지는 한 국가와 사회에서 다양한 명목으로 통용되고 있는 사회복지 시책의 목표 자체에 대한 의미로 파악할 수 있다. 사회복지를 목적적 개념으로 파악한다면 향후 사회복지의 목표에 도달해야 하는 사회의 어

떤 상황을 말하며, 이런 점에서 이상적인 사회복지의 상태를 의미한다. 이것
은 인간의 가치와 존엄이 최고도로 실현되는 상황으로 파악할 수 있다.

사회복지는 하나의 이상적인 목적적 개념으로 사용되고 있는데, 그것은
훌륭하고 바람직한 사회로서 빈곤이나 불행이 없고, 국민 대다수가 자유롭
고 평등한 생활을 영위할 수 있는 사회라 할 수 있다. 오늘날 인류의 희망과
욕망을 지배하고 있는 공통된 세 가지의 이념은 다음과 같다.[2] 즉, ① 풍요함
의 이념(idea of abundance), ② 상호관계의 이념(idea of mutuality), ③ 개발기
획의 이념(idea of developmental planning) 등이다.

이러한 이념을 바탕으로 한 목표는 국민의 복지구현과 생활향상을 위해서
구체화해야 할 필요가 있다. 이에 사회복지가 관심을 두어야 할 이념적 목표
를 몇 가지로 제시해 보면 다음과 같다.[3] 즉, ① 현존의 사회구조를 강화하는
것, ② 특수대상자의 어려움을 완화하는 것, ③ 사회복지프로그램을 개발하
고 제공하는 것, ④ 새로운 서비스를 통해 사회에 적응토록 하는 것, ⑤ 사회
적 욕구충족을 위한 모든 방법을 활용하는 것 등이다.

따라서 사회복지의 개념을 목적개념으로 이해하게 되면, 사회복지는 매우
추상적이고 애매한 상태로서 그 이해와 실천에 다소 어려움이 존재할 수 있
다. 예컨대, 사회복지의 공통적인 요인의 추출이 용이하지 않고 혼란스러우
며 공동적인 노력이 어렵게 되는 단점이 있다. 그러나 사회복지의 개념은 이
념적 정의로서 현실사회에 존재하는 사회복지의 한계와 약점을 이해해 주는
동시에 지적 통찰력을 제공하는 유익한 기능을 설명해 주고 있다. 이는 현실
적으로 사회복지시책의 안내자 혹은 자극제로서 중요한 역할을 담당한다.

---

2) E. Wickenden, *Social Welfare in a Changing World* (Washington, D.C.: Public Affairs Press,
   1965), pp. 1-2.
3) Ibid., p. vii.

## 3. 실천적 정의

사회복지의 개념을 실천적으로 강조한 학자들로는 길버트와 스펙트 (Gilbert & Specht), 티트머스(Titmuss), 콤튼(Compton), 윌렌스키와 르보 (Wilensky & Lebeaux) 등을 들 수 있다. 그중에서도 윌렌스키와 르보는『산업 사회와 사회복지』(Industrial Society and Social Welfare)에서, 사회복지의 개념을 실천적인 관점에서 보충적(residual) 개념과 제도적(institutional) 개념으로 구분하여 설명하고 있다.[4]

• 보충적 개념: 가족이나 시장과 같은 정상적인 공급구조가 제 기능을 발휘하지 못할 경우에 한해서 비로소 개입하기 시작하는 사회복지의 견해다. 다시 말해서, 이 개념은 사회 내에 두 체계의 자연적인 경로인 가족과 시장경제를 통해 각 개인의 욕구가 적절히 충족될 수 있음을 전제로 하고 있다. 이러한 정상적인 경로를 활용할 수 없을 때, 제3의 필요충족 메커니즘인 사회복지가 활동을 시작하는 것으로 간주하고 있다. 그러나 정상적인 사회조직이 다시 제 기능을 발휘하기 시작할 때에는 활동을 중지해야 한다고 설명하고 있다.

• 제도적 개념: 현대 산업사회에서 정상적인 '제일선'의 기능으로서 사회복지를 보편적으로 수행할 수 있다는 견해다. 이 개념은 오명(汚名)이나 응급조치적 요소, 그리고 '비정상성' 등을 수반하고 있지 않다. 사회복지는 현대 산업사회에서 각 개인의 자아완성을 돕기 위해 타당하고 정당한 기능을 수행하는 것으로 이해하고 있다. 즉, 각 개인은 자신의 힘만으로 충분히 대처할 수 없으며, 가족이나 직장을 통해 그의 모든 필요를

---

4) H. Wilensky & C. Lebeaux, *Industrial Society and Social Welfare* (New York: Free Press, 1965), pp. 119-120.

충족시킬 수 없다는 것은 정상적인 상태로 간주하고 있다. 그러므로 사
회복지의 개입은 정상적인 제도적 위치로 설명하고 있다.

이상의 두 개념은 진공상태 속에 존재하는 것이 아니라, 이것이 놓여 있는
보다 넓은 사회문화적 상황을 반영하고 있다. 그러나 산업화가 더욱 진전됨
에 따라 제도적인 개념이 우세할 것으로 생각된다. 이와 같은 사회복지의 두
가지 관점은 비록 1950년대 말의 미국 사회를 반영하고 있는 것이지만, 여러
국가나 사회에서 현실적으로 이루어지고 있는 사회복지활동의 실천적 성격
을 규정하는 데 적절한 준거틀이 되고 있다. 이들 개념은 사회복지에 대하여
다음과 같은 시사점을 주고 있다.

- 사회복지의 실천적 모형은 이후 여러 학자에게 사회복지의 본질과 특성
  을 밝히도록 하는 선구자적 위치를 갖고 있다. 즉, 이 모형은 보다 정교
  한 사회복지의 이론형성에 기여하였으며, 이후에 사회복지의 각종 모형
  연구가 직접적 또는 간접적으로 이들의 영향을 받고 있다.
- 현대사회에서 사회복지활동의 변화 추세를 가늠할 수 있는 준거틀을 제
  시해 주고 있다. 사회복지의 실천적 모형은 사회가 점차 산업화로 접어
  들면서 사회복지활동이 보충적 개념에서 제도적 개념으로 변화될 것임
  을 예견해 주고 있다. 일반적으로 산업화가 진행되는 동안 사회복지는
  제도적 개념이 우세할 것을 강조하였다. 이러한 전제하에서 이 모형은
  한 사회나 국가의 사회복지 동향은 물론 여타 국가나 사회의 사회복지
  동향을 비교하여 검토할 수 있는 준거틀이 되고 있다.

이상에서 언급한 사회복지의 개념은 사회복지의 발전과 사회변동을 연계
시켜 생각할 수 있는 중요한 준거틀을 제시한다. 앞으로는 산업화에 따라 각
국이 제각기 수렴하기보다는 어느 정도 수렴상태를 거쳐 다양화하는 경향으

로 나아갈 것도 예상할 수 있다. 지금까지 사회복지발달의 추세로 볼 때, 사회복지의 두 개념은 아직 유용하게 사용될 수 있다.

끝으로 사회복지의 개념을 논의하면서 사회복지(social welfare)의 의미는 사회사업(social work)과 같은 의미로 사용하기도 하지만, 때로는 다른 의미로 사용되고 있다. 사회복지의 용어는 대체로 이념적인 면을 중시하며, 바람직한 사회건설에 목표를 두고, 이에 요구되는 광범위한 제도나 정책의 기획과 조직화를 강조한다. 이에 비해 사회사업의 용어는 대체로 실천적인 면을 중시하며, 바람직한 인간화에 역점을 두고 개인의 존엄성과 독자성에 비추어 그의 사회적 기능향상에 도움이 될 수 있는 지식과 기술의 역동적 (dynamic)인 활용을 강조하고 있다. 따라서 사회복지와 사회사업은 대립적인 관계가 아니라, 상호보완적인 관계로 보는 관점이 우세하다. 이에 사회복지와 사회사업의 개념을 비교해 보면 〈표 2-1〉과 같다.

〈표 2-1〉 사회복지와 사회사업의 개념 비교

| 분류 \ 구분 | 사회복지 | 사회사업 |
|---|---|---|
| 어의적 | 이상적인 면 강조 | 실천적인 면 강조 |
| 목적적 | 바람직한 사회 | 바람직한 인간 |
| 대상적 | 일반적 대상 | 개별적 대상 |
| 기능적 | 제도, 정책(macro) | 지식, 기술(micro) |
| 실천적 | 고정적 접근 | 역동적 접근 |
| 이론적 | 예방과학 | 치료과학 |

<h2>제2절 사회복지의 가치</h2>

## 1. 가치의 의미

사회복지를 언급함에 있어 가치개념은 매우 중요한 의미를 가지고 있다. 웹스터 사전은 가치를 "본래적으로 가치 있는 또는 바람직한…… 무엇이다." 라고 정의하였다. 일반적으로 가치란 '인간에 관하여 그리고 인간을 다루는 적절한 방법에 대하여 전문직이 갖는 신념'을 의미한다. 바틀렛(H. Bartlett) 은, "가치는 선(good)이며 바람직한(desirable) 것이다. 가치는 질적인 판단이 며 경험적으로 증명되는 것은 아니다. 또한 가치는 정서를 가지며 사회복지 의 전문가들이 지향해야 할 목적이나 목표를 제시해 준다. 가치의 진수는 무 엇이 보다 나은 것인가와 관련이 있다."라고 제시하였다.[5]

따라서 인간은 다른 동물과는 달리 누구나 끊임없이 가치 있는 일을 추구 한다. 인간은 항상 현실에서 벗어나 보다 나은 것을 추구하여 이상을 설정 하고, 이러한 가치실현을 위해 부단히 노력한다. 현존하는 모든 문화적 집단 은 어떤 가치관과 행동기준을 정립하고 가치의 중요성을 강조한다. 대개 인 간생활에서 가치관과 행동기준은 내면화되어 정서적 바탕을 이루며, 인간의 태도, 감정, 사고, 행동 등의 일부와 전체로서 표출되기도 한다. 그러므로 사 회복지에 관여하는 전문가 집단들에게 가치관과 윤리성의 확립이 요구되고 있다.

---

5) H. Bartlett, *The Common Base of Social Work Practice* (NASW, 1970), p. 63.

## 2. 사회복지의 가치성

인간의 행동에는 반드시 일정한 목표가 있다. 그 목표는 가끔 자신이 속해 있는 집단이나 조직의 목표와 일치할 수도 있고 그렇지 않을 수도 있다. 인간은 누구나 오랜 시간과 특정한 공간을 거쳐 성장해 온 사고방식과 생활양식을 기준으로 자신의 행동이 나타나게 된다. 이와 같은 사고방식과 생활양식은 자신이 속해 있는 기존의 가치체계와 유관하다고 할 수 있다. 이에 서구사회에서 인간과 사회에 대한 가치관의 근원을 살펴보면 다음과 같다.[6]

- 인간의 기본적 가치로서 이웃에 대한 책임성을 원칙으로 하는 기독교의 교리에 두고 있다.
- 인간의 평등 및 자유와 행복추구의 권리를 강조하는 민주주의 이념에 입각하고 있다.
- 근면한 사람을 도덕적 인간으로 보고 쾌락을 죄악시하는 청교도의 논리에 근거하고 있다.
- 자연의 진화과정에서 적자생존의 사회가 출현한다는 사회진화론에 입각하고 있다.

이러한 가치체계에서 인간의 존엄성, 자유와 평등을 긍정적인 가치로 인정하는 대신에, 청교도의 논리나 사회진화론 등의 가치는 부정적인 것으로 생각하기 쉽다. 오늘날 이상의 가치는 서구국가의 발달적 원동력이 되고 있다. 즉, 적극적이든 소극적이든 어떠한 가치체계가 강하게 뒷받침함으로써 국가발전은 물론, 인간과 그들의 사회관계 유지가 지속되며 사회질서와 사회정의가 구현되는 것이다.

---

6) 장인협 · 문인숙 공역, 『사회복지의 원리와 방법』 (서울: 집문당, 1986), p. 28.

이에 사회복지의 가치는 개인주의적인 측면을 강하게 반영하고 있으며, 사회복지가 사회의 복지이기 이전에 개인의 복지임을 깊이 인식해야 한다고 강조하고 있다. 프리드랜더(W. Friedlander)는 사회복지사업의 기본적 가치성을 다음과 같이 제시하고 있다.[7]

- 개인존중의 원리로서 모든 사람은 인간으로서의 가치, 품위, 존엄 등을 가진다.
- 자발성존중의 원리로서 개인이 무엇을 요구하고 어떻게 충족할 것인가의 결정권리를 가진다.
- 기회균등의 원리로서 모든 인간에 대해 균등한 기회를 제공할 의무를 가진다.
- 사회연대의 원리로서 사람들은 자기 자신이나 가족 및 사회 등에 대해 책임을 가진다.

이러한 사회복지의 가치는 우선적으로 '모든 인간의 가치와 존엄'이고, 다음으로는 '자기결정, 자기충족 및 자기실현' 등으로 점차 구체화하고 있다. 따라서 사회복지의 가치는 인간을 존중하며, 인간의 복지를 어떻게 중요시하고 있는가를 결정하는 그 나라의 중심 철학과 불가분의 관계에 있다. 이러한 맥락에서 유럽과 미국의 사회복지가치는 ① 인간의 존엄성, ② 자기결정권, ③ 균등한 기회, ④ 사회적 책임 등에 대한 확고한 신념으로 나타나고 있다.[8]

---

7) W. Friedlander, *Concepts and Methods of Social Work* (New Jersey: Prentice-Hall Inc., 1977), pp. 1-7.
8) 김덕준 외, 『신사회사업개론』(서울: 한국사회복지연구소, 1970), p. 20.

## 3. 토착적인 사회복지가치

오늘날 급격한 사회변동에 따라 가치관도 변화되고 있는데, 우리는 이러한 변화를 적절히 수용해 나가야 한다. 우리나라는 서구사상의 급격한 유입으로 기존 가치관의 변동은 물론, 이러한 수용과정에서 다소 혼란이 야기된 것이 사실이다. 현실적으로 부적절한 가치는 배제되어야 하겠지만, 바람직한 가치는 계속 전승시켜 나가야 한다. 즉, 사회복지의 관점에서 상부상조, 인간존중 등의 가치관은 계승·발전시켜 나가야 하며, 평등사상, 복지사상, 효율성 등의 가치관은 적절히 수용하여 토착적인 가치로 발전시켜 나가야 할 것이다. 이에 우리가 계승해야 할 몇 가지 토착적인 사회복지의 가치관을 제시해 보면 다음과 같다.[9]

- 인간존중의 사상: 한국 민족사에서 고조선시대의 환웅이 홍익인간 이념으로 고조선을 건국한 것은 인간존중에 근본을 두고 있다. 고구려의 '이도흥치'(以道興治), 신라의 '광명이세'(光明理世), 화랑도의 세속오계 중 '살생유택'(殺生有擇), 그리고 불교 및 유교의 인간존중 사상과 동학의 '인내천사상'(人乃天思想) 등에서도 인간존중의 사상을 엿볼 수 있다. 인간존중의 사상은 「헌법」 제10조에서 "모든 국민은 인간으로서 존엄과 가치를 가지며 행복을 추구할 권리를 가진다. 국가는 개인이 가지는 불가침의 기본적 인권을 확인하고 이를 보장할 의무를 진다."라고 명시되어 있다.

- 상부상조의 공동체의식: 한국사에서 상부상조의 유형을 보면 두레, 품앗이, 계(契), 향약 등이 있다. 즉, ① 두레는 고래(古來)로 촌락단위에 조

9) 장인협·문인숙 공역, 전게서, pp. 43-44.

직된 농민들의 상호협동체다. ② 품앗이는 부락 내 농민들이 노동력을 서로 차용하고 교환하는 노동협력의 양식이다. ③ 계는 부락주민들이 전통적 빈곤을 극복하기 위한 자생적 조직이다. ④ 향약은 지역주민들의 순화(醇化), 덕화(德化), 교화(敎化)를 목적으로 한 지식인 간의 자치적인 협동조직(성종 25년)이다. 이러한 상호부조의 공동체의식은 우리나라의 전통적 가치관으로서 현존 사회복지의 가치체계에도 잘 반영되고 있다.

• 자유와 평등사상: 우리나라 「헌법」에 명시된 바와 같이 자유와 평등은 사회복지체계의 초석이다. 이것은 국가 존립이 개인의 자유와 평등을 보장하는 것을 그 기본으로 하고 있다. 자유는 경제적, 정치적으로 어떠한 구속됨 없이 자발적으로 활동하는 반면, 사회적으로는 타인의 경제적, 정치적 자유를 침해하지 않는 의무를 지닌다. 평등이란 「헌법」 제11조 1항에서 '모든 국민은 법 앞에 평등하다'와 같이 모든 개인이 동등한 대우를 받는다는 의미다. 이에 사회복지는 자유와 평등 위에 비로소 성립될 수 있으므로 자유와 평등의 이념은 사회복지체계의 핵심적 기반이 될 수 있다.

• 복지국가주의의 목표: 복지국가의 이념은 자유민주주의를 바탕으로 하는 사회복지체계의 기본적인 방향이며, 국가는 적극적으로 국민의 복지증진을 위해 노력해야 한다. 따라서 복지국가주의는 개인적 자유와 평등의 이념 간에 갈등적인 것이 아니라, 오히려 자유와 평등을 실질적으로 개선하기 위해 적극적으로 개인생활에 개입하는 것을 의미하며, 중요한 가치영역이 되고 있다.

• 국가효율성의 가치: 국가가 전반적인 분야에 걸쳐서 지속적인 발전과 번

영을 이루어 나갈 때, 국민 각자의 복지증진도 동시에 실현될 수 있음을 의미한다. 예컨대, 우리나라는 1960년대 초기에 절대빈곤으로부터 해방을 지향하면서 시작한 경제개발정책으로 상당한 경제적 성장과 물질적 풍요를 이루었다. 그러나 사회계층 간의 불평등이 심화되고 다양한 사회문제가 야기됨으로써 국가적 차원의 낭비와 비효율성을 증대시켰다. 이에 따라 미래지향적인 사회복지정책의 수행으로 국민에게 최저한의 생활수준을 유지시켜 주는 동시에, 국가적 효율성을 높여 다시금 국민의 복지증진에 기여할 필요가 있다.

따라서 우리는 사회복지를 이해하고 관여하기 위해 기존의 전통적 가치는 물론, 급격한 사회변동으로 요구되는 제 가치들을 총체적으로 내면화하여 자신의 가치관을 확립해야 한다. 이와 같은 가치관은 현존의 사회문제를 해결하는 데 충분히 반영되어야 한다.

## 제3절 사회복지의 동기

### 1. 종교적 동기

종교적 동기(religious motives)는 인간이 사회적 동물일 뿐만 아니라, 종교적 동물이라는 전제하에 접근하고 있다. 즉, 박애정신에 입각하여 도움을 받는 자와 도움을 주는 자도 한 인간으로서 종교적인 감정과 신념을 갖는다는 점에서는 서로 일치하고 있다.

초기 자선사업은 대개 주는 자(giver)의 심적 태도에 의해서 이루어지며, 도움을 받는 자의 영향은 비교적 중요시하지 않았다. 다시 말해서, 타인을 돕는다는 것은 약자에 대한 본능적 동정심을 기반으로 하는 것이며, 인간의 정서에서 직접적으로 발생하는 가장 자연적인 개인적 시여(almsgiving)의 형식으로 나타나고 있다. 그것은 타인의 고통에 대한 개인적 관계에서 발생하며 단순한 동정이나 애린(愛隣)의 정으로서 종교와는 불가분의 관계가 있다고 본다.[10]

따라서 기독교의 경우 예수 그리스도의 직접적인 교훈과 행적을 담은 『4복음서』에서는 예수의 사랑, 친절, 화평 등의 기본정신을 모든 사람에게 나타내 보이고 있다. 즉, 모든 인간은 서로 형제처럼 사랑하고 세상에서의 거룩한 의무를 다함으로써 하나님의 은총을 입어 행복을 누릴 수 있게 된다는 것이다. 이와 같은 종교적 교리가 바탕이 되어 형제애나 이웃사랑으로 서로 돕고 불우한 타인까지도 구제하는 자선행위가 생겨난 것은 종교적 동기에서 연유된다고 볼 수 있다.

## 2. 인도주의적 동기

인도주의적 동기(humanitarian motives)의 특징은 인간이 계급적으로 상하의 격차가 있는 것이 아니라 항상 평등한 관계에 있다고 본다. 근대적인 인도주의(humanism)의 근원은 18세기에 등장한 중간계층의 인권문제와 관련되어 있다. 그 당시 사상은 박애주의, 인도주의, 평등주의, 사회정의 등의 이념이 주요한 동기가 되어 하층계급과 빈곤자를 돕는 기독교의 자선을 합리화시켜 왔다.[11] 인도주의는 우선 인간생활의 고통을 경감하고 나아가서 향락을 증진시키는 데 그 원천을 찾아볼 수 있다.

따라서 인도주의적 동기에서 타인을 돕는다는 것은 결코 우월자가 열등자를 천시하여 원조하는 것이 아님을 전제하고 있다. 이와 같은 인도주의의 근본적인 사상을 바탕으로 당시의 많은 사회복지 전문가들은 교정, 주택, 보건

---

10) 安井誠一郎, 『社會問題と社會事業』(東京: 三省堂, 1933), p. 16.

11) A. Hillman, *Sociology and Social Work* (Washington D.C.: Public Affairs Press, 1956), p. 4.

등 복리의 개선을 시도하는 사회개혁운동과 사회복지활동에 적극 참여하였다. 그 외에도 그들은 사회정의의 실천면에서도 공헌한 바가 매우 크다. 그리고 인도주의는 사회복지의 이념적 기조(基調)로서 우애, 자선, 온정, 박애 등 사회복지의 역사와 더불어 영원한 동반자의 관계로 볼 수 있다.

## 3. 반사회적 동기

반사회적 동기(antisocial motives)는 1601년 영국의 엘리자베스(Elizabeth) I세 때에 제정한 '구빈법'(The Poor Law)에서 찾아볼 수 있는데, 이는 매우 엄격한 법으로 당시의 상황에 근거를 두고 있다. 인간은 본성적으로 자기 자신의 사리사욕과 욕구본능을 충족하려고 하는 자기본위적 존재다. 이는 궁극적으로 타인의 복지비용을 통하여 자신의 기본적 욕구를 해결하고자 노력해 왔다. 당시의 사회에는 정상과 비정상의 두 계층 부류가 있는데, 비정상적 계층은 일할 수 없거나 일하려고 하지 않는 사람들로서 이들을 배척한 시대라 할 수 있다.[12]

따라서 중세 초기에는 반사회적인 사람들의 곤궁사정이 천차만별일지라도 법률로 제정해서 일률적으로 취급하여 구빈사업을 전개하였다. 이 시기는 14세기 중엽 유럽의 흑사병(black death) 유행에서 장원의 붕괴, 가내공업의 발달, 길드의 쇠퇴, 인구이동성의 증대, 경제적·사회적 변동 등에 의해서 도출된 영국의 구빈법 실시에서 시작하여 산업혁명 시기까지를 포함하고 있다. 그 당시 사회복지의 생성동기는 반사회적 계층들에게 기본적 생활이 가능하도록 국가적인 구제사업을 실시하였다는 측면에서 그 근원을 찾아볼 수 있다.

---

12) J. Bradway, *Law and Social Work* (Chicago: University of Chicago Press, 1929), pp. 23-25.

## 4. 공리주의적 동기

공리주의적 동기(untilitarian motives)는 19세기의 벤담(Bentham)과 밀 (Mill) 등에 의해 제창된 윤리학설로서 '최대 다수의 최대 행복'(the greatest happiness of the greatest number)이라는 인간행위의 규범에 그 원천을 두고 있다. 모든 인간을 윤리도덕적 선입관을 배제하고 객관적인 입장에서 본다면, 인간은 가능한 한 자신의 고통을 제거하거나 회피하고 최대한의 본성적 향락을 추구하고자 하였다.

따라서 공리주의적 동기의 본래적 의도는 영국의 산업혁명과 더불어 일어난 개인주의적 사상으로 말미암아 사회복지로서 '최대 다수의 최대 행복'의 실현을 윤리의 과제로 삼는 데 있다. 그러므로 사회복지의 궁극적 목적은 모든 국민과 사회가 동시에 만족하고 바람직한 사회를 실현하고자 한다는 측면에서 공리주의적 동기에 그 기초를 두고 있다.

## 5. 전문직업적 동기

전문직업적 동기(professional motives)는 법률이든 교육이든 의학이든 간에 그것을 취급하는 전문분야의 방향이 다를 수 있지만, 결과적으로 사회복지대상자에게 일종의 서비스를 제공한다는 점에서 그 유래를 찾을 수 있다. 일반적으로 직업은 일반직업과 전문직업으로 구별할 수 있다. 즉, 전자는 금전적 이익추구가 중심이며, 후자는 타인을 위한 서비스 제공을 위주로 하고 있다. 그러나 이 양자가 사회적으로 조직되고 관리될 때 양식의 차이에 따라 구별될 수 있지만, 본질적으로는 양자가 점차 가까이 접근되고 있다.[13]

클라크(Clarke) 여사는 그의 저서에서 '오늘날 많은 사람이 법률이나 의학

---

13) 竹內愛二, 『專門社會事業研究』(東京: 弘文堂, 1968), pp. 80-86.

에 종사함과 같이 사회복지에 종사하여 도움을 필요로 하는 사람들에게 전문적 서비스를 제공하는 추세'라고 언급하면서, 전문직업적 동기에서 사회복지의 선호도가 점차 증대되고 있다는 것을 강조하고 있다.

따라서 사회복지는 역사적으로 자선이나 박애 등의 동기에서 유래된 것이지만, 이제는 구제의 사명, 희생의 이타심 등의 동기에 사로잡힐 이유가 없다. 즉, 사회복지사도 여타 전문직인 법률가, 의사, 교육자, 종교인 등과 마찬가지로, 자신의 철학과 기본원리에 입각하여 최선의 서비스를 통해 합당한 대가를 받을 필요가 있다. 그러므로 사회복지사가 확고한 철학과 전문적 지식과 기술을 가지고 사회복지서비스를 충실히 수행하는 것은 사회복지의 전문직업적 동기에 입각하고 있다.

 생각해 볼 문제

1. 사회복지의 개념을 세 가지 관점에서 정의하시오.

2. 윌렌스키와 르보의 보충적 및 제도적 개념을 설명하시오.

3. 사회복지와 사회사업의 개념을 비교하여 설명하시오.

4. 사회복지의 네 가지 가치를 제시하시오.

5. 사회복지의 다섯 가지 동기를 제시하시오.

# 제3장

# 사회복지의 구성

　사회복지(social welfare)의 구성을 고찰하는 것은 사회복지현상, 사회복지활동 등에 대한 이해를 분석하는 데 있다. 그것은 사회복지의 실천에 효과적이고 효율적인 서비스 제공을 도모할 수 있다는 실용적인 측면에 강조점을 두고 있다. 사회복지의 구성은 사회복지활동을 둘러싼 다양한 측면에 관한 물음으로 진전되어 왔다. 즉, 사회복지의 목적은 무엇인가, 사회복지를 제공하는 주체는 누구인가, 사회복지의 대상은 누구인가, 그리고 사회복지의 문제해결과 예방을 위해 개입하게 되는 방법은 무엇인가 등으로 구분할 수 있다. 따라서 이 장에서는, 첫째, 사회복지의 구성개념, 둘째, 사회복지의 목적, 셋째, 사회복지의 주체, 넷째, 사회복지의 대상, 다섯째, 사회복지의 방법 등을 중심으로 살펴보고자 한다.

# 제1절 사회복지의 구성개념

사회복지의 구성은 주체, 대상, 방법 등으로 이루어져 있으며, 이러한 구성요소는 상호 밀접한 관계를 맺고 있다. 사회복지의 주체와 객체는 원조관계(helping relationship)에 있으므로 원조의 기능도 그 구성요소에 따라 결정되고 있다.

호시노(星野貞一郎) 등은 사회복지의 구성요소를 사회복지의 가치, 사회복지의 주체, 사회복지의 대상, 사회복지의 방법 등으로 나누어 서술하였다.[1] 그리고 야마구치(山口建藏) 등은 사회복지의 구성요소로서 주체, 대상, 목적, 시간, 장소, 방법 등으로 구분하여 설명하고 있다.[2]

최근에 교고쿠(京極高宣)는 그의 저서 『현대복지학의 구도』(現代福祉學の構圖, 1990)에서 '사회복지공급의 기본체계'를 네 가지 유형으로 제시하고 있다.[3] 이에 사회복지공급의 모형에 대한 도식은 〈표 3-1〉과 같다.

〈표 3-1〉 사회복지공급의 모형

| | |
|---|---|
| 프리드먼 모형 | D ——————— S |
| 티트머스 모형 | N ——————— R |
| 미우라 모형 | N(D) ——————— S |
| 교고쿠 모형 | N — D — S — R |

\* 주: N, D, S, R은 각각 욕구(need), 수요(demand), 공급(supply), 자원(resources)을 의미함.
\* 출처: 京極高宣, 1990.

• 프리드먼(Freedman) 모형: 최근의 시장모형을 기반으로 한 관점에서 접근

1) 星野貞一郎 · 渡燮武男 編著, 『福祉社會學』(東京: ミネルウ書房, 1986), pp. 22-40.
2) 山口建藏 外編, 『社會福祉』(東京: 中央法規出版, 1986), pp. 17-21.
3) 京極高宣, 『現代福祉社學の構圖』(東京: 中央法規出版社, 1990), pp. 56-58.

하고 있다. 이 모형은 사회복지서비스의 수요관계를 가격 메커니즘이 지배하는 수요(demand)와 공급(supply)의 관계에서 파악하고 있다. 그러나 프리드먼 모형은 빈곤자와 저소득층의 사회복지욕구를 간과했다는 점에서 최대의 약점을 지니고 있다.

• 티트머스(Titmuss) 모형: 사회학자들이 많이 원용하는 관점에서 접근하고 있다. 이 모형은 시장경제에 있어서 수급관계가 아니라, 사회시장에 있어서 욕구(need)와 자원(resource)의 조정관계를 기본으로 문제의 관점을 파악하고 있다. 그러나 티트머스 모형은 프리드먼 모형의 결점을 보완하고 있으나, 자원의 범위가 재원에서 인력에 이르기까지 그 범위가 넓다는 점에서 한계점을 지니고 있다.

• 미우라(三浦文夫) 모형: 사회자원보다는 실제의 사회복지공급의 관점에서 접근하고 있다. 이 모형은 사회복지욕구 및 수요와 사회복지공급의 조정관계를 중심으로 접근하고 있다. 그러나 미우라 모형은 기존의 두 모형을 보완하고 있지만, 욕구에 따른 충분한 자원공급이 미흡하다는 약점을 지적하고 있다.

• 교고쿠(京極高宣) 모형: 미우라 모형에 기반을 두면서 현실적인 사회복지공급의 관점에서 접근하고 있다. 이 모형은 욕구와 수요 그리고 자원과 공급과의 연결이 보다 구체화되어야 한다는 점을 강조하고 있다. 즉, 사회복지대상자의 유형에 따라 그들에게 적절한 서비스를 제공한다는 전제에 입각하고 있다.

이상의 모형에서 프리드먼 모형을 제외하고는 사회복지의 수급모형이 욕구를 기초로 이루어지고 있다는 사실을 알 수 있다. 물론, 사회복지의 개념에서도 언급하였듯이 사회복지를 어떻게 설명할 것인가에 대해 다양한 방법이 제시되고 있다. 그러나 가장 고전적이고 일반적인 설명은 욕구를 중심으로 한 것이라고 할 수 있다. 따라서 사회복지는 시간과 공간에 따라 변화 가능한 부분과 다양한 욕구에 따른 공급 내용, 방식, 수준, 형태 등을 체계화하는 것이 향후 핵심적인 과제라 할 수 있다.

지금까지 사회복지의 구성과 연관된 논의는 주로 사회복지의 개념을 구성하는 내적 요소에 집중되어 왔다. 앞으로는 사회복지를 둘러싼 전체 사회와 국가, 세계 등의 보다 거시적 요소에 대한 관심이 증대될 것이다. 사회복지학은 그 분석대상으로서 사회복지 현상의 내적인 요소뿐만 아니라, 외부환경 요인에 관한 탐구를 필요로 하는 거시적인 사회복지를 요청받고 있다. 그것은 사회복지가 다른 사회 내에 존재하는 하나의 사회제도로서 사회에 기여해야 하는 존재의미를 가지고 있기 때문이다. 따라서 사회복지의 구성요소인 목적, 주체, 대상 그리고 방법 등에 대하여 살펴보고자 한다.

## 제2절 사회복지의 목적

사회복지의 목적은 사회복지를 통해 혜택을 받는 사회복지대상자에 대한 '일반적 목적'과 사회복지가 하나의 사회제도로서 사회적으로 통용되는 '사회적 목적'으로 구분할 수 있다.

### 1. 일반적 목적

사회복지의 목적은 인간의 존엄성 확보, 인간다운 생활의 보장, 자립적인 생활의 촉진, 인간의 건강한 성장과 발달의 보장, 정상화 이념의 확보, 사회

적인 통합의 촉진 등이다.[4] 여기서는 일반적 목적으로 인간의 존엄성, 개인
의 자립성, 개별적 성장성을 중심으로 제시한다.

- 인간의 존엄성: 인간의 존엄성(dignity)은 개인이 인종, 종교, 연령, 성별,
  교육 수준, 사회적 신분 등의 차이에 관계없이 한 인간으로서 존엄한 가
  치를 지닌 존재라는 것을 의미한다. 인간의 존엄성 사상은 오랜 역사적
  기원을 가지고 있다. 특히 현대사회에서 중시되고 있는 사상이며 가치
  로 간주되고 있다. 독일은 바이마르 공화국 헌법규정(1919)에 이른바 생
  존권 규정을 삽입함으로써 인간의 존엄성 확보를 위해 국가가 적극적
  으로 개입할 수 있는 길을 열어 놓았는데, 이러한 생존권 개념을 실현하
  기 위한 구체적인 제도적 장치가 바로 사회복지인 것이다. 오늘날 복지
  국가를 지향한 모든 서구국가에서는 국민복지를 위해 '요람에서 무덤까
  지'의 주창 아래 각종 사회복지적 노력을 강구하고 있다.
  따라서 사회복지는 역사적 변천에 따라 사회적 약자의 생활상 곤란과 문
  제를 해결하는 것과 모든 국민의 인간다운 생활을 확보하는 데 있다. 우
  리나라도 헌법의 내용에서 인간의 존엄성을 확보하기 위해 구체적으로
  사회복지의 관련 규정을 설정해 놓고 있다. 「헌법」 제34조에 의하면, "모
  든 국민은 인간다운 생활을 할 권리를 갖는다."라고 명시되어 있다. 이것
  은 사회복지의 목적이며 기본가치로서 중요한 의미를 지닌다. 즉, 인간
  다운 생활을 통해서 인간의 존엄성이 유지되고 확보되는 것을 사회복지
  의 최고 목표로 두고 있다.

- 개인의 자립성: 개인의 자립성(self-reliance)은 사회복지의 목표로서 타인
  에 의한 의존에서 벗어나 자기 스스로 삶을 영위하도록 하는 데 있다.

---

4) 김만두 · 한혜경, 『현대사회복지개론』 (서울: 홍익재, 1993), pp. 179-189.

자립의 목표는 개인이 스스로 자신의 생활을 결정하고 영위할 수 있는
데까지 이르도록 하는 사회복지실천의 목표를 의미한다. 즉, 사회복지
의 개입목표에 있어서 문제를 가진 클라이언트가 자신의 문제원인과 그
의미를 스스로 인식하여 해결할 수 있도록 개입하는 것을 말한다. 그리
고 사회복지전문가가 주관적이고 권위적으로 해결하지 않아야 된다는
사회복지실천상의 개입원리는 자립성의 유지라는 목표를 분명하게 보
여 주는 예가 되고 있다.

따라서 사회복지서비스가 아무리 전문적이고 질적 · 양적 수준이 높다고
하더라도 자기 스스로 생활을 하는 사람과는 비교할 수 없다는 것을 알 수
있다. 특히 개인의 자립은 일정한 교육을 통해서 동기가 유발될 수도 있
으나, 중요한 것은 자신의 능력에 따라 일에 흥미를 가지고 긍정적인 태도
로 열심히 노력하도록 유도하는 것이 사회복지의 목적이라는 것이다.

- 개별적 성장성: 개별적 성장성(growth)은 사회복지가 인간의 문제를 해결
하고 예방하는 것은 물론, 개인, 가정, 집단, 지역사회, 국가 등이 성장하
고 발전할 수 있는 잠재력을 갖도록 하는 데 있다. 특히 각 개인은 타고난
재능을 지니고 있음에도 불구하고 그것을 충분히 활용하지 못하고 있는
것이 현실이다. 예컨대, 개인적 소질로서 지식적 능력, 예능적 능력, 문화
영역의 능력, 기타 분야의 능력 등을 최대한 발휘할 필요가 있다.

따라서 사회복지의 목적은 개별적으로 지닌 잠재역량을 발견하여 활용
하도록 성장시키는 데 있다. 그러므로 모든 사람이 개인적으로 각자 능
력에 따라 성장하고 발달할 수 있는 잠재력을 발휘할 수 있도록 원조하
는 것에 초점을 두어야 한다. 이와 관련하여 리플(L. Ripple)은 개인의 성
장을 위해서 '동기-능력-기회'(MCO) 이론을 제시하고 있다. 즉, 개인은
자신의 성장을 위해 하나의 개념이 성공적이면 다른 개념이 연쇄적으로
성공을 이룰 수 있다는 것이다.

## 2. 사회적 목적

사회복지서비스를 제공하는 목적으로서 몇 가지를 거론할 수 있는데, 사회정의의 목표, 사회통제의 목표, 경제발전의 목표 등이 그것이다. 여기서는 사회적 목적의 중심 내용으로 사회통합과 안정, 경제성장과 안정, 정치도덕과 안정 등의 세 가지를 제시한다.

- 사회통합(social integration)과 안정: 사회복지에 대한 사회적 목적은 사회적 약자의 어려움을 해결하고 사회질서의 유지와 사회안정을 도모하는데 있다. 한편, 그들을 사회적으로 격리하고 억제하면서 현존 상태를 옹호하고 유지하려는 소위 사회통제적 목표를 둘러싼 사회복지의 논쟁은 이미 고전이 되었다. 사회통제의 목적에서 특정 사회의 기득권을 유지하기 위한 수단으로 사회복지를 활용한다는 주장은 '음모이론'을 중심으로 보는 입장이다.

  사회복지가 사회 전체적인 수준에서 어떤 목적을 지향할 것이냐의 질문에 대한 논의는 사회질서의 유지와 사회안정을 위한 '사회통합'이냐, 그렇지 않으면 기득권의 유지와 현상유지를 위한 '사회통제'냐의 상반되는 주장으로 구분되어 있다.

  사회복지는 사회생활상의 어려움을 지닌 개인이 사회복지적인 원조를 통하여 사회생활을 유지하도록 한다. 즉, 개인적으로 사회에 적응하게 할 뿐만 아니라 사회적으로도 사회통합과 안정에 기여하게 된다는 것이다. 사회복지는 사회제도의 하나로서 다른 사회제도가 제 기능을 상실하게 되었을 때, 그 제도를 일시적으로 보충하고 보완하게 함으로써 사회통합에 기여한다는 입장으로 이해되고 있다.

  따라서 핀커(Pinker)는 그의 저서『사회이론과 사회정책』(Social Theory and Social Policy)에서, 사회복지에 관련된 사회학자들의 견해를 나름대로 추론하여 현대 사회복지에 연결시켰다. 초기 사회학자들의 관심은 사회문제의 해결과 사회적 혼란을 방지하는 사회복지적 측면에 기울어졌는데, 이것이 사회복지의 사회안정과 사회통합적 기능을 연결시킬 수 있다는 것이다.

- 경제성장(economic growth)과 안정: 사회복지가 경제에 미치는 영향이 부정적인가 긍정적인가 하는 것은 역시 고전적인 논쟁거리였다. 일반적으로 사회복지는 단기적으로 볼 때 경제에 마이너스(−) 효과를 가져오지만, 장기적으로는 플러스(+) 효과를 가져오는 것으로 인정되고 있다. 사회복지의 영역과 성격에 따라 경제성장에 서로 다른 효과를 가져온다는 연구결과가 일반적으로 수용되고 있는 것이다.

조지와 윌딩(George & Wilding)은 사회복지와 경제성장에 관한 실질적인 연구결과를 바탕으로 심층적인 분석을 하였는데,[5] 사회복지가 경제성장에 플러스 효과를 가져오는 요인은 사회복지활동을 통해 인적자본의 질적 수준을 높임으로써 가능하다는 것이다. 즉, 건강과 보건, 교육, 주택, 기타 복지서비스 등이 노동자의 복지증진은 물론, 노동력의 질적 수준을 향상시킨다는 것으로 이해될 수 있다.

후진국의 경우 경제성장을 위한 자본축적으로써 사회복지제도를 활용하는 경우가 흔히 있다. 예컨대, 소비억제를 도모하는 동시에 저축증대와 같은 효과를 지닌 장기보험, 그리고 사회보험제도 등을 통하여 투자재원을 확보하는 장치로서 사회복지제도를 활용하는 경우다.

따라서 사회복지는 경제성장 이외에 경기흐름을 안정화시킴으로써 경제성장에 간접적인 기여를 하는 측면도 있다. 사회복지재원으로 사용되는 세금이나 기여금 등은 경기변동에 영향을 미치는 폭이 크다. 즉, 세금의 경우 간접세보다는 직접세가 누진적인 성향을 띠고 있으므로 경기변동의 안

---

5) V. George & P. Wilding, *The Impact of Social Policy* (London: RKP, 1984), ch. 4-5, 참조.

정화에 기여한다. 대부분의 국가에서는 사회복지재원으로서 누진적인 직접세를 채택하기 때문에 경기변동에 기여하는 측면이 크다고 볼 수 있다.

- 정치도덕(political morality)과 안정: 사회복지가 정치적으로 중요한 역할을 한다는 것은 이미 인정된 사실이다. 물론, 사회복지는 정치적 산물로서 어떤 경우에는 사회적 약자와 국민의 정치적 권리뿐만 아니라 조직활동과 정치참여에 영향을 미치고 있다. 한편, 사회복지는 그 수준과 내용이 성장하고 발달하면서 국민의 행복척도에 따라 정치도덕과 안정이 도모된다는 것을 사실로 받아들이고 있다.

최근에는 다원주의적 민주주의의 발달이 오히려 사회적으로 분파적 이익에만 급급하여 사회적 불평등을 노정화하였다는 반성과 비판이 일어나고 있다. 이는 자신들의 이익을 정치활동에 투입하여 각종 입법화와 정책화를 도모해 왔다는 비판을 의미한다. 결국 정치인들은 조직력을 한층 더 갖추거나 권력을 활용하여 자신의 이익을 더욱 증대함으로써, 상대적으로 사회적 약자에게 불평등한 관계를 더욱 강화하게 되었다고 볼 수 있다.

따라서 각종 사회복지제도는 사회불평등의 해소와 사회적 갈등을 해결하는 데 초점을 맞추고 있다. 때로는 정치도덕의 채널을 공정하게 하는 것은 물론, 정치적, 행정적 활동에 국민이 참여함으로써 그들의 복지증진을 도모하는 장치를 마련할 필요가 있다. 이에 사회복지활동을 통하여 정치도덕과 안정을 도모하려는 노력의 일환으로 소위 정당성의 확보를 위해 제반 시도들이 이루어지고 있는 것을 볼 수 있다.

## 제3절 사회복지의 주체

사회복지의 주체란 사회복지를 실천하는 주된 체계를 의미한다. 역사적으로 보면 사회복지의 주체는 사회복지가 하나의 제도로서 분화되지 않았던 시기에는 가족이나 시장기구에 통합된 상태로 존재해 왔다. 그러나 시대의 변화와 함께 다른 제도들이 각기 기능적 전문화가 일어나면서 사회복지도 세분화의 길에 접어들어 지금까지 활동하고 있다.

일반적으로 사회복지의 주체는 '공공부문'과 '민간부문'으로 구분할 수 있다. 즉, 공공부문은 국가와 지방자치단체 등이고, 민간부문은 비영리법인의 형태로 운영되는 것과 종교단체, 기업체, 자원봉사단체, 개인 등이다. 이에 사회복지의 주체별 프로그램을 살펴보면 〈표 3-2〉와 같다.

〈표 3-2〉 사회복지의 주체별 프로그램

| 주체 | 프로그램 내용 |
|---|---|
| 개인 | 개별적 원조, 상호부조 |
| 가족 | 가족복리, 가정복지 |
| 부락 | 계, 두레, 품앗이, 부역, 인보사업 |
| 직장 | 공공복지, 기업복지, 근로자복지, 직업복지 |
| 종교단체 | 자선사업, 박애사업 |
| 지역사회 | 공동모금, 지역복지 |
| 국가 | 사회사업, 사회정책, 사회복지 |

이러한 주체별 구분은 현실적으로 의미를 상실하고 있는데, 그것은 대부분의 나라에서 사회복지가 공공부문과 민간부문이 함께 혼합된 형태로 이루어지고 있기 때문이다. 그럼에도 불구하고 사회복지의 주체에 관한 분석적이고 구체적인 구분이 필요하다. 사회복지를 합리적이고 효율적으로 운영하며, 사회복지서비스의 효과성을 높이기 위해서는 분석적인 검토가 요구되기 때문이다.

공공부문은 사회복지를 제공하는 사회복지기관이나 시설의 소유자가 중앙정부다. 공공부문과 민간부문을 구분하는 기준은 설립, 운영주체, 재원조달 및 서비스전달체계 등으로 구분할 수 있다. 우리나라의 경우 사회보험제도 및 공공부조는 공공부문에서 운영하고, 사회복지서비스는 민간부문에서 운영하는 형태를 띠고 있다.

글레너스터(H. Glennerster)는 사회복지의 주체별 구분을 파악하기 위해서 사회복지재원의 출처와 사회복지급여를 상호 연관시켜 설명하고 있다.[6] 즉, 동일한 공적부문이라고 하더라도 사회복지재원의 출처에 따라 완전 또는 부분으로 세분화할 수 있다. 이에 사회복지재원의 출처는 〈표 3-3〉과 같다.

〈표 3-3〉 사회복지재원의 출처

| | 공적차원 | | 민간차원 | |
|---|---|---|---|---|
| 공적부문 | 공적급여 완전 공적재원 | 공적급여 부분민간 | 민간급여 부분민간 | 민간급여 완전 공적재원 |
| 사적부문 | 공적급여 완전 민간재원 | 부분공적 재원 | 부분공적 재원 | 민간급여 완전 민간재원 |

* 출처: Glennerster, 1985.

저지와 냅(Judge & Knapp)은 '공적부문'과 '사적부문'을 재원과 생산이라는 두 가지 차원에서 주체별 형태로 세분화하고 있다. 사회복지의 주체는 순수하게 공공부문과 민간부문으로 명확하게 구분하기보다는 매우 복잡하게 혼합되어 실시되고 있음을 알 수 있다. 오늘날 사회복지의 주체는 혼합된 형태로 이루어지고 있지만, 일단 공적인 사회복지 주체와 사적인 사회복지 주체가 지니고 있는 특성을 이해함으로써 양자를 적절하게 원용할 수 있을 것으로 본다. 즉, 기존의 연구문헌에서 도출된 공공주체와 민간주체 양자의 장단점을 상호보완하면서 우리의 실정에 맞는 사회복지의 주체별 형태로 운용할 필요가 있다.

6) H. Glennerster, *Paying for Welfare* (Oxford: Basil Biackwell Ltd., 1985), p. 5.

## 제4절 사회복지의 대상

사회복지의 대상이란 사회복지가 일차적으로 관심을 가지고 있는 것, 즉 이미 문제에 봉착한 사람들, 문제를 지닐 가능성이 있는 사람들, 문제를 야기시키는 조건 등을 의미한다. 사회복지의 대상은 단순히 빈곤이나 질병 등에 국한된 사회문제가 아니라, 복합체로서 보다 현실적이고 구체적인 반(反)사회복지적 상황을 말한다. 이러한 대상은 사회복지가 역사적이고 사회적인 형성체이므로 사회복지의 변화와 함께 다양하게 변천되어 왔다. 이런 맥락에서 사회복지의 대상을 일관성 있고 전체적인 특성을 조망하여 제시하는 것은 사실상 어렵다.

사회복지의 대상을 포착하는 것은 사회복지를 보는 관점과 밀접하게 연관되어 있으므로 학자들에 따라 다양한 접근방법으로 논의되고 있는 실정이다. 논의된 몇 가지 접근방법을 제시해 보면, '사회실체론적인 접근방법' '사회체계론적인 접근방법' '사회관계론적인 접근방법' 등으로 구분하고 있다.

여기서는 사회복지의 대상으로 사회실체적인 접근방법에 속한 내용을 두가지로 구분하여 사회복지대상자, 사회생활사고 등을 중심으로 제시하고자 한다.


## 1. 사회복지대상자

사회복지대상자는 사회복지를 필요로 하는 사람들이 누구인가 하는 것인데, 이는 역사적으로 많은 변화를 거쳐 선정되어 왔다. 사회복지의 초기단계에 있어서는 소수의 사회적 약자에 국한하여 사회복지서비스가 제공되어 왔으나, 현대사회로 접어들면서 모든 국민을 대상으로 사회복지가 확대되는 현상을 볼 수 있다.

키다(木田徹郎)는 사회복지대상은 독자적으로 선정할 것이 아니라, 여타 사회문제와의 복합성과 관련성에 입각하여 고려해야 한다고 주장하였다.[7] 즉, 사회복지대상을 최저생활수준, 지역사회, 기능집단, 가족, 인격, 역할, 소외 등으로 구분하여 설명하고 있다. 그는 사회복지대상을 분석하기 위해서 다음의 몇 가지 표준적인 기초지식을 강조하고 있다.

- 사회복지대상을 개인적 인격, 가정, 지역사회 등에 두고 과학적인 이해와 분석으로 접근해야 한다.
- 사회복지대상을 종합적인 사회생활의 측면에서 고찰하고 다양한 문제의 종류, 양적 정도 등을 진단해야 한다.
- 사회복지대상을 심리적, 가족적, 지역사회, 국가차원 등의 상호역동적인 관계 속에서 분석해야 한다.

로메니신(J. Romanyshyn)은 산업화 이전 사회에서 산업화 이후 사회로 변화됨에 따라 사회복지도 개인의 방향과 인식이 점차 확대되어 가는 경향을 보인다고 강조하였다. 로메니신이 제시하는 사회복지의 변화내용은 다음과 같다.[8]

- '보충적 서비스'에서 '제도적 서비스'로 변화되고 있다.
- '자선적 도움'에서 '시민의 권리'로 변화되고 있다.
- '특수적 원리'에서 '보편적 원리'로 변화되고 있다.
- '최저조건의 급여'에서 '최적조건의 급여'로 변화되고 있다.
- '개인적 변화'에서 '사회적 개혁'으로 변화되고 있다.
- '민간차원의 지원'에서 '공공차원의 지원'으로 변화되고 있다.
- '빈민복지'에서 '복지사회'로 변화되고 있다.

7) 木田徹郎, 『社會福祉事業』 (東京: 川島書店, 1968), p. 74.
8) J. Romanyshyn, *Social Welfare* (New York: Random House, Kingsport, 1971), pp. 34-37.

이상에서 사회복지의 변천과정을 살펴보면, 사회복지대상자에 있어서도 개인 중심의 사회복지서비스에서 국민 전체의 사회복지서비스로 확대되고 변화해 가는 모습을 볼 수 있다.

## 2. 사회생활사고

사회생활사고에 대한 접근방법은 사회복지대책이 사람들이 직면한 문제나 사회생활사고를 해결하는 데 일차적인 관심을 가진다는 것을 의미한다. 초기사회에서는 가장 기초적인 인간의 욕구불충족에서 오는 기본적인 사회문제나 생활사고의 해결에서 점차 고차적인 욕구불충족에서 야기되는 문제를 해결하는 방향으로 나아가는 추세다. 사회생활사고는 그 범위에서 한층 포괄적일 뿐만 아니라, 그 수준과 정도에서도 점차 개선된 경향을 나타내고 있다. 인간의 욕구불충족은 개인의 생활주기에 따른 개인적이고 자연발생적인 특성도 있지만, 사회체계나 구조의 변화가 문제를 야기시키는 것이 대부분이다.

사회문제로는 사람들이 사회생활상 경험하게 되는 제 문제, 즉 비행, 범죄, 윤락, 부랑, 실업, 저임금, 빈곤, 파업, 차별, 기아, 도박, 알코올중독, 마약중독, 노동운동 등을 열거할 수 있다. 이와 같이 사회문제는 사회적 부조리현상의 대량적 존재에 관한 총괄적 개념으로 파악되고 있다. 그러므로 사회복지대상에는 각계각층의 모든 국민이 포함되며, 그들의 일상적 생활과정에서 당면하게 되는 개인, 집단, 지역사회 등의 제 문제를 포함하고 있다.

따라서 사회복지대상의 영역이 나타내는 문제 혹은 사회생활사고의 유형과 그것에 대처한 사회복지체계를 일관성 있게 체계화하기 위해서는 문제별 영역에 따라 구분하는 것이 중요하다. 이와 같은 문제는 크게 '원초적 문제' '분화된 문제' '일시적 문제' 등으로 분류할 수 있다. 즉, 사회생활사고의 하위문제는 아동문제, 여성문제, 노인문제, 질병문제, 신체장애, 정신장애, 비행문제, 전쟁피해, 빈곤문제, 환경문제 등으로 분류하고 있다.


# 제5절 사회복지의 방법

사회복지는 사회문제를 해결하는 응용과학으로서 사회정책과 사회사업을 포괄하는 실천학문이라 할 수 있다. 특히 사회복지의 방법으로서 사회문제에 대한 개입은 정책론적, 기술론적, 병리론적 접근방법으로 구분하는데, 그 구체적인 내용은 다음과 같다.[9]

• 정책론적 접근방법: 사회제도의 결함으로 생긴 사회문제를 해결하는 사회정책으로 보는 견해다. 이것은 사회문제가 개인의 책임에 있다기보다는 국가나 사회의 책임으로서 국가정책에 의해 사회복지가 전개되어야 한다는 것이다. 따라서 사회정책의 연구대상은 빈곤문제, 노동문제, 계층문제, 사회구조문제 등에 관심을 두고 거시적인 맥락에서 접근하고 있다.

• 기술론적 접근방법: 개인의 성격결함에 대한 인간관계의 조정기술로 보는 견해다. 이러한 관점은 인간의 욕구를 위기나 문제적 상황으로 규정하고, 문제의 소재가 부적응이나 욕구불만에서 일어난다고 본다. 이 접근방법은 주로 개인의 일탈행위, 심리사회적 부적응, 정신질환의 문제에 관심을 두고, 심리요법이나 환경조정 등을 통해서 해결하고 있다.

• 병리론적 접근방법: 사회병리현상의 원인을 발견하고 과학적 분석과 사회적 진단을 통해서 접근하는 견해다. 이 관점은 개인이나 집단의 병리적

9) 김덕준 외, 『신사회사업개론』(서울: 한국사회복지연구소, 1970), pp. 10-16.

근본문제를 해결하는 데 관심을 두고, 궁극적으로는 사회의 부분적 개선을 가능하게 하는 데 그 목적이 있다. 이 접근방법은 개인적 병리로서 신체장애인, 정신질환자, 자살자 등이 있고, 혈연적 병리로서 성매매, 이혼 등이 있고, 지연적 병리로서 빈민가, 홍등가 등이 있으며, 직업적 병리로서 부랑인, 직장부적응 등으로 구분하여 접근하고 있다.

이러한 접근방법은 나름대로 특정 상황에 따라 문제해결을 위해 접근하지만, 현실적인 사회문제의 상황으로 볼 때, 한 가지 방법에 의해 해결하는 것은 한계가 있을 수 있다. 그러므로 개인, 가족, 집단, 지역사회 등의 특정문제에 대해 두 가지 방법이 동시에 적용되거나 세 가지 방법이 절충되어 통합적으로 접근해야 하는 경우도 있다.

이상에서 언급한 사회복지의 구성체계와 관련하여 사회복지의 두 가지 영역으로서 방법론과 분야론을 제시하면 다음과 같다.

• 사회복지의 방법론: 사회복지실천(theories of social work practice), 사회복지실천기술(skills and techniques for social work practice), 지역사회복지(community welfare and practice), 사회복지행정(social welfare administration), 사회복지조사(research method in social welfare) 등으로 구분할 수 있다.

• 사회복지의 분야론: 아동복지(child welfare), 청소년복지(social welfare with youth), 가족복지(social work with families), 여성복지(social welfare with the woman), 노인복지(social work with the aged), 장애인복지(social welfare for people with disabilities), 학교사회복지(school social work), 교정복지(correctional social work), 정신보건사회복지(social work in mental health) 등으로 분류할 수 있다.

생각해 볼 문제

1. 사회복지의 구성요소 네 가지를 제시하시오.

2. 사회복지공급의 기본체계 네 가지 유형을 제시하시오.

3. 사회복지의 주체를 설명하시오.

4. 사회복지의 대상을 설명하시오.

5. 사회복지의 접근방법 세 가지를 제시하시오.

# 제4장

# 사회복지의 역사

사회복지의 역사(history of social welfare)는 지나간 과거의 사회복지적 사실을 살펴보는 일이며, 현존의 사실에 대한 보다 객관적이고 올바른 이해를 가능하게 하는 것이다. 이와 같은 사회복지의 역사를 통하여 사회복지활동이 과거에 어떠한 모습으로 이루어졌으며, 오늘의 사회복지가 형성되기까지 어떤 과정을 밟아 왔는지 살펴보는 것은 중요하다. 우리는 사회복지가 이루어야 할 사회문제의 해결을 위해 사회복지가 전개되어 온 역사적 흐름에 대한 주체적이고 보편적인 합의를 이끌어 낼 수 있는 안목이 필요하다. 따라서 이 장에서는, 첫째, 사회복지역사의 의의, 둘째, 사회복지역사의 동향, 셋째, 영국의 사회복지역사, 넷째, 한국의 사회복지역사 등을 중심으로 살펴보고자 한다.

<h1 style="text-align:center">제1절 사회복지역사의 의의</h1>

## 1. 역사연구의 필요성

사회복지역사(social welfare history)에 대한 이해를 돕기 위해서는 사회복지를 사회과학의 한 분야로 인식하고 연구해야 할 필요성이 있다. 사회복지와 사회과학의 연관성에 대해 살펴볼 때, 사회과학은 경험성(experience), 역사성(history), 실천성(practice), 전체성(totality) 등을 지니는 법칙으로 인간관계 또는 사회현상 등을 연구대상으로 하는 과학이다. 그러므로 사회복지는 사회현상에 내재되어 있는 사회문제에 대처하기 위한 사회적 시책으로서, 곧 학문으로서의 실천적 성격을 지닌다고 할 수 있다.[1]

사회복지는 사회과학으로서 역사성과 실천성을 지니는데, 그것이 역사적 경험을 과학적으로 인식하고 분석함으로써 제반 사회복지현상에 대한 이해를 도울 수 있다. 또한 사회복지는 초역사적 존재나 단순한 이념이 아니며, 사회사상인 동시에 인류에게 공통적인 사회현상으로 역사 속에서 생성, 확립, 전개되는 것을 의미한다.

따라서 사회복지의 역사연구는 사회과학의 역사연구와 함께 일정한 사회현상에 대한 체계화의 시도로서 공통된 의의를 지니고 있다. 우리는 사회복지의 역사연구를 위해서 일정한 법칙을 이루는 변수를 찾아 과거의 경험에 대한 분석을 통해 미래의 전망을 예측함으로써 사회복지역사의 의의를 찾을 수 있을 것이다.

---

1) 한국사회복지연구회, 『사회복지의 역사』(서울: 이론과 실천, 1990), p. 17.

## 2. 역사연구의 방법

사회복지에 대한 역사연구의 방법은 비교연구(comparative study), 사례연구(case study), 시대구분연구(period devided study) 등 다양하게 제시할 수 있다. 사회복지역사를 인식함에 있어서 시대적 구분은 단지 편의적인 기술상의 요구에 의해 제기되는 것이 아니라, 역사를 어떻게 인식할 것인가 하는 본질적인 문제의식에서 출발하고 있다. 사회복지역사의 연구는 일반적으로 시대구분적 연구 중심으로 이루어지고 있지만, 이러한 사적 연구(historical study)는 포괄적인 연대사의 흐름과 이론적인 결정요인의 연구가 병행되어 이루어져야 한다.

지윤은 사회복지의 학문적 가치를 위해서는 사회복지역사에 대한 연구방법을 시대구분론적 연구 중심으로 전개해야 한다고 강조하였다. 즉, 사회복지의 목표로서 역사적 연구는 단순히 사회복지의 제 이론을 발생적 순서에 따라 배열하는 것을 의미하는 것이 아니다. 이러한 제 이론을 역사적으로 조직화하려면 사회복지역사의 발전적 상황에 대응하여 그 역사적 특성을 규명함과 동시에 상호연관성을 탐구하여 역사적 구분으로 정렬하는 것이 필요하다. 사회복지역사는 기본적인 역사적 구분에 의하여 시기를 구분할 수 있으며, 역사시기의 구분은 사회복지역사를 구성하는 중추적 조직을 이루는 것이라고 강조하였다.[2]

따라서 시대구분론적 접근을 위해서는 인간역사의 변화과정을 발전적으로 인식할 필요성이 있다. 인간의 삶은 정치적, 경제적, 사회적, 문화적, 이데올로기 등 극히 복잡한 측면이 유기적으로 구성되어 있으며, 이에 상호 간 인과관계를 통해 발전해 간다고 하는 인간역사에 대한 총체적 인식이 요구되고 있다. 특히 사회복지역사를 논의하기 위해서는 사회복지의 발달을 가져

2) 지윤, 『사회사업사』 (서울: 홍익재, 1985), pp. 11-12.

오는 결정적인 요소가 무엇인지를 고찰해야 하고, 사회복지는 어떠한 역사적, 시대적 단계를 거쳐 발달해 왔는가에 대한 통사론적인 접근이 필요하다.

## 제2절 사회복지역사의 동향

### 1. 서구의 동향

피어슨(C. Pierson)은 『복지국가를 넘어서』(Beyond the Welfare State)라는 저서에서 복지국가의 흐름과 자본주의에 대해 거시적으로 접근하고 있다.[3] 그는 자본주의와 사회복지는 본질적으로 양립할 수 없다는 견해와 사회복지를 자본주의 경제의 필요한 구성요소로 보는 견해로 구별하고 있다. 플로라(P. Flora)는 사회복지발달의 요인으로서 '역사의 거시적 성좌'(historical macro-constellation)라는 개념을 도출하고 있다. 이와 같은 개념은 역사적으로 몇 가지의 핵심적인 구조적 요소가 거시적 성좌를 구성하며, 이에 따라 다양한 유형의 사회가 지닌 내재적인 체계는 물론 외부적인 영향을 파악할 수 있다.[4]

림링거(G. Rimlinger)는 사회복지역사를 사회보장(social security)의 발전에 대한 사회경제적 분석의 역사적 맥락에서 찾고 있다. 즉, 사회보장제도는 전통적 농업사회에서 근대 산업사회로의 변천과정에서 나온 소산이라고 파악하고 있다. 또한 그는 현대 사회복지를 형성시켰던 힘(forces)에 대한 요인을 다음과 같이 설명하였다.

---

3) C. Pierson, *Beyond the Welfare State* (Oxford: The New Political Economy, Polity Press, 1991), 참조.

4) P. Flora, "Solution or Source of Crisis? The Welfare State in Historical Perspective", in W. Mommsen eds., *The Emergence of the Welfare State in Britain and Germany* (London: Oxford, 1981), pp. 348-349.

- 사회복지의 개입은 이전 산업사회에서 성숙한 산업사회로의 변천에 따른 빈곤문제에 두고 있다.
- 사회복지의 개념에 대한 발전요인은 사회적 계층관계의 변화와 정치체계의 변화에 두고 있다.
- 사회복지의 발전요인은 사회적 시대적 흐름에 따른 지속적인 경제변수의 역할에 두고 있다.
- 사회복지의 발달요인은 그 국가와 사회적 배경에서 나타나고 있는 이념의 역할에 두고 있다.[5]

## 2. 일본의 동향

다카하시(孝橋正一)는 사회복지를 '자본주의 사회의 구조적 필연의 소산으로 사회문제에 대처하는 사회적 시책'으로 파악하고 있다.[6] 사회복지의 발달을 결정하는 요인은 경제적인 요인에 두며, 사회복지의 발달과정을 사회문제에 대한 역사적 발달과정으로서 설명하였다. 그는 자본주의의 이전 사회에는 사회복지가 크게 요구되지 않았다고 보았다. 그러면서 사회복지를 존재하게 한 사회적 제 문제의 최초 맹아(萌芽)는 중세 봉건사회의 붕괴와 근대적인 자본주의 사회의 이행에 두었고, 특히 당시 사회문제의 대량발전은 산업혁명 이후 산업자본의 확립에 의한 것으로 보았다.

당시 일본은 사회복지발달의 전개과정에서 영향을 끼치는 다양한 요인이 무엇인가에 대해 고찰하였다. 여기서 사회복지가 자본주의라는 커다란 외재적 흐름에 따라 그 발전의 양상에 영향을 받고 있다는 사실에 대한 공통적인 합의를 도출할 수 있었다. 그리고 정치적 민주주의의 성숙도, 국가의 이념적 차이, 각국의 문화적, 역사적 배경 등의 요인이 사회복지의 발달에 영향을

---

5) 한국사회복지학연구회 역, 『사회복지의 사상과 역사』 (서울: 한울아카데미, 1991), p. 23, 원용.
6) 중앙사회복지연구회 역, 『현대자본주의와 사회사업』 (서울: 이론과 실천, 1991), p. 23.

끼친다는 사실을 알았다. 사회복지발달의 결정요인을 분석하였던 학자들은
이러한 요인들의 중복성과 상관성을 인정하였으며 다양한 변수를 파악하려
고 노력하였음을 알 수 있다.

따라서 사회복지의 발달과정을 살펴볼 때는 단순히 특정한 하나의 요인을
결정요인으로 파악하여 사회복지의 위치를 파악하려는 자세를 지양하고, 사
회복지를 결정짓는 다양한 요인에 포괄적으로 접근하는 자세가 필요하다고
강조하였다.

## 3. 한국의 동향

한국의 사회복지에 대한 발전요인은 '경제적인 요인' '사회구조적인 요인'
'문화역사적인 요인' 등으로 분류하여 제시할 수 있다.[7]

• 경제적인 요인: 사회복지의 발달을 산업자본주의의 필연적 결과로 보고
  있다. 즉, 사회복지제도의 근원을 봉건적 농업경제 사회에서 산업자본
  주의 사회로의 전환에 따른 경제적 변수에 두고 있다.

• 사회구조적인 요인: 사회복지의 발달은 경제적인 필연성보다 사회구조적
  인 필연성을 강조하고 있다. 즉, 직업, 수입, 종교, 인종, 기타 요인에 의
  한 사회계층화, 가족구조의 변화, 인구연령분포의 변화, 관료제의 변화
  등 사회의 구조적인 특성을 성장요인으로 보고 있다.

• 문화역사적인 요인: 사회복지의 발달은 경제적 요인과 사회구조적 요인
  의 중요성을 인정한다 하더라도, 문화역사적인 견해를 강조한다. 즉, 한

---

7) 이혜경, "비교사회복지학의 이론적 모델연구", 『사회사업학회지』 (제4호) (서울: 한구사회사업
   학회, 1982), pp. 75-80.

사회의 이념적 변수와 역사적 변수에서 사회복지의 발달에 근거를 두고
있다.

제3절 영국의 사회복지역사

## 1. 자본주의 이전 시기

자본주의 이전 시기는 사회복지의 전사(前史)라 부르는 시기로서 촌락사
회의 상호부조, 종교에 의한 구제, 지배층에 의한 정책적, 의무적 구제 등의
세 가지 형태가 존재해 왔다. 영국에서 최초의 빈민구호는 '벌족'(clan) 조직
이라는 원시적인 혈연조직에 의한 것이었고, 중세 봉건사회의 '길드'(guild)
라는 상부상조체제에 의해 더욱 공고화되었다. 이후 그것은 교회에 의해서
점차적으로 강화되었으나, 15세기 종교혁명과 강력한 중앙정부로서의 튜더
왕조(1485-1603)가 등장함에 따라 상부상조적 전통체제는 어느 정도 약화되
었다. 이에 따라 봉건적 생산관계가 농민을 토지에 귀속시켜 국민은 신분적,
직업적, 지리적으로 이동할 수가 없게 되었으며, 자연적인 사고가 있을 경우
가족과 이웃의 상호부조적 구제에 흡수되거나 지배계급의 자선적, 시혜적
구제로 대응되었다.

## 2. 구빈법 태동시기

「구빈법」(poor laws) 태동시기는 사회복지발달의 시초로서 자본주의 발달
의 맹아적 시기에 해당한다. 자선(charity)과 자조(self-help) 행위에 의존하였
던 원시 형태의 빈곤구호는 시대의 흐름에 따라 국가의 개입을 필연적으로
요구하게 되었다. 이러한 변화의 불가피성은 중세 봉건제의 붕괴와 함께 초

기 자본주의의 태동시기부터 나타나기 시작하였다. 당시 빈민층과 부랑인의
수적 증가에 의해 사회문제의 형태가 드러나기 시작하면서 구빈법의 필요성
이 본격화되었다. 특히 노동력이 있는 건강한 빈민들(able-bodied persons)은
사회를 혼란시키는 자로서 국부(國富)에 해악을 끼치는 존재였으므로, 국가
는 이들에 대해 법적 대책을 세우지 않을 수 없었다.

이에 「자선금지법」(1349)을 마련하여 부랑인에 대한 최초의 법적 대응인
구빈정책이 이루어졌고, 마침내 1601년 「엘리자베스 구빈법」(Elizabeth Poor
Law)이 탄생되어 구빈법 역사의 기초가 성립되었다. 구빈법은 빈민을 노동
능력자, 노동무능력자 및 빈곤아동 등으로 분류하였다. 즉, 노동능력자에게
는 일을 시키고 무능력자에게는 최저한의 구제를 제공하며, 빈곤아동은 도
제화시키는 것을 골자로 하고 있다.[8] 엘리자베스 여왕은 교구(parish)에 의한
구빈시책이 한계가 있다고 판단하여 구빈의 책임을 지방정부에 부여하였는
데, 이것이 구빈을 국가사업으로 간주한 획기적인 의의를 갖는다. 이 구빈법
은 이후 300년 이상 계속되어 영국과 다른 국가에까지 커다란 영향을 미친
중요한 법이다.[9]

「엘리자베스 구빈법」은 시대의 흐름과 함께 많은 문제점이 제기되면서 새
로운 빈곤대책을 필요로 하게 되었다. 즉, 중상주의 원리 하에서의 구빈법
은 빈민을 모두 노동력으로 동원시키고, 빈민아동을 미래의 노동력으로서
심신을 훈련시키는 등 초기 자본주의 노동정책의 일환으로 기능을 수행하
였을 뿐 요보호자를 위한 구빈정책으로서의 역할에는 한계가 있었다. 그리
고 산업혁명으로 인한 사회경제적 변화는 빈곤정책의 방법과 원칙에 있어
서 변화를 요구하게 되었는데, ① 「정주법」(定住法, The Settlement Act)(1662),
② 「작업장법」(The Workhouse Act)(1722), ③ 「길버트법」(The Gilbert Act)
(1782), ④ 「스핀햄랜드법」(The Speenhamland Act)(1795) 등은 당시의 시대적

---

8) 한국사회복지연구회, 전게서, p. 59.
9) 송정부 역, 『사회복지』(서울: 대영문화사, 1992), p. 34.

양상을 반영한 결과라 할 수 있다.[10] 당시 빈민에 대한 노동정책의 특징을 제시하면 다음과 같다.

- 빈민을 자발적 범죄자로 보고 치안체계의 정책대상으로 규정하였다.
- 빈민을 작업장에 수용하여 근로의욕과 능력의 함양에 역점을 두었다.
- 빈민에 대해 나태성의 전제로 최고임금과 최저노동시간을 규제하였다.

이상에서 언급된 것은 전기 자본주의의 객관적인 정서로부터 나온 필연의 소산이며, 이에 대응하는 중상주의적 사회원리의 요청에 기인하고 있다.[11]

## 3. 개정구빈법 시기

개정구빈법의 시기는 산업자본주의 시기에 해당하며, 당시 영국은 자유방임시대에 돌입하면서 권력의 중심이 귀족에게서 자본가로 옮겨져 의회 중심의 근대국가로 변모하게 되었다. 이 시기의 국가관은 시민사회를 보호하는 것에 초점을 두며, 국민의 자유와 평등을 지키는 '야경국가'로서 위치를 굳히고 개인생활에 간섭해서는 안 된다고 하는 시대적 흐름이 있었다.

산업혁명(1760-1840년)은 영국사회가 중세적 잔존물과 봉건적 제도를 극복하여 근대적 사회로의 재편과 자본주의 제도의 확립을 이루게 하였으며, 국민투표의 보편적 시행과 대의제도의 개혁은 정부입법 활동을 촉진시켰

---

10) ①「정주법」은 빈민의 자유로운 이동을 금지함으로써 각 교구가 출생한 법적 거주권의 소지자에 한해 책임을 지고자 하는 것이다. ②「작업장법」은 노동 가능한 빈민을 고용하여 국가적 부의 증대에 기여코자 하는 것이다. ③「길버트법」은 작업장 내 빈민의 비참한 생활과 착취를 개선할 목적으로 원외구조(outdoor relief)로서 가정 또는 인근의 직장에 취업을 알선하고 제공해 주는 것이다. ④「스핀햄랜드법」은 빈민에 대한 임금보충제도로서 최저생활의 기준에 미달된 임금의 부족분을 보조해 주는 것을 주요 골자로 하고 있다.
11) 중앙사회복지연구회 역, 전게서, p. 206.

다. 이러한 번영 뒤에는 궁핍의 침전과 퇴적이라는 사회현상을 가져왔으며, 1830년의 '노동자폭동'(labourers revolt)은 이러한 제 문제의 반동현상으로 볼 수 있다. 노동자폭동과 경제적 불황 및 행정 효율화의 요구는 새로운 구빈법의 개정을 촉진하게 되었으며, 1834년 'Senior 왕실위원회'의 보고에 의해 마침내 개정구빈법이 실현되었다.[12] 개정구빈법은 ① 노동능력자 원외구제중지의 원칙, ② 열등처우(less eligibility)의 원칙, ③ 작업장 입소자격조사(workhouse test)의 원칙 등을 골자로 하고 있다.

이후 19세기 자유방임주의의 원리 아래 신흥자본가 및 기업가의 기부와 제공으로 많은 자선시설과 박애시설 등이 설립되었다. 그러나 우후죽순격으로 설립된 민간자선시설에 대한 조직화가 필연적으로 요구되었고, 자선활동의 합리화와 조직화도 역시 필요하게 되었다. 이러한 노력의 일환으로 출현하게 된 것이 '자선조직협회'(Charity Organization Society: COS)의 활동이다. 이 협회는 1869년 런던에서 창립되어 중복적인 구빈을 타파하기 위해 다양한 자선활동을 조정하는 것은 물론, 환경조사 및 적절한 원조제공을 통해 자력으로 빈곤을 탈피하는 데 중점을 두었다. 이것이 오늘날 지역복지사업으로 발전되었고 빈민에 대한 철저한 환경조사로서 개별사회사업(casework)으로 발전하게 되었다.[13]

## 4. 다수파 대 소수파 보고서 시기

영국 자본주의의 번성과 자유방임의 원리는 1873년의 대공황과 함께 새로운 조류와 국면을 맞이하게 되면서 '사회개량주의'(social reformism)라는 시대적 사상이 도래하게 되었다. 당시의 사상을 바탕으로 빈곤에 대한 국민의 태도가 변화하기 시작하였다. 이러한 변화의 요인은 다음과 같이 몇 가지로

12) 한국사회복지연구회, 전게서, pp. 63-64.
13) 송정부 역, 『사회복지학』(서울: 학문사, 1980), p. 58.

요약할 수 있다.

- 미숙련 노동자들의 조직화로서 새로운 사회집단(social group)의 등장이다. 이에 1880년에는 노동자 세력이 강화되었으며, 1885년에는 노동자 투표권의 확보에 이어 정치권에 개입하게 되었다. 1890년대에 들어서면서는 노동당(Labor Party)이 결성되기에 이르렀다. 당시 노동자들은 어느 정도 발언권을 지니게 되면서 자연히 빈곤층의 권리를 주장하는 동시에 구빈법의 재고를 요청하게 되었다.

- 온정주의적 인도주의(paternalistic humanitarianism)의 확산이다. 웹(Webb)은 주로 부유한 지식인과 전문가들이 빈곤에 대해서 죄의식(consciousness of sin)을 표현하였다고 주장하였다. 즉, 그들은 점차 증대되는 풍요 속에서 여전히 존재하는 빈곤에 대한 죄의식을 느끼게 된 것이다. 이와 같은 인식에 참여한 단체들의 활동을 살펴보면, 'C.O.S.운동', 바넷(S. Barnett)에 의해 주도된 '인보관운동'(Settlement House Movement), 근본적인 사회경제적 개혁을 주장한 '페이비언협회'(Fabian Society)의 활동 등이 있다. 당시 페이비언협회 활동을 제외한 모든 활동은 대부분 도덕적 요인을 강조하였으며, 기존의 경제적, 정치적 체제의 변화에 대해서는 고려하지 못하였다.

- 빈곤에 대한 실증적 연구(positive research)의 확대다. 부스(C. Booth)와 라운트리(B. Rowntree)는 1880년대 런던과 요크(York) 시의 빈민생활에 대한 실태를 극적으로 밝혀내었다. 부스는 런던시민의 약 1/3이 빈곤상태에 있음을 조사하고, 이들은 신체적 효율성을 유지하는 데 필요한 최소한의 음식과 피복이 부족한 상태에 있음을 통계적으로 제시하였다. 또한 빈곤의 원인이 도덕적 결함보다는 실업과 노령에 있음을 강조하였

다. 라운트리(Rowntree)는 부스의 조사방법을 더욱 세련화시켜 요크 시 빈민의 생활조건을 실증화하였다. 예컨대, 지역주민 중 약 28%는 저임금의 상태에 있었고, 약 10%는 신체적 효율성을 유지하기가 불가능한 상태에 있었으며, 약 18%는 2차적 빈곤으로서 어느 정도 관심을 가져준다면 최소한의 생활만큼은 영위할 수 있는 빈민이라는 사실을 공포하였다.

이상에서 사회적 변화는 빈곤을 더 이상 개인의 책임만이 아닌 사회문제로서 인식하기에 이르렀고, 이에 따라 전통적 구빈법에 대한 새로운 변화의 요구가 증대하기 시작하였다. 이러한 시대적 요구에 부응하여 '왕립조사위원회'(1905)가 실업자들의 실태파악과 구빈대책을 위해 설립되었으며, 약 3년간의 조사 끝에 1909년 다수파 및 소수파 보고서라는 두 개의 보고서를 제출하게 되었다.

• 소수파 보고서: 왕립조사위원 중 한 사람이었던 웹(B. Webb) 부인이 남편인 웹(S. Webb)과 함께 공동으로 조사연구한 결과를 중심으로 만들어졌다. 이 보고서는 기존 구빈법의 전면 폐지와 함께 그 대안으로서 국가주도의 보험과 의료서비스, 그리고 직업안정책(labour exchanges) 등을 제시하였다.

• 다수파 보고서: 왕립조사위원의 다수가 주로 자선조직협회의 영향을 받아 구빈정책 및 자선기금에 의한 서비스 제공의 자율성과 점진적 개선에 강조점을 두었다. 이 보고서는 자선활동을 국가행정의 보조역할로 보았던 소수파 보고서와 견해의 차이를 보였다.[14]

---

14) 신중섭 외, 『각국의 사회보장』 (서울: 유풍출판사, 1986), p. 43.

따라서 영국은 개혁적인 소수파의 보고서는 무시되고 다수파 보고서가 개혁안으로 채택되었다. 이때부터 영국 사회복지의 역사는 제도적 변화를 통해 국가의 적극적인 사회복지에의 책임으로 역사적 전환을 맞이하게 되었다.

## 5. 베버리지 보고서 시기

영국의 사회정책은 '요람에서 무덤까지'(from the cradle to the grave)라는 복지국가의 성립을 가져 왔고, 웹(Webb) 등의 권고와 노력은 실질적으로 전 국민을 궁핍으로부터 해방시켰다. 그리고 1942년의 베버리지(W. Beveridge) 계획과 1945년에서 1948년까지 사회보장제도의 전면적 실시에 따라 최저생활의 보장이 더욱 현실화되어 갔다.[15]

영국은 세계사적으로 제1차 세계대전에서 제2차 세계대전까지의 전쟁기간 동안 정치적, 사회적, 경제적으로 많은 변화가 있었다. 특히 1911년 「국민보험법」이 입법화된 이래 사회보험의 입법과 원리에 다양한 변화가 있었으며, 동시에 사회보장의 수준과 관련된 국민최저수준(national minimum)의 개념에 대한 요구가 증대하게 되었다. 이 과정에서 1941년 영국은 역사적인 사회복지의 개혁에 착수하게 되었으며, 베버리지를 중심으로 조직된 '사회보험 및 관련 서비스에 관한 각종 위원회'에서 유명한 「베버리지 보고서」(Beveridge Report)의 탄생을 보게 되었다.

베버리지(Beveridge)는 기존의 복잡하고 산만한 사회보험을 하나의 통일된 체계로 통합할 것을 권고하였으며, 자영자를 포함하는 포괄적인 사회보험을 제안하였다. 특히 보편주의 원칙하에 '정액기여제'(flat-rate contribution)와 '최저수준의 정액급여제'(flat-rate subsistence benefit) 등의 도입을 주장하였다. 이 보고서에서는 사회문제를 5대 사회악인 ① 결핍(want), ② 질병

---

15) 중앙사회복지연구회 역, 『사회사업의 기본문제』(서울: 이론과 실천, 1991), p. 236.

(disease), ③ 나태(idleness), ④ 무지(ignorance), ⑤ 불결(squalor)로 규정하고, 사회보험의 성공을 위한 전제로서 실업자의 완전고용, 포괄적 보건서비스, 가족수당의 필요성 등을 강조하였다.[16]

「베버리지 보고서」 이후, 1945년의 「가족수당법」(the Family Allowances Act), 1946년의 「산업재해국민보험법」(the National Insurance Industrial Injuries Act)과 「국민보험법」(the National Insurance Act) 및 「국민보건서비스법」(the National Health Service Act), 1948년의 「국민부조법」(the National Assistance Act) 등 보고서의 권고사항들이 입법화되었다. 따라서 영국은 '요람에서 무덤까지'라는 완전한 복지국가의 체계를 갖추게 되었으며, 모든 국민은 각종 사회적 위협으로부터 최소한의 보장을 받을 수 있게 되었다.

## 제4절 한국의 사회복지역사

한국의 사회복지역사는 그 기원을 어디에서 찾아야 하는가에 대해 많은 논란의 여지가 있다. 고대 삼국에서 조선왕조까지의 시기를 왕조별로 구분하여 사회복지의 흐름을 살펴보거나, 전체 한국사를 고대, 중세, 근세, 현대 등으로 나누어 종단적인 방법으로 그 특징을 파악함으로써 사회복지의 역사적 근원을 찾으려는 연구방법들이 있다. 이러한 연구들은 단순한 시대적 흐름에 따른 사실이나 현상의 연대기적 나열에 그친다는 한계가 있다. 엄격히 말해서, 고대 왕조 중심의 구휼정책은 서구의 상호부조나 자선, 박애의 논리와 관련을 지닐 뿐, 근대적인 사회복지의 전개과정이라고 하기에는 그 자체

---

16) 베버리지 보고서의 기본원칙은, ① 급여는 보험 기여에 상응하며 하나의 권리로서 인정되고, ② 급여는 최저생활 수준에 입각하고, ③ 모든 사람은 정액의 기여를 하고 정액의 급여를 받으며, ④ 사회보험에 가입할 수 있는 자격을 갖추지 못했거나 능력이 없는 자들은 공적부조의 혜택을 받는다는 것이다. 특히 이 원칙은 공적부조가 사회보험의 제외자에 대한 안전망(safety-network)의 기능을 수행할 것이라고 기대한 것이다.

에 많은 한계가 있는 것이 사실이다. 따라서 사회복지의 역사를 전사기, 도입기, 확대기 그리고 성숙기 등의 범위를 구분하여 제시하고자 한다.

## 1. 사회복지의 전사기

사회복지의 전사기(前史期)는 왕조 중심의 시혜적 민생구휼의 시기를 말한다. 사회복지의 사상적 근원은 삼국시대, 고려시대, 조선시대에 이르는 약 2천 년간 왕의 인정(仁政)에 의한 민생구휼에서 찾아볼 수 있다.[17] 그리고 민간차원에서 행해진 두레, 품앗이, 계, 향약 등 상부상조적 활동도 사회복지의 전사기로서 의미를 지니는 활동이라 할 수 있다.

1905년 을사조약에 의해 일본의 식민지화가 시작됨으로써 당시의 민생구휼 정책은 쇠퇴하게 되었으며, 일본의 강제성에 의한 의도적 사회사업이 전개되기 시작하였다. 즉, 조선에 대한 구제사업은 조선총독부에 의해 실시되었으며, 천황의 인정을 강조하고 식민지 국민의 불만을 희석시키려는 목적에서 이루어졌다. 특히 교화구제사업을 적극적으로 전개하여 일본 자본주의의 목적을 달성하고 조선 민중의 반일행동을 억제시키려는 정치적 의도가 있었음을 알 수 있다.

## 2. 사회복지의 도입기

사회복지의 도입기(導入期)는 정부수립과 한국전쟁으로 인한 혼란과 국가 전체가 절대적 빈곤하에 놓여 있는 시기를 말한다. 이 시기는 사회문제의 증폭시기로 전쟁에 의해 고아, 미망인 등의 요보호대상자가 속출되었으며, 대규모의 빈곤문제가 만연되어 사회복지 개입의 필요성이 증폭되었다. 그러나

---

17) 하상락, 『한국사회복지사론』(서울: 박영사, 1989), pp. 29-36.

사회복지제도의 기초가 미비하여 체계적인 사회복지의 대응은 거의 전무하였으며, 1960년대까지 사회복지대상자에 대한 외국 원조단체의 시설보호와 물자구호 및 민간차원에서의 자선적 활동에 국한하게 되었다.

당시에 제정된 사회복지 관련 제도는 「근로기준법」(1953)이 유일한 것이며, 퇴직금제도를 명시하여 노동자복지의 일부를 기업과 고용주에게 의존하는 정도였다. 이후에 사회보험의 효시로서 「공무원연금법」(1960)이 제정되었는데, 이것은 보편적인 국가복지의 성격보다는 고용주인 국가와 피고용자인 공무원 사이에 적용되는 일종의 직업복지의 성격을 지닌 복지제도로 볼 수 있다.[18)]

## 3. 사회복지의 확대기

사회복지의 확대기(擴大期)는 정치적으로 군사혁명에 의한 제3공화국부터 제5공화국까지의 시기를 말한다. 이 시기는 경제적으로 수출주도형 공업화정책이 추진되어 장기적 경제발전계획이 국가정책의 핵심논리로 대두되었다. 당시 한국 자본주의는 이른바 대외 종속적 발전의 경로를 밟게 되면서 1970-1980년대에 고도의 경제성장을 이루게 되었다. 이에 따른 급격한 도시화와 산업화는 지역, 계층 간의 소득격차와 상대적 빈곤 등의 사회문제를 초래하여 사회복지에 대한 수요의 증가를 가져오게 하였다. 당시에 제정된 사회복지 관계 법령은 상당히 많았지만, 대부분의 사회복지제도가 선언적이고 형식적이어서 실질적인 사회복지의 증대는 이루어지지 못하였다고 볼 수 있다.

이후 1980년대에 들어와서는 일련의 사회행동(social action)으로 표출되면서, 도시빈민, 노동자들에 의한 집단행동, 쟁의행동 등이 나타났다. 이러한 사회행동들은 근대적 시기에 미약했던 대중의 사회적 인식과 권리에 대한

---

18) 김종일, "한국사회복지정책의 흐름과 논리", 『동향과 전망』 (서울: 한국사회연구소, 1993), p. 29.

주체적 인식을 고쳐시켜 줄 계기가 되었다. 이 시기에 제정된 법률 중에서 의미 있는 제도로는 '산업재해보상보험'과 '의료보험제도' 등을 들 수 있다.

## 4. 사회복지의 성숙기

사회복지의 성숙기(成熟期)는 사회복지정책의 의지가 성장되었다는 측면에서 이전의 변화와는 다른 의미를 지니고 있는 시기를 말한다. 그러나 당시에 실시된 사회복지의 제도화가 긍정적인 변화만을 의미하는 것은 아니다. 제5공화국까지의 억압적이고 권위적인 사회경제적 체제는 국민의 불안과 소외를 가중시켰으며, 축적된 불만과 고통은 노동자, 빈민, 학생, 특히 지식인을 중심으로 한 제 계층의 도전에 직면하게 되었다. 이후 사회복지의 형태는 과거의 정권유지 혹은 선성장, 후분배의 논리에 그 명분만을 유지하였던 차원에서 전국민 의료보험의 실시, 국민연금과 최저임금제의 실시라는 세 가지 획기적인 제도의 변화를 맞이하게 되었다. 이에 보편주의 원리의 도입과 사회복지의 내적인 공고화라는 가치에 더욱 다가서게 되었다.

이상과 같이 한국의 사회복지제도 확충과정의 가장 큰 특징은 서구의 복지국가 유형과는 달리 그 형성과정에서 자본과 노동의 목소리가 거의 실종된 채 국가의 독주가 계속되었다는 점이다.[19] 국가 중심의 사회복지는 절대다수의 국민요구를 객관적으로 파악할 수도 없었을 뿐더러 그러한 노력의 의도조차 부재하지 않았는가 하는 정책 과정상의 의문을 제기하기도 한다.

따라서 한국 사회복지역사의 전개과정을 세 단계로 나누어 살펴본 결과, 향후 사회복지의 전개방향에 대해 생각해 보지 않을 수 없다. 한국의 사회복지는 매우 특이한 양상을 지니면서 전개해 온 것이 사실이다. 우리의 사회복지는 진정 사회적 약자들을 위한 사회복지시책이 요구되며, 국민 대다수에

---

19) 김종일, 전게서 p. 31.

공평하고 질적 수준이 높은 사회복지서비스를 위한 방향으로 전개되어야 한다. 이에 사회복지사와 관련 전문가는 물론 모든 국민이 사회복지에 대한 관심과 지지가 요청되고 있다.

 생각해 볼 문제

1. 사회복지역사 연구의 필요성을 설명하시오.

2. 엘리자베스 구빈법에서 개정구빈법 간의 네 가지 법을 제시하시오.

3. 영국 다수파와 소수파 보고서 시기의 특징을 설명하시오.

4. 「베버리지 보고서」 시기의 특징을 설명하시오.

5. 한국 사회복지역사의 네 단계를 제시하시오.

# 제5장

# 사회복지의 이론

사회복지의 이론(theory of social welfare)은 사회정책이론과 사회사업이론으로 구분하고 있다. 사회정책이론은 거시적인 영역에서 사회문제를 해결하기 위한 이론과 지침을 제시하는 데 있다. 이 이론을 통해 사회현상에 대한 올바른 파악과 계획수립이 요구되며, 현존 사회문제에 대해 바람직한 해결방법을 모색하고자 한다. 사회사업이론은 미시적인 영역으로서 체계이론(system theory)을 적용하여 서비스 과정의 복잡성과 다면성을 구체화할 수 있는 논리적인 분석체계를 도출하는 데 있다. 이 이론은 사회사업실천에 유용한 개념적 준거틀을 제공해 주면서 효율적인 사회복지서비스를 가능하게 해 주고 있다. 따라서 이 장에서는, 첫째, 사회정책이론으로서 사회정책의 정의, 사회정책이론의 관점, 사회정책의 이론, 둘째, 사회사업이론으로서 사회사업의 정의, 사회사업의 기초이론, 사회사업과 체계이론의 적용 등을 중심으로 살펴보고자 한다.

제1절 사회정책이론

## 1. 사회정책의 정의

### 1) 레인의 정의

레인(M. Rein)은 그의 저서 『사회정책』(Social Policy: Issues of Choice and Change)에서 "사회정책(Social Policy)은 장기간을 통해 우연히 타협으로 발전되어 오는 일련의 해결책을 말하며, 이 해결책은 사회복지시책, 즉 교육, 의료보호, 소득이전, 주택, 사회사업 등을 포함하고 있다."라고 정의하였다.[1] 그는 사회정책을 사회복지시책으로서 사회적 목적에 공헌하는 기타 영역도 포괄하는 것이라고 설명하였다.

### 2) 칠먼의 정의

칠먼(C. Chilman)은 '사회정책은 사회적 운용과 국민의 복리(well-being)에 영향을 미치는 정부사업으로서 그 이론을 형성하는 지침'이라고 정의하였다. 특히 사회정책의 목적은 국민생활의 전반적인 질을 향상시키는 데 있다고 강조하였다.[2] 그는 사회(social)란 의미를 공공정책, 사회운용, 사회제도, 종교, 교육, 직업, 보건, 법률, 사회복지 등 포괄적인 의미로 정의하고 있다.

---

1) M. Rein, *Social Policy: Issues of Choice and Change* (New York: Random House, 1970), pp. ix.
2) C. Chilman, "Public Social Policy and Population Problems in the United States", *The Social Service Review*, Vol. 47 (1973), p. 511.

### 3) 티트머스의 정의

티트머스(R. Titmuss)는 사회정책에 관한 저서나 논문을 다양하게 썼으며, 모든 국가의 사회정책에 매우 지대한 영향을 끼쳤다. 그는 사회정책의 정의를 세 가지 모형으로 제시하고 있다.[3]

첫째, '보충적 복지모형'은 개인의 복지욕구가 적절히 충족될 수 있는 가족과 시장의 메커니즘에 근거를 두고 있다. 이러한 사적 메커니즘이 붕괴되었을 경우에 사회복지제도가 활동하는 것으로 간주하고 있다.

둘째, '산업적 성취수행모형'은 사회적 욕구가 업적, 업무수행, 생산성 등에 기반을 두고 충족되어야 한다는 전제를 두고 있다. 즉, 사회복지제도의 중요한 역할은 경제의 종속물로 통합하고 구체화한다는 것이다. 이는 '시녀적 모형'으로 간주하고 있다.

셋째, '제도적 재분배모형'은 사회체계 내의 욕구원리에 입각한 보편적 서비스제공을 전제로 하고 있다. 이는 사회변동과 경제체제의 상승효과에 관한 이론에 기초를 두면서 사회평등의 원리에 기반을 두고 있다.

### 4) 마샬의 정의

마샬(T. Marshall)은 영미계 사회정책의 개념을 대표하는 학자로서 독일계 사회정책의 개념과 구별하고 있다.[4] 그는 '사회정책을 시민에게 서비스와 소득을 제공함으로써 그들의 복지에 직접적인 영향을 미치는 정부의 정책'이라고 정의하였다. 특히 사회정책의 핵심적인 내용으로는 사회보장, 공적부

---

3) R. Titmuss, *Social Policy* (London: George Allen & Unwin Ltd., 1974), pp. 30-31.
4) 영미계 사회정책은 사회입법과 사회행정의 개념과 동일시하면서 사회복지제도에 초점을 두고 있으며, 독일계 사회정책은 노사대립론에 근거를 두면서 주로 노동문제에 역점을 두고 있다.

조, 보건과 복지서비스, 주택서비스 등이 포함된다고 강조하였다.[5]

### 5) 종합적인 정의

사회정책(social policy)의 정의는 학자의 견해에 따라 다양하게 제시되고 있다. 이에 종합적인 정의로 몇 가지 공통적인 요소를 제시하면 다음과 같다.[6]

첫째, 사회정책은 원리(principles), 행동노선(course of action), 조치(measures) 등을 강조하고 있다.

둘째, 사회정책은 사회문제를 적극적으로 예방하거나 새로운 방향으로 추진하는 것을 강조하고 있다.

셋째, 사회정책은 적절한 사회복지서비스를 제공하기 위해 사회적 통합제도의 확립을 강조하고 있다.

넷째, 사회정책은 현실적인 사회경제적 여건하에서 자원이 바람직한 방향으로 분배되도록 국가개입을 강조하고 있다.

따라서 사회정책을 종합적으로 정의해 보면, 사회정책이란 '개인이나 그 집단이 인간다운 생활을 영위하는 데 필요한 사회적 관계의 노선과 사회복지서비스의 확충 및 자원의 형평적 배분에 영향을 주고자 마련된 원리나 행동노선'을 의미한다.

---

5) T. Marshall, *Social Policy in the Twentieth Century* (London: Hutchinson University Library, 1970), p. 9.
6) 어윤배, 『사회정책의 이론과 과제』(서울: 숭실대학교출판부, 1996), pp.56-57.

## 2. 사회정책이론의 관점

### 1) 기능주의의 관점

기능이론(functional theory)의 특징은 사회구성원이 서로 관계되어 있고 의존되어 있는 체계로 간주하고 있다. 기능이론은 생물학적 유기체의 유추에서 나왔는데, 사회의 각 부분이 체계에 기여함으로써 모든 체계가 기능할 수 있다는 것이다. 특히 기능이론은 사회의 본질에 대한 변화보다는 오히려 사회의 안정성에 강조점을 두고 있다. 이에 머튼(R. Merton)은 사회에 대한 전통적 기능주의의 세 가지 기본적 입장을 제시하고 있다.[7] ① 사회의 각 부분은 서로 조화 있게 작용하고 있다. ② 사회의 모든 부분은 서로 이익이 되고 있다. ③ 사회의 체계에서 일부만 없어도 잘 기능할 수 없다.

따라서 기능주의적 관점에서는 인간의 생존과 복지가 우선적 과제이므로 사회의 각 구성원들은 자신의 생존과 복지를 최고의 관심사로 두고 있다. 기능주의자들은 사회의 이익과 개인의 이익 간에는 갈등이 존재한다는 것을 부정하고, 사회에 유익한 것은 개인에게도 유익하다는 점을 강조하고 있다. 이에 사회복지의 접근은 사회를 통합시키고 균형을 회복시키기 위하여 분열적인 제 요소를 제거하며, 각 구성원을 사회에 적응시킨다는 측면에서 기능이론을 강조하고 있다.

### 2) 갈등주의 관점

갈등이론(conflict theory)의 특징은 사회가 이해관계에 의하여 형성되며 자원의 차이로서 갈등을 유발하는 것으로 간주하고 있다. 즉, 사회구성원의 갈

---

7) R. Merton, *On Theoretical Society* (New York: Free Press, 1967), pp. 80-86.

등이 증폭되어 결국 사회복지를 증진시킨다는 것이다. 갈등주의의 네 가지 강조점을 제시해 보면 다음과 같다.[8] ① 사회구성원의 관계는 서로 경쟁성을 강조한다. ② 사회구성원의 경쟁적인 관계는 불안정을 표출한다. ③ 사회적 불안정은 사회체계 내의 부분 간에 갈등을 유발한다. ④ 사회체계 내의 각 부분 간에 갈등이 증폭되어 사회변화를 도출한다.

갈등주의의 창시자인 마르크스(K. Marx)는 경제조직이 사회조직을 결정한다는 '유물론'(materialism)을 제시하였다. 그는 문화적 가치, 신념, 종교는 물론 계급구조가 경제적 기반의 산물이며, 결국은 혁명적 계급갈등을 발생시킨다고 주장하였다. 이러한 계급갈등이 투쟁을 통해 장기적인 안목에서 더 좋은 사회로 이룩한다고 강조하였다.[9] 특히 마르크스는 노동자들이 자본가로부터 생산수단을 쟁취하여 '각자 개인의 욕구에 따라 자원을 재분배'함으로써 근본적으로 불평등은 제거되고 노동자들의 세계가 확립될 것이라고 강조하였다.

한편, 다렌도르프(R. Dahrendorf)는 신갈등주의자로서 인간의 본질을 불평등에 대해 투쟁하는 존재로 보고 있다. 그는 산업사회의 사회갈등을 마르크스가 지적한 '생산관계'에서 접근하기보다는 오히려 그것이 '분배관계'에서 일어난다고 하였다. 이러한 사회갈등을 통해서 사회질서는 유지되며 불평등 과정이 인간생존의 중요한 요소라고 믿었다.[10] 이에 갈등주의를 두 가지 관점으로 분류하면 다음과 같다.

첫째, 마르크스는 노동자의 폭력갈등을 통한 혁명이 그들의 세계가 확립되고 복지사회를 성취할 수 있다고 주장하는 관점이다.

---

8) 김만두, 전게서, p. 87, 원용.

9) K. Marx, "Manifesto of the Communist Party", in L. Fouer eds., *Marx and Engels: Basic Writing on Politics and Philosophy* (1959), pp. 25-27.

10) R. Dahrendorf, "Toward a Theory of Social Conflict", *Journal of Conflict Resolution* (1958), pp. 170-183.

둘째, 다렌도르프는 사회갈등의 제도화, 즉 입법, 정책, 복지 등에 의하여 폭력을 예방하고 복지사회를 추구할 수 있다는 관점이다.

따라서 갈등주의를 사회복지와 관련시켜 보면, 다렌도르프(Dahrendorf)의 견해가 적절하다고 할 수 있다. 즉, 사회갈등이 발생하면 점진적인 제도적 개선을 통하여 자원배분을 재조정한다는 관점이다.

## 3. 사회정책의 이론

### 1) 사회양심이론

사회양심이론(social conscience theory)은 1950년대 영국 사회정책학의 통설로 애용되었으며, 최근까지 사회복지사나 박애주의자들에게 많은 영향을 미치고 있는 학설이다.[11] 베이커(J. Baker)는 사회양심이론의 내용을 몇 가지로 요약하여 제시하고 있다. ① 국가를 통해 인간에 대한 사랑의 발현에 역점을 둔다. ② 사회적 의무로서 국민의 욕구에 책임을 다한다. ③ 정책변화의 관대함 방향으로 추진한다. ④ 사회복지대상자의 사회적응과 자립생활에 우선과제를 둔다. ⑤ 현행 사회복지서비스의 지속적인 발전에 최선을 다한다. 이러한 사회정책의 내용 중 일부를 어느 정도 인정한다면 사회양심이론의 영역에 속한다고 설명하고 있다.[12]

이 이론은 낙관적이고 문제해결 중심의 시각이란 점에서 장점을 가지고 있다. 따라서 사회양심이론은 사회정책의 생성과 변화가 사회양심이론가들의 주장대로 인간의 기본가치인 이타심의 발현에 연유하고 있다. 그러나 모

---

11) J. Higgins, *States of Welfare* (Oxford: Basil Blackwell & Martin Robertson, 1981), pp. 27-32.

12) J. Baker, "Social Conscience and Social Policy", *Journal of Social policy*, vol. 8, No. 2 (1979), p. 178.

든 형태의 인간사회에서 유사하게 적용되고 실천해야 함에도 불구하고, 실제로는 그렇지 않다는 것이 최대의 약점이 되고 있다.

## 2) 사회통제이론

사회통제이론(social control theory)은 사회양심이론에 정면으로 대응하는 입장을 취하고 있는 학설이다. 이는 '사회음모이론'(social conspiracy theory)이라고도 한다. 이 이론은 사회정책의 목적을 인도주의나 동정심의 실현이 아니라 사회안정과 질서유지를 위한 사회통제로 보는 관점이다.[13] 피번과 클로워드(F. Piven & R. Cloward)는 대공황 이후의 미국 사회복지역사를 분석하였다. 즉, 미국의 대량실업에서 파생되는 시민의 소요사태가 발생하면 공공복지제도가 시작되거나 확대되고, 반면에 정치적 안정이 회복되면 사회복지프로그램이 폐지되거나 축소된다고 하였다.[14]

조지와 윌딩(V. George & P. Wilding)은 이런 상황에서 실시한 사회복지제도를 복지국가의 '마키아벨리적 관점'이라고 주장하였다.[15] 그러나 사회통제이론은 지배계층인 엘리트가 사회적 약자의 압력에 반응하여 행동한다고 가정하며, 한편 전체 권력을 장악하여 사회복지프로그램의 확대 및 축소를 결정하고 집행한다는 내용을 지적하고 있다.

## 3) 종속이론

종속이론(dependency theory)은 사회정책의 관심영역을 제3세계에까지 확

---

13) J. Higgins, *The Poverty Business* (Oxford: Basil Blackwell & Martin Robertson, 1978), p. 15.

14) F. Piven & R. Cloward, *Regulating the Poor* (New York: Random House, 1971), p. xill.

15) V. George & P. Wilding, *Ideology and Social Welfare* (London: Routledge & Kegan Paul, 1976), p. 99.

대시키는 데 기여한 학설이다. 이 학설은 표면적으로 식민주의가 종식되었지만 한층 심화되어 가는 국가 간 부의 불평등문제를 관심 있게 다루고 있다. 맥퍼슨(S. Macpherson)에 의하면, 지속적인 저개발은 외국의 불합리한 사회정책의 강제적용을 강조하였다. 즉, 사회정책이 대다수 국민의 욕구에 의해 결정되는 것이 아니라, 외국지향적 경제와 연관된 사회형태의 불가피성에 의해 결정된다는 것이다.[16]

미즐리(J. Midgly)는 제3세계의 사회보장제도를 분석한 결과, 개발도상국들은 지속적으로 사회보장제도를 확대시켜 왔으나, 빈곤자의 생활수준 향상이나 자원의 재분배에 실패하여 불평등을 조장시켰다고 강조하였다. 그는 이와 같은 현상이 초래되는 근본원인을 식민지적 영향(colonial influence)에 두고 있다.[17] 즉, 특권계층의 지위를 강화시키기 위한 수단으로서 자국 내의 지배계급이 식민시대의 악습을 언급하고 있다. 그러나 종속이론은 종속관계를 탈피하기 위한 대안으로 사회정책의 구체적 내용이 여타 이론의 평등실현과 어떤 차이가 있는지 분명하게 밝히지 못하고 있다.

### 4) 합리이론

합리이론(rational theory)은 사회정책의 불가피성을 현대 산업사회의 맥락에서 찾고 있는 학설이다. 즉, 산업사회에서 인구증가, 핵가족화, 평균수명의 연장 등으로 인해 전통가족에 대한 사회제도의 기능이 붕괴되기 때문에 사회적 약자에 대한 합리적 해결방안으로 사회정책이 등장하게 되었다고 본다. 마샬(T. Marshall)은 사회정책은 '새로운 산업사회로의 전환을 위해 나타

---

16) S. Macpherson, *Social Policy in the Third World* (Brighton: Wheatsheaf Books, 1982), pp. 12-13.

17) J. Midgley, Social Security, *Inequality and the Third Word* (New York: John Wiley & Sons, 1984), pp. 105-106.

나게 되는 자연적이고 논리적인 과정'이라고 설명하고 있다.[18]

브루스(M. Bruce)는 사회정책이 산업혁명에 의해 야기된 국가적 변모로서 당시의 미약한 사회복지제도에 대한 결정적 도전이 되었으며, 사회적 책임의 증대와 서비스의 확대가 영국의 사회문제에 대한 실천적 반응이었다는 것을 강조하고 있다.[19] 그러나 합리이론은 사회정책이 사회변화의 능동적 변수로 발전되는 사실을 설명할 수 없다는 것을 단점으로 지적할 수 있다.


### 5) 사회정의이론

사회정의이론(social justice theory)은 사회정의가 동등한 시민적 자유와 정의에 의해 보장된 권리로서 어떠한 정치적 거래나 사회적 이득의 계산에 좌우되지 않는다는 학설이다.[20] 사회정의는 사회적 이득과 손실에 관한 것으로서 임금이나 이윤에 관한 규정과 법체계를 통한 개인의 권리보호, 복지혜택 등 배분과 같은 주요 사회제도를 취급하고 있다. 핀커(R. Pinker)는 사회정책과 사회정의 간의 상호관계에 대한 가치판단으로서 다양한 설명을 하고 있다.[21]

사회정의와 관련된 사회정책의 다양성을 제시하고 있는 복지모형은 이데올로기의 좌파와 우파로 구분되고 있다. ① 좌파가 추구하는 사회주의는 평등인데, 이것이 곧 사회정의를 의미한다. ② 우파는 자유와 경제시장의 불평등을 사회정의로 보고 있다. 그러나 사회정의이론은 사회정책과 실천 간에 존재하는 괴리(gap)를 설명할 수 없고, 특정 사회정의가 단독으로 지배될 수밖에 없었던 이유를 설명하지 못하는 한계가 있다.

---

18) T. Marshall, *Social Policy* (London: Hutchinson, 1975), p. 20.

19) M. Bruce, *The Coming of the Welfare State* (London: B. T. Batsford, 1968), p. 7.

20) 황경식 역,『사회정의이론』(서울: 서광사, 1986), p. 26.

21) R. Pinker, "Social Policy and Social Justice", *Journal of Social Policy*, vol.3, No.1 (1974), p. 1.

# 제2절 사회사업이론

## 1. 사회사업의 정의

사회사업(social work)은 사회복지실천의 전문적인 체계를 총체적으로 표현한 실천적 방법론이라 할 수 있다. 프리드랜더와 앱트(W. Friedlander & R. Apte)는 사회사업이란 '개인, 집단, 조직 등이 사회적인 만족과 독립심을 성취하도록 원조해 주며 인간관계에 관한 과학적 지식과 기술을 기초로 한 전문적 활동'이라고 강조하였다.[22] 보옴(W. Boehm)에 의하면 사회사업은 개인들과 그들의 환경 간의 상호작용을 이루는 사회적 관계에 초점을 두고, 개인이나 집단의 사회적 기능향상에 기여하는 것이라고 하였다.[23] 이에 사회복지사는 사회사업실천의 본질적인 요소인 지식, 기술, 경험, 가치 등을 적절히 활용하여 접근할 필요가 있다.

최근까지 사회사업과 사회복지는 미분화 상태의 유사개념으로 사용해 왔는데,[24] 특히 사회사업은 '돕는 과정'(helping process)으로 이해되고 있다. 돕는 과정이란 '의도적으로 변화를 도출하는 과업'으로서 전문 사회복지사들의 합의에 의해 그 개념이 형성되었다. 따라서 사회사업이란 어떤 상황 속의 인간과 환경 간의 상호작용을 통해 계획적으로 변화시키는 실천과정을 의미한다.

---

22) W. Friedlander & R. Apte, *Introduction to Social Welfare* (New Jersey: Englewood cliffs, Prentice-Hall Inc., 1980), p. 4.

23) W. Boehm, "The Nature of Social Work", *Social Work*, April (1958), p. 18.

24) 김만두, 『현대사회복지총론』 (서울: 홍익재, 1982), p. 19.

## 2. 사회사업의 기초이론

사회사업은 실천영역으로서 전통적으로 개인의 행동, 개인 상호 간의 관계 그리고 개인과 환경의 다른 측면과 직접 관련되어 있다. 특히 사회복지사는 '왜 사람들이 그와 같은 행동을 하는가'에 대해서 파악하고자 노력해 왔다. 지금까지 사회사업의 분야에 관여해 온 학자들의 노력들은 인간발달, 원인과 결과, 환경과 유전에 관한 가정 등을 포함하고 있다. 이에 사회사업의 기초이론을 제시하면 다음과 같다.

### 1) 인간발달

인간발달(human development)은 시간에 따라 일어나는 신체구조, 사고(思考), 행동 등의 변화에 초점을 두고 있다.[25] 특히 인간발달은 덜 분화된 상태에서 더 분화된 상태로 변화되고, 덜 복잡한 유기체에서 더 복잡한 유기체로 변화되며, 능력과 기술의 낮은 단계에서 높은 단계로 진행해 가는 과정이라 할 수 있다.

인간행동의 관점에서 인간은 어느 정도 차이점은 있겠지만, 대부분 자신의 연령수준에서 단계적으로 성장하고 발달하게 된다. 예컨대, 어린아이가 태어나 점차 자라면서 치아가 나고 걷고 말하는 것은 성장과정의 순서에 의해 진행된다. 어린아이가 연령에 따라 이러한 행동을 하는 것은 다양하지만, 그들이 뛰어놀거나 노래게임을 하기 전에 유아의 기본적인 행동과정을 거쳐야 한다. 특히 아동은 성장과정에서 성장에 대해 방해를 받으면 그들 동년배의 성장수준을 따라갈 수 없다. 그러나 인간발달의 이론에서 제기된 한계점은 그것이 우리가 인식하고 있는 인간발달의 지식을 더욱 긍정적으로 가정

---

25) R. Specht & G. Craig, *Human Development: A Social Work Perspective* (Englewood Cliffs, New Jersey: Prentice-Halls, 1987), p. 2.

한다는 데 있다.

### 2) 원인과 결과

원인과 결과(cause versus effect)는 어떤 조건하에서 독립변수가 종속변수의 변화를 야기했다고 추론할 수 있다. 즉, 여기서 추론의 논리를 이해하기 위해서는 두 변수가 가장 그럴듯하게 대립되는 설명은 무엇인지를 파악할 필요가 있다.[26] 예컨대, 한 아동이 어떤 때는 자기통제력을 잃지만 다른 때에는 잃지 않게 만드는 원인이 무엇인지 인과관계를 추론할 수 있다. 그리고 사회복지분야에서 당면하고 있는 가장 시급한 문제는 사회복지서비스의 효과성이라 할 수 있는데, 사회복지사가 야기하는 효과성이 있다면 그것의 인과론을 추론할 필요가 있다.

따라서 원인과 결과는 어떤 동일한 대상에서 모든 원인은 동일한 결과를 초래하며, 모든 결과도 동일한 원인을 갖는다는 일반적인 이론을 수립할 수 있다. 예컨대, 빈곤가정은 청소년비행의 발생을 예측할 수 있는데, 부모의 부재는 경제적 불안을 야기하고, 경제적 어려움은 다른 가정문제를 야기할 수 있다는 것이다. 이러한 원인을 분석하고 그 결과를 분류하는 것은 엄청난 과업이 되고 있다. 그러나 모든 인간행동의 이론에서 그 원인과 결과를 통해 모든 문제를 파악할 수 있다는 것에는 충분한 확신을 가질 수가 없다.

### 3) 환경과 유전

환경과 유전(environment versus heredity)에 관한 행동을 설명하려는 시도는 매우 복잡한 사회문제를 단순화하려는 노력이다. 초기 사회과학자들은

---

26) 성진숙 외 역,『사회복지조사방법론』(파주: 나남출판사, 1998), p. 315, 원용.

환경과 유전 중에서 한 측면에만 자신들의 이론과 평판을 고수하려고 하였다. 유전과 환경에 관한 쟁점은 그것이 어디에서 시작되고 끝나게 되는지 말하기는 어렵지만, 항상 논쟁의 여지를 남겨 놓고 있다. 예컨대, 유전학자는 어떤 일란성 쌍생아에 대한 어느 고전적 연구에서 이 연구내용의 증거를 수용하지 않지만, 환경론자는 어느 정도 증거의 만족감을 주고 있다. 다른 연구에서는 어떤 천재적인 아동이 보편적인 아동보다 지능지수(IQ)가 높고 특출한 재능을 가졌기 때문에 성공하여 행복한 생활을 할 것이라는 등을 예견해 줌으로써 유전학자에게 많은 만족감을 주고 있지만, 환경론자는 그 연구결과에 대해 동의하지 않을 것이다.

따라서 환경과 유전에 관한 각 이론들이 잘못되었다거나 체계이론에 의해 대체되었다고 말할 수는 없다. 그러나 각 이론들에 대해 '정적인 접근법'(static approach)보다는 '역동적인 접근법'(dynamic approach)의 사고를 통해 사회사업에 적용할 필요가 있다. 즉, 편중된 이론적 접근에 국한하기보다는 다양한 체계의 크기와 종류에 적용할 수 있는 포괄적 접근의 사고가 요구된다.

## 3. 사회사업과 체계이론의 적용

체계(system)란 구별되는 방식으로 상호작용하고 일정기간 동안 지속되는 요소들로 이루어진 조직화된 전체라고 정의할 수 있다.[27] 즉, 체계의 부분들은 상호의존적이고 역동적인 관계를 맺고 있는 일련의 단위를 말한다. 체계는 일련의 역동관계성을 의미하고 있으며,[28] 일종의 모형으로서 상호 밀접한 관계성을 갖는 하위체계(subsystem)로 구성되어 있다. 즉, 이러한 하위체계를 통해 투입되고 일정한 과정이 진행되어 새로운 내용을 산출하게 된다.

27) R. Anderson & I. Carter, *Human Behavior in the Social Environment: A Social System Approach* (Chicago: Aldire, 1990), 참조.

28) B. Piccard, *An Introduction to Social Work* (Illinois: The Dorsey Press, 1975), pp. 11-12.

이와 같은 체계모형은 개인의 유기적인 부분, 전체로서의 개인, 다양한 집단, 기타 조직체 등에 활용할 수 있다. 따라서 사회사업의 영역에서도 이와 같은 체계이론의 원리를 적용하여 효과적인 사회복지서비스의 결과가 도출될 수 있다는 것을 강조하고 있다.

사회사업의 목적을 성취하기 위해서는 전문 사회복지사의 변화노력이 중요하다. 사회복지사는 문제해결을 위한 계획적 변화노력으로서 다양한 분야의 사람들과 활동하게 된다. 특히 사회복지사는 여러 유형의 사람과 대면하여 과업을 수행하면서 그의 목적과 관계가 어떤 것이어야 하는가를 결정해야 한다. 또한 그의 변화노력에 의해 혜택을 받는 사람들은 누구이며, 어떤 목표를 달성하기 위해 누구와 함께 일을 해야 하는가를 분명히 결정해야 한다.

따라서 사회복지사는 체계이론을 적용하여 변화매개체계, 클라이언트체계, 표적체계, 행동체계 등과 관련시켜 볼 수 있다.[29] 이러한 사회사업의 네 가지 체계를 구체적으로 제시하면 다음과 같다.

### 1) 변화매개체계

변화매개체계(change agent system)란 규모가 다른 여러 체계와 활동하며, 전문성이 다른 다양한 종류에서 돕는 사람들을 의미한다.[30] 여기서 사회복지사는 변화매개인이 되며, 그들을 고용하는 사회복지기관이나 기타 관련 단체 등은 변화매개체계라 할 수 있다. 사회사업에서 변화매개인은 계획적 변화를 목적으로 특수하게 고용된 '돕는 사람'을 말한다. 변화매개체계가 변화매개인에게 미치는 영향은 변화의 시도를 사회복지사 자신이 체계 내에서 하는가 혹은 체계 밖에서 하는가에 따라 차이가 있다. 예컨대, 양로원의 사

---

29) A. Pincus & A. Minahan, op. cit., pp. 53-54.
30) R. Lippitt, J. Watson & B. Westley, *The Dynamics of Planned Change* (New York: Harcourt, Brace & World, Inc., 1958), p. 12.

회복지사가 그 원내의 행정과정을 처리하고 변화시키는 경우와 정신병원의 직원이 주벽증이 있는 남편을 가진 부인을 돕는 경우를 들 수 있다.

### 2) 클라이언트체계

클라이언트체계(client system)란 도움을 받는 특수체계에 속한 사람을 의미한다.[31] 클라이언트는 변화매개인을 통해 서비스의 혜택을 기대하는 사람이다. 클라이언트는 변화매개인인 사회복지사의 서비스를 제공받기 위해 도움을 요청하는 개인, 가족, 집단, 조직, 지역사회 등을 포함한다.[32] 대개 클라이언트체계는 변화매개체계와의 업무동의(working agreement)와 계약 (contract) 등이 이루어졌을 때 성립된다. 사회복지사는 클라이언트체계를 더 큰 체계의 구성원을 참여시켜 확대시킬 수 있다. 예컨대, 정신병원의 사회복지사가 알코올중독자 남편을 가진 부인을 클라이언트 대상으로 원조하다가 점차 남편과 자녀들까지 클라이언트체계에 포함시키는 경우를 들 수 있다.

### 3) 표적체계

표적체계(target system)란 변화매개인이 목표로 삼는 것을 성취하기 위하여 영향을 주거나 변화시킬 필요가 있다고 판단되는 사람을 의미한다. 여기서 표적이라는 용어는 사회사업의 문헌에서 자주 사용되고 있다.[33] 사회복지사의 중요한 진단적 과업은 클라이언트체계와 협조하여 변화의 목표를 설정하고, 그 목표를 달성하기 위해 변화가 있어야 할 특수한 사람인 표적체계

---

31) Ibid, p. 12.

32) G. Brager, "Advocacy and Political Behavior", *Social Work*, vol. 13, April (1968), pp. 5-15.

33) M. Burns & P. Glasser, "Similarities and Differences in Casework and Group Work Practices", *Social Service Review*, vol. 34, December (1963), pp. 416-428.

를 결정하는 것이다. 예컨대, 지역사회의 주택환경을 개선하려는 주민지도
자와 지역단체는 시(市)의원에게 요청하여 표적체계가 되는 담당직원에게
압력을 넣게 함으로써 지역사회의 개선을 이행하도록 촉구할 수 있다. 또한
학교부적응 아동의 근본적인 문제가 어머니의 과잉보호에 있다면 그 어머니
의 과잉보호 개선에 압력을 가할 수 있다.

### 4) 행동체계

행동체계(action system)란 사회복지사가 그 과업을 완수하고 목표를 달성
하기 위해서 상대하는 사람들을 의미한다. 행동체계는 필요한 재가를 얻기
위해서, 문제를 발견하고 조사하기 위해서, 그리고 변화 목표를 설정하거나
주요 표적에 영향을 미치기 위해서 활용할 수 있다.[34] 특히 사회복지사는 지
역사회를 조사하고 변화해야 할 표적을 지적하기 위해 행동집단을 구성할
수 있다. 예컨대, 주택환경을 개선하기 위해서 지역주민이나 사회단체 등의
지지를 받아 담당직원들이나 시장에게 영향을 주려는 경우다. 이에 사회복
지사는 지역주민의 행동체계가 직접 지역사회 당국의 관계자들과 회합을 가
질 기회를 제공할 수 있다.

이상과 같이 체계이론은 사회사업실천에 있어서 통합적인 접근방법으로
활용되어 왔다. 급변하게 변하는 현대사회에서 인간과 관련된 제반문제도
다양하고 복잡하다. 그러므로 통합적인 접근방법으로서 체계이론을 활용한
사회사업의 실천모형이 필요하다. 체계이론을 활용한 사회사업의 실천모형
이 일반화되기 위해서는 체계이론의 방법을 통합적으로 이해하고 각 수준에
서 공통적으로 적용될 수 있는 표준적 모형을 구축해야 한다.

---

34) R. Warren, "Action System", *The Community in America* (Chicago: Rand McNally Co.,
1963), 참조.

생각해 볼 문제

1. 사회정책의 개념을 정의하시오.

2. 사회정책이론의 관점 두 가지를 설명하시오.

3. 사회정책의 이론 다섯 가지를 제시하시오.

4. 사회사업의 기초이론 세 가지를 설명하시오.

5. 사회사업과 체계이론의 적용 네 가지를 제시하시오.

제2부
# 사회복지방법

# 제6장

# 사회복지실천

    사회복지실천(theories of social work practice)은 기존의 전통적인 방법론을 통합하여 최적의 사회복지서비스를 제공하기 위한 종합적 실천이론으로 구성되어 있다. 사회복지실천은 하나의 독립적인 영역으로서 클라이언트와 관계를 형성하고 면접기법을 통해 문제해결에 접근하는 이론이다. 사회복지실천의 과정은 합리적이고 체계적인 절차를 통해서 접근할 필요가 있다. 따라서 이 장에서는, 첫째, 사회복지실천의 정의, 둘째, 사회복지실천의 관계, 셋째, 사회복지실천의 면접, 넷째, 사회복지실천의 과정, 다섯째, 사회복지실천의 개입이론 등을 중심으로 살펴보고자 한다.

## 제1절 사회복지실천의 정의

사회복지실천(theories of social work practice)이란 전통적인 사회복지방법 중 개별사회사업, 집단사회사업, 지역사회조직 등을 중심으로 한 실제적인 서비스체계의 전문적 영역을 말한다. 사회복지실천이라는 용어는 협의적으로 사회사업의 의미를 담고 있다. 미국사회사업가협회(NASW)에서는 사회사업을 '개인이나 집단 그리고 지역사회가 사회적 기능성에 관한 그들의 능력을 회복 또는 강화하고 그들의 목표에 바람직한 사회적 상황을 창출하도록 돕는 전문적인 활동'으로 정의하고 있다.[1] 사회복지실천은 가치, 목적, 지식, 개입기법 등을 포함하는 하나의 성좌(constellation)로 인식되고 있다.[2]

사회복지실천은 계획된 목표를 성취하기 위해 그 자체의 가치, 원칙, 기술들을 전문적으로 적용하며, 인간발달과 행동에 관한 지식, 사회적, 경제적, 문화적 제도들에 관한 지식, 그리고 모든 요소의 상호작용에 관한 지식 등을 활용하고 있다. 이에 미국사회사업가협회(NASW)의 사회복지실천위원회에서는 사회복지실천을 다음과 같이 규정하고 있다.

- 사회복지실천은 개인이나 집단을 원조하여 그들 자신과 환경 간의 불균형에서 발생하는 문제를 극소화한다.
- 사회복지실천은 불균형의 문제를 예방하기 위해 개인 또는 집단과 환경 간의 잠재적인 문제영역을 파악한다.

1) C. Zastrow, *The Practice of Social Work* (California: Wadsworth Publishing Company, 1992), p. 6.
2) H. Bartlett, "Social Work Practice", *Encyclopedia of Social Work*, 16 (New York: National Association of Social Workers, 1970), p. 1479.

이상에서 사회복지실천은 문제에 대해 치료하고 예방하는 데 목적을 두되, 개인이나 집단에 대해 최대한 잠재력을 찾아내어 강화하는 데 있다. 핀커스와 미나한(A. Pincus & A. Minahan)은 사회복지실천의 의미를 다음과 같이 제시하고 있다.[3]

- 사회복지실천은 클라이언트에게 문제해결과 대처능력을 강화한다.
- 사회복지실천은 자원과 서비스기회 등을 제공하며 연결한다.
- 사회복지실천은 서비스가 가능하도록 다양한 체계를 활용한다.
- 사회복지실천은 문제해결을 위해 사회정책의 발전과 증진에 기여한다.

따라서 사회복지실천의 개념을 종합적으로 요약해 보면, '개인과 집단의 당면문제를 경감시키고 그들이 원하는 것과 가치들을 실현하도록 동기를 부여하며, 이에 대처할 수 있는 능력을 강화하도록 돕는 일련의 서비스 과정'이라 할 수 있다. 사회복지실천은 전문적 활동임을 강조하지만 사회복지사의 독단적이고 일방적인 활동에 의해 이루어지는 것은 아니다. 즉, 사회복지실천은 클라이언트의 주도적인 역할을 전제로 하며, 사회복지사는 클라이언트가 문제해결능력을 강화할 수 있도록 돕고 목표달성을 위해 지원한다. 특히 사회복지사는 적절한 자원을 연결시켜 주는 역할을 수행하되, 그가 지닌 전문지식과 기술들을 구사해야 한다. 이에 따라 사회복지실천은 다른 전문직 활동과는 달리 사회복지사와 클라이언트에 의해 이루어지는 공동작업이라 할 수 있다.

---

3) A. Pincus & A. Minahan, *Social Work Practice: Model and Method* (Itasca, Illinois: F. E. Peacock Publishers Inc., 1990), p. 9.

# 제2절 사회복지실천의 관계

사회복지실천의 관계는 사회복지사와 클라이언트 간의 감정이나 태도의 역동적 상호작용을 말하며, 궁극적인 목적은 클라이언트가 자신과 사회환경 간에 효율적으로 적응하도록 도와주는 데 있다.[4] 따라서 클라이언트의 기본적인 욕구와 문제를 해결하기 위한 관계성(relationship) 일곱 가지의 원칙을 제시하면 다음과 같다.[5]

• 개별화(individualization): 클라이언트 각자의 독특한 자질을 알고 이해하는 일이며, 개인을 원조함에 있어서 상이한 원리나 방법을 의미한다. 즉, 인간은 개인이어야 하며 불특정 다수로서의 인간이 아닌 개별적 차이를 지닌 특정한 인간으로서 처우되어야 한다는 입장이다. 이에 사회복지사는 클라이언트에 대한 편견이나 선입견에서 벗어나 독특한 개인으로 인식하여 도움을 주어야 한다.

• 의도적인 감정표현(purposeful expression of feeling): 부정적인 자기감정을 자유롭게 표현하려는 클라이언트 욕구에 대한 인식을 의미한다. 이에 사회복지사는 의도적으로 경청하여야 하며, 그의 감정표현을 낙담시키거나 비난하지 말아야 하고, 치료상 필요한 경우에는 자극을 주고 격려해 주어야 한다.

• 통제된 정서적 관여(controlled emotional involvement): 클라이언트에게 자기감정을 말로써 표명하도록 권고하되, 그들의 감정에 호응하기 위해 정서

---

4) F. Biestek, *The Casework Relationship* (Chicago: Loyola University Press, 1961), p. 12.
5) 장인협, 『사회복지학개론』(서울: 서울대학교출판부, 1993), pp. 105-107, 재인용.

적으로 관여하는 것을 의미한다. 즉, 정서적 관여는 통제되는 것으로서 사례의 총체적인 목적에 따라 그 방향이 설정되어야 한다. 이에 사회복지사는 클라이언트와의 면접에서 정서적인 면에 관계되고 있으므로 정확한 진단적 사고로 클라이언트 욕구의 변화에 따라 개입해야 한다.

- 수용(acceptance): 사회복지사가 클라이언트의 장점과 약점, 바람직한 성격과 바람직하지 않은 성격, 긍정적 감정과 부정적 감정, 건설적 행동과 파괴적 행동은 물론, 그들의 있는 그대로를 이해하고 다루어 나가는 행동상의 원칙을 의미한다. 이에 사회복지사는 클라이언트의 존엄성과 그 인격의 가치에 대한 관념을 계속 유지해 나가야 한다. 그러나 수용은 정상적인 길에서 벗어난 태도나 행동을 시인한다는 것은 아니다. 수용의 대상은 '선한 것'(the good)이 아니라 있는 그대로의 '참된 것'(the real)임을 이해해야 한다.

- 비심판적 태도(nonjudgemental attitude): 클라이언트의 문제발생의 원인과 기능적 문제에 대해서 그 자신이 어느 정도 잘못과 책임이 있는지를 배제하는 것을 의미한다. 이에 사회복지사는 감정의 양면적 요소를 내포한 비판적 태도가 클라이언트에게 곧바로 전달되므로 유의할 필요가 있다. 그러나 클라이언트의 태도나 행동에 대한 올바른 평가적 판단은 있어야 한다.

- 자기결정(self-determination): 사회복지서비스의 과정에서 클라이언트가 스스로 선택하고 결정을 내릴 수 있는 자유로운 권리와 욕구를 가지고 있다는 것을 의미한다. 이에 사회복지사의 임무는 클라이언트에게 필요한 제반 자원을 발견하고 활용할 수 있도록 도와주고, 클라이언트의 결정권을 존중하여 잠재력을 자극해서 활동할 수 있도록 원조하는 것이

다. 그러나 클라이언트의 자기결정권은 클라이언트의 능력수준, 법률적
여부, 도덕적 범위, 기관의 활동범위 등에 따라 제한될 수 있다.

• 비밀보장(confidentiality): 클라이언트의 기본적인 요구로서 누구든지 그에
  응할 책임이 있다는 것을 의미한다. 만일 클라이언트의 비밀이 보장되
  지 않는다면 사회복지실천에서의 인간관계는 성립될 수 없다. 그러나
  클라이언트의 권리는 절대적인 것은 아니다. 이에 사회복지사는 클라이
  언트의 문제해결을 위해서 기관의 전문가에게 비밀을 밝혀야 할 경우가
  있는데, 이런 상황에서는 기관의 모든 전문가에게도 비밀보장의 의무가
  동등하게 부여되어야 한다.

## 제3절 사회복지실천의 면접

### 1. 면접의 의미

　　면접(interview)이란 사람과 사람 간에 언어나 동작을 매개로 대화를 주고
받는 행동으로서, 반드시 의사소통(commuications)이 일어나고 있다.[6] 사회
복지실천에서 면접은 매우 중요한 기법(technique) 중 하나다. 전문가와 클
라이언트 간의 관계 형성은 면접을 통해서 이루어진다. 어원적으로 면접
(interview)이란 '상호 간'(inter)과 '바라봄'(view)의 합성어로서 '서로 대등한
입장에서 바라봄'이라는 의미를 지니고 있다. 특히 클라이언트의 구체적인
문제해결을 위해서는 당면문제를 도출하는 것은 물론, 면접과정을 통해 클
라이언트에게 서비스를 제공해야 한다. 따라서 사회복지실천에서 면접이란

---

6) 장인협, 『사회사업실천방법론』(상) (서울: 서울대학교출판부, 1989), p. 131.

전문가와 클라이언트 간의 일대일(1:1) 관계에서 서로 대등하게 대면하여 의사소통을 도모하는 것이라 할 수 있다.

## 2. 면접의 목적

면접은 특정한 목적을 달성하기 위하여 수행된다는 점에서 목표지향적인 활동이다. 면접의 목적은 실시되는 방법으로서 개입, 실행, 평가 등에 영향을 주고자 한다. 즉, 클라이언트의 정보(information)를 수집하는 목적이 있으며, 동시에 그들에게 도움(helping)을 제공하는 목적이 있다. 따라서 면접의 목적은 클라이언트의 문제를 정확하게 파악하고 당면문제를 이해함으로써 효과적으로 문제를 해결하는 데 있다. 이에 면접의 목적과 관련하여 면접자가 유의할 점 두 가지를 제시하면 다음과 같다.[7]

• 면접자가 가끔 도와주려는 열의가 지나쳐 당면문제에 대한 충분한 이해도 하기 전에 개입하는 경우다. 예컨대, 어떤 학생에게 그의 관심이나 능력을 무시하고 무조건 대학에 다닐 것을 권한다면 부정적인 반응을 보일 것이다.
• 면접자가 면접의 목적을 분명하게 인식하고 있더라도 직접적인 방법을 통해 그 목적을 이루려는 경우다. 예컨대, 개인의 사생활, 집안의 비밀, 지난날의 과오 등에 대해서 매우 민감한 부분임에도 기탄없이 질문하면 클라이언트에게 거부감을 줄 것이다.

따라서 면접의 기본적 목적은 개인적 문제, 문제적 상황, 환경적 여건 등에 대해 도움을 요청한 클라이언트가 충분한 이해를 갖도록 하는 것이다. 이

---

7) 김연옥 · 최혜경 역, 『사회사업면접의 이론과 사례』 (서울: 한울아카데미, 1994), pp. 37-38.

와 같이 클라이언트와 관련된 문제를 분석하여 당면문제의 우선순위에 따라 원조와 실행에 대한 계획을 수립해야 한다.

## 3. 면접의 방법

면접의 방법은 전문가와 클라이언트 간의 부드럽고 자연스러운 교류가 이루어지는 것이 우선이다. 특히 면접은 많은 실제적 경험을 통해서 습득되고 있다. 따라서 전문가는 여러 민감한 문제들에 접근하기 위해서 면접의 이론적인 지식과 경험적인 기술을 충분히 활용해야 하고, 많은 실천경험이 전제되어야 한다. 이와 관련하여 면접의 방법을 제시하면 다음과 같다.[8]

- 관찰(observation): 클라이언트에 대한 선입관과 편견을 버리고 실제적 상황을 있는 그대로 보는 것을 말한다. 전문가는 클라이언트가 언급하지 않은 부분에 대해 주목해야 한다. 예컨대, 신체적인 긴장, 홍조 띤 얼굴, 홍분된 행동, 낙담하는 태도 등에 대해 세심히 관찰해야 한다.

- 경청(listening): 면접의 기본적인 활동 중의 하나로서 상대방의 이야기를 전부 들어주는 것을 말한다. 전문가는 클라이언트의 이야기를 충분히 경청하고 적절한 의견을 말하거나 질문을 함으로써, 상대방의 본질적인 요점과 주요문제를 파악하였다는 것을 나타내야 한다.

- 질문(question): 면접의 중심이 되는 기술로서 상대방의 진술에 도움을 주는 대화를 말한다. 전문가는 핵심적인 질문으로 클라이언트가 자신의 문제상황을 정확하게 진술할 수 있도록 해야 한다. 특히 클라이언트의

---

8) 장인협, 『케이스워어크』 (서울: 수문사, 1981), pp. 47-54, 참조.

입장에 맞춰서 질문을 해야 하고, 도움을 주기 위한 우회적인 질문을 해야 한다.

- 대화(conversation): 상대방이 이해할 수 있는 언어로 의사소통하는 것을 말한다. 클라이언트와 이야기할 때, 전문가는 그들이 사용하는 용어를 충분히 파악하면서 쉽고 이해 가능한 대화내용이 이루어지도록 해야 한다.

- 응답(answer): 상대방의 공적, 사적 질문에 대해 솔직히 대답하는 것을 말한다. 전문가는 가끔 클라이언트에게서 난처한 사적 질문을 받을 때가 있다. 이와 같은 사적 질문을 받을 경우에 당황하지 말고 간단하며 정직한 응답으로 상황에 대처해야 한다.

- 통솔(command): 클라이언트로 하여금 의식적으로 자기감정을 표현하도록 유도하는 데 사용하는 기법을 말한다. 전문가는 클라이언트의 이야기를 시종 경청하면서 표면에 나타나지 않게 면접내용을 지도하며 통솔해 나가야 한다.

- 해석(interpretation): 클라이언트가 당면문제에 대해 이해하고 인식하도록 배려하는 것을 말한다. 전문가는 클라이언트 스스로 직면한 문제상황에 대해 해석을 내리도록 하는 것이 중요하다. 특히 클라이언트에게 해석을 통하여 반성적 고찰과 통찰력을 갖도록 해야 한다.

## 4. 면접의 요건

면접에서 편안한 장소와 적절한 시간은 클라이언트의 문제해결에 도움을 주는 데 중요한 요건이 된다. 면접의 요건은 '장소적 요건'과 '시간적 요건'으로 구분할 수 있다.

- 장소적 요건: 면접장소로는 사회복지기관 및 시설, 피면접자의 직장이나 학교, 가정, 그리고 제과점이나 커피숍, 공원의 벤치 등을 들 수 있다. 특히 면접장소는 소란스럽지 않고 조용하며 자유스러운 대화가 가능한 공간이 적합하다. 실내의 면접장소는 공간넓이, 조명밝기, 색채 및 모양, 책상과 의자의 배치, 기타 내부장치 등이 세심하게 배려되어야 한다.

- 시간적 요건: 면접시간은 클라이언트와 면접할 날짜, 시간 등을 사전에 약속하여 정할 수 있다. 이는 당사자 간의 약속으로 면접시간을 유효하게 사용하는 경우가 있다. 면접시간은 전문가와 클라이언트가 서로 주어진 시간에 자신들이 목적하는 바를 성취할 수 있고, 적극적인 공동참여와 노력을 집중시킬 수 있어야 한다. 일반적으로 적절한 면접시간은 일주일에 1회로 1시간 정도가 바람직하다고 본다.

## 제4절 사회복지실천의 과정

### 1. 인테이크과정

인테이크과정(intake process)은 클라이언트가 문제해결의 도움을 요청하기 위해 사회복지기관에 찾아왔을 때, 그의 욕구가 무엇이며, 그 기관에서 문제해결이 가능한가를 결정하는 전반적인 과정을 말한다. 인테이크과정에서는 다음의 세 가지 내용에 대한 정보를 습득해야 한다.[9]

---

9) 장인협, 전게서, p. 164.

- 문제상황: 문제(problem)의 상황과 성격을 명확히 파악하고, 문제의 원인을 분석하여 문제의 중요성을 인식해야 한다.
- 클라이언트: 클라이언트(client)에 대한 기존 문제해결의 노력과 방법을 알아야 하고, 클라이언트의 기대와 기관의 원조 등을 이해해야 한다.
- 기관목적: 기관(agency)의 기능과 목적을 숙지하고 정책방향을 이해하며 다른 기관에 위탁하는 경우 등을 인지해야 한다.

## 2. 조사과정

조사과정(study process)은 문제해결의 초기단계로서 클라이언트의 문제해결을 효율적으로 돕기 위해 그들의 욕구를 조사하는 과정을 말한다. 사회복지실천 조사과정의 두 가지 유형은 다음과 같다.[10]

- 실마리형(clue type): 실마리형 기법으로서 클라이언트가 지니고 있는 욕구에 기초를 두고 그들이 지닌 당면문제의 실마리를 찾아 조사하는 유형을 말한다.
- 양식형(patterned type): 양식형 기법으로서 클라이언트의 문제에 대해 이미 규정된 항목별 양식에 따라 조사하는 유형을 말한다.

## 3. 진단과정

진단과정(diagnosis process)은 조사과정에서 수집한 제반 자료의 분석을 통해 당면문제의 특성을 진단하고 문제해결을 위한 계획수립의 과정을 말한다. 특히 진단과정은 어떠한 개입방법이 효율적이며 효과적인가를 결정

---

10) G. Hamilton, *Theory and Practice of Social Casework* (New York: Columbia University Press, 1951), pp. 197-199.

하기 위한 중요한 과정이 된다. 이러한 진단과정의 구체적인 내용은 다음과
같다.[11)

- 사례조사(case study): 클라이언트의 조사과정에서 수집된 자료를 사례별
  로 사정하여 중요하고 핵심적인 사실을 도출하는 것을 말한다.
- 원인진단(cause diagnosis): 클라이언트의 당면문제와 사회적 역기능의 관
  계를 규명할 수 있도록 역동적인 방법으로 문제원인을 진단하는 것을
  말한다.
- 해결전략(solving strategy): 클라이언트의 당면문제를 정확하게 진단하여
  문제해결의 표적을 설정하고 구체적인 전략을 결정하는 것을 말한다.

## 4. 치료과정

치료과정(treatment process)은 클라이언트의 당면문제를 정확히 진단하여
그들의 문제를 해결하고 생활상황을 변화시키는 최종 개입과정을 말한다.
일반적으로 치료과정은 '직접적 치료과정'과 '간접적 치료과정'의 두 가지로
구분할 수 있다.[12)

- 직접적 치료과정: 사회복지사와 클라이언트 간에 직접적으로 일어나는 과
  정에서 '마음에 대한 마음의 영향'(influence of mind upon mind)을 강
  조한다. 여기서 사회복지사의 활동은 주로 클라이언트의 주관적 사실이
  나 감정 등에 관여한다. 근본적인 치료과정의 목적은 클라이언트가 자
  신을 의식하고 조정함으로써 환경에 보다 잘 적용하게 하는 데 있다. 이

11) F. Hollis, *Social Casework* (New York: Random House, 1964), pp. 179-189.
12) M. Richmond, *What is Social Casework?* (New York: Russel Sage Foundation, 1922),
    p. 102.

는 주로 면접법을 통해 치료하는 경우를 말한다.

- 간접적 치료과정: 사회복지사가 클라이언트의 환경적 상황에 변화를 초래하여 치료하는 과정을 강조한다. 즉, 사회복지사가 클라이언트의 주변 환경에서 나타나는 불합리한 자극이나 장애물을 제거시켜 줌으로써 사회적 기능이 가능하도록 도움을 주는 방법을 말한다.

따라서 치료과정을 통해 구체적인 치료방법 두 가지를 제시하면 다음과 같다.

- 지지적 치료방법(supportive treatment): 클라이언트에 대한 직접적인 지도와 조언, 구체적인 서비스를 수반하는 환경적 조정 등을 통해 치료하는 방법이다. 즉, 클라이언트의 자유로운 감정표현을 위한 기회제공, 클라이언트에 대한 관심과 격려, 필요시 전문적 권위의 행사 등을 통해 지지하는 방법을 말한다.
- 명확화 치료방법(clarification treatment): 클라이언트의 의식계발, 당면문제의 해석, 반성적 고찰, 통찰력 계발 등을 통해 치료하는 방법이다. 즉, 클라이언트의 당면문제가 마음속에 깊이 파묻혀 있어서 이해되지 않는 자신의 태도를 명확하게 하도록 돕는 방법을 말한다.

## 제5절 사회복지실천의 개입이론

### 1. 심리사회모델

심리사회모델(psychosocial model)은 1920년대와 1930년대의 사회경제적 상황, 퍼스낼리티이론, 사회화이론 등의 대두에 크게 영향을 받아 왔다. 이

모델은 인간을 생리적, 심리적뿐만 아니라, 인간을 둘러싼 사회·경제적인
상황을 포함한 전체적인 시각으로서 심리사회적 관점을 지니는 특색이 있
다. 즉, 인간은 주체성을 지닌 자주적 존재이지만, 동시에 환경의 영향을 받
아 상황의 지배하에 생활하게 된다는 것이다. 이에 심리사회모델의 특징은
다음과 같다.[13]

- 심리사회적 입장: 체계이론적 접근으로 진단과 치료의 대상이 되는 주된
  체계를 '상황 속의 인간'(person in situation)으로 본다.
- 심리사회적 접근: 사회적 맥락에서 클라이언트의 욕구에 따라 개별적으로
  치료하게 된다.
- 심리사회적 치료: 개인이나 환경 또는 개인과 환경 간의 치료로 변화를 초
  래하고자 한다.

## 2. 기능주의모델

기능주의모델(functional model)은 1930년대에 펜실베이니아 사회사업대
학원의 교수들에 의해 사회복지실천의 이론적 접근으로 개발되었다. 진단주
의 학파가 프로이트(S. Freud) 정신분석이론의 영향을 받아 인간을 기계적,
결정론적 관점에서 보는 반면, 기능주의 학파는 인간을 의지적, 낙관적 관점
에서 '자신의 창조자'(creator of himself)로 보고 있다. 따라서 기능주의와 진
단주의의 현저한 차이를 나타내는 것은 다음의 세 가지 영역에서 살펴볼 수
있다.[14]

---

13) F. Hollis, "The Psychosocial Approach to the Practice of Casework," in R. Robert & R. Nee
    eds., *Theories of Social Casework* (Chicago: University of Chicago Press, 1970), pp. 35-37.
14) R. Smalley, "The Functional Approach to Casework Practice", in R. Robertbert & R. Nee
    eds., *Theories of Social Casework* (Chicago: University of Chicago Press, 1970), pp. 79-80.

- 인간성의 이해: 진단주의는 '질병의 심리학'(psychology of illness) 입장이고, 기능주의는 '성장의 심리학'(psychology of growth) 입장이다.
- 사회사업의 목적: 진단주의는 사회복지사가 클라이언트의 건전한 성장이나 사회적 조건에 영향을 미치는 것으로 보고, 기능주의는 사회복지사가 사회복지실천의 초점, 방향, 내용 등을 제공해 주는 것으로 본다.
- 과정개념의 이해: 진단주의는 과정개념이 개발되지 않았지만, 기능주의는 원조과정을 개시기(initiating), 지지기(sustaining), 종결기(terminating) 등으로 구분한다.

따라서 기능주의는 클라이언트에 의해 선택과 결정이 이루어지도록 하는 특성이 있다.

## 3. 문제해결모델

문제해결모델(problem-solving model)은 시카고 대학의 펄먼(H. Perlman) 교수가 창안한 사회복지실천의 한 방법이다. 이 모델은 다양한 학문의 배경으로 진단주의와 기능주의의 영향을 받아 절충주의적 입장을 취하고 있다. 따라서 문제해결모델은 활동적 구성요소로 몇 가지를 제시하며, 즉 문제(problem), 사람(person), 장소(place), 과정(process) 등의 4P 개념으로 이루어져 있다.[15]

문제해결모델의 특성은 클라이언트가 문제해결자(problem solver)가 되고, 클라이언트의 자아는 퍼스낼리티 문제해결을 시도하면서 자아개념을 중요시한다는 것이다. 이 모델은 사회복지사가 클라이언트의 변화동기를 위해

---

15) H. Perlman, "The Problem-solving Model in Social Casework", in R. Robert & R. Nee eds., *Theories of Social Casework* (Chicago: University of Chicago Press, 1970), p. 135.

세 가지 과정을 제시하고 있다.[16)]

- 문제해결과정: 클라이언트의 불만이나 공포를 최소화시키고 자아의 방어 기제를 약화시킨다.
- 통찰력 고취: 클라이언트로 하여금 자신을 다루는 지적, 정서적, 행동적 능력을 발휘시킨다.
- 사회자원연결: 문제해결에 필요한 원조나 사회자원을 발견하고 적절히 활용한다.

## 4. 행동수정모델

행동수정모델(behavioral modification model)은 1950년대 초 프로이트의 정신분석에 회의를 느낀 학자들이 연구한 행동주의적 접근방식이다. 이 모델에 공헌한 학자들을 살펴보면 다음과 같다.

- 스키너이론: 스키너(B. Skinner)는 인간의 행동이 긍정적 강화와 부정적 강화에 의해 결정된다는 '행동강화원리'(behavioral reinforce principle)를 제시하였다.
- 에일런이론: 에일런(T. Ayllon)은 정신병원의 선구적이고 고전적인 행동수정에 관한 연구에서 '대용경제체계'(token economy system) 방법을 제시하였다.
- 월프이론: 월프(J. Wolpe)는 포괄적으로 사용되고 있는 행동치료(behavioral therapy)로서 '체계적 탈감법'(systematic desensitization) 개념을 발전시켰다.

---

16) Ibid., pp. 136-137.

이상에서 행동수정모델의 공통적인 강조점은 다음과 같다.[17]


- 클라이언트에 대해 관찰 가능한 행동에 초점을 둔다.
- 행동의 기초적인 분류는 실험심리학이나 생물학에 근거를 둔다.
- 증상(symptom)은 일탈적인 개인의 관찰 가능한 반응으로 본다.
- 현재의 증상을 유지시키는 조건에서 수행적 역할에 초점을 둔다.
- 클라이언트에 대한 자극에 초점을 두고 문제행동을 수정한다.
- 특정행동의 학습, 강화, 유지, 약화, 제거 등에 초점을 둔다.
- 증거의 성격과 질을 중시하고 단일사례연구를 선호한다.


## 5. 가족치료모델

　가족치료모델(family therapy model)은 1950년부터 1975년까지 약 25년간 미국을 중심으로 발전되어 온 이론이다. 특히 가족을 단위로 한 치료방법의 타당성은 어떤 유형의 클라이언트에게는 개별치료가 비효과적이다. 즉, 가족의 역기능을 치료하지 않으면, 또 다른 문제가 발생할 수 있다는 것이다. 따라서 가족치료법을 세 가지로 분류하면 다음과 같다.[18]


- 정신분석적 가족요법: 정신분석이론을 가족치료에 응용하여 클라이언트의 가족을 치료에 참여시키는 방법이다.
- 행동주의적 가족요법: 개인의 행동장애 원인을 가족의 역기능적 행동으로 이해하고, 클라이언트의 문제행동을 학습행동으로 치료하는 방법이다.
- 체계적 가족요법: 개인의 행동장애를 개인을 둘러싼 가족체계의 문제에

---

17) E. Thomas, "Behavioral Modification and Casework," in R. Robert & R. Nee eds., *Theories of Social Casework* (Chicago: University of Chicago Press, 1970), pp. 186-190.

18) Y. Yasuichiro eds., *Systems Approach in Family Therapy* (1984), pp. 5-6.

반영하여 그 체계를 변화시키는 방법이다.

## 6. 위기개입모델

위기개입모델(crisis intervention model)은 1960년대 이후 단기적 사회복지실천의 치료에 관심을 두고 개인이나 가족에게 접근하는 이론이다. 이 모델은 기존의 지식과 임상적인 측면이 결합되어 있다는 점에서 전통적인 사회복지방법의 이론보다는 실천에 더욱 가까이 접근하고 있다.

위기개입모델은 클라이언트가 위급한 상황에 직면한 경우 일시적이고 신속하게 개입하는 방법이다. 이 모델의 기본원리를 여덟 가지로 제시하면 다음과 같다.[19)]

- 신속하게 개입한다.
- 적극적으로 행동한다.
- 제한된 목표를 세운다.
- 긍정적인 희망을 가진다.
- 현실적인 지지를 한다.
- 초점적인 문제를 해결한다.
- 자기상을 이해한다.
- 자립성을 촉진한다.

## 7. 사회화모델

사회화모델(socialization model)은 1960년대에 사회복지실천의 새로운 지

---

19) D. Puryear, *Helping People in Crisis* (California: Jossey-Bass, 1979), pp. 20-49.

식과 기법 개발, 전문교육의 재조직 차원에서 인식된 이론이다. 이 모델의 대상집단을 세 가지로 분류해 보면 '사회화되지 못한'(unsocialized) 경우, '불충분하게 사회화된'(inadequately socialized) 경우, '특정 하위문화에 사회화된'(socialized to specific subculture) 경우다.[20] 이러한 사회화모델의 특성을 제시하면 다음과 같다.

- 사회화 대행자: 사회화의 대행자는 사회복지사와 관련 전문가들이 담당한다.
- 사회화 목표: 사회화의 목표는 클라이언트가 스스로 사회기능력을 갖게 한다.
- 사회화 기법: 사회화의 기법은 교육훈련, 모델제공, 참여권유, 피드백제공 등으로 접근한다.

---

20) E. McBroom, "Socialization and Social Casework," in R. Robert & R. Nee eds., *Theories of Social Casework* (Chicago: University of Chicago Press, 1970), p. 343.

생각해 볼 문제

1. 사회복지실천의 개념을 정의하시오.

2. 사회복지실천의 일곱 가지 관계를 제시하시오.

3. 면접의 방법 일곱 가지를 제시하시오.

4. 사회복지실천의 네 가지 과정을 설명하시오.

5. 사회복지실천 개입이론의 일곱 가지 특성을 설명하시오.

# 제7장

# 사회복지실천기술

사회복지실천기술(skill and technigues for social work practice)은 사회복지의 이론, 실천, 경험 등을 바탕으로 사회적 약자의 문제해결에 접근하는 사회복지서비스체계를 의미한다. 사회복지실천기술은 대인원조의 기술로서 사회적 약자들이 내재하고 있는 최선의 가능성과 진정한 삶의 기대와 성장에 가치를 둔다. 이에 사회복지실천기술의 개입에 있어서 사회복지사는 자신의 주관적인 사고를 배제하고 전문적 지식과 경험을 활용하여 클라이언트의 문제해결에 우선해야 한다. 따라서 이 장에서는, 첫째, 사회복지실천기술의 정의, 둘째, 사회복지실천기술의 구성요소, 셋째, 사회복지실천기술의 유형, 넷째, 사회복지실천기술의 방법, 다섯째, 사회복지사의 자질과 역할 등을 중심으로 살펴보고자 한다.

<h1>제1절 사회복지실천기술의 정의</h1>

사회복지실천기술(skill and techniques for social work practice)이란 대인기술로서 습관이나 경험, 직감이나 재능뿐만 아니라 인간과 사회생활에서의 가치 실현을 추구하기 위한 과학적 방법을 말한다. 여기서 기술은 인간의 욕구에 반응하고자 행동으로 전환하는 실천적인 한 요소이며, 기술적 전문성은 지식을 효과적으로 사용하는 능력이다.[1] 사회복지실천기술은 하나의 예술(art)인 동시에 과학(science)에 기본적인 근거를 두고 있다. 즉, 기술성과 과학성을 전제로 한 영역으로 사회복지실천에 기대되는 전문적 방법이다.

최근 사회복지실천기술이 목적이냐 수단이냐를 둘러싼 논쟁이 있지만, 수단이 아닌 기술 자체에 깊은 가치와 목표가 부여되고 있다. 그러므로 사회복지실천기술은 사회복지라는 가치실현을 목표로 한 고유한 방법으로 이해할 수 있다.[2] 모랄레스와 시포(A. Morales & B. Sheafor)는 사회복지실천기술을 특정 상황에서 적합한 기술을 선택하고 그것을 효과적으로 사용하는 능력이라고 정의하였다.[3] 즉, 사회복지사가 클라이언트의 문제상황에서 사회복지의 가치와 지식을 기반으로 심리사회적 변화과정을 이끌고자 하는 움직임이라 할 수 있다.

그리고 사회복지실천기술은 하나의 대인원조기술로서 인간을 통제하고 조작하는 수단이나 기법이 아니라 클라이언트의 일상적인 사회생활의 회복을 위해 전개되는 원조기법 자체라 할 수 있다. 전문용어로서 원조기술이란 어떠한 일의 가치나 상황을 내포한 실체 그 자체로 인식하고 통찰하는 것을

1) H. Bartlett, *The Common Base of Social Work of Practice* (New York: National Association of Social Workers, 1970), pp. 80-83.
2) 岡本民夫 · 小田兼三 編, 『社會福祉授助技術總論』(京都: ミネルヴァ書房, 1992). pp. 74-79.
3) A. Morales & B. Sheafor, *Social Work: A Profession of Many Faces* (Boston: Allyn and Bacon Inc., 1987), p. 9.

의미한다. 그렇다면 대인원조기술이라는 측면에서 볼 때, 클라이언트가 처해 있는 현실생활의 특수성을 일반화하여 해석하고 평가하는 것보다 그 대상자의 고유한 특수사정을 이해하고 파악하는 것에 초점을 둔다고 하겠다.

따라서 사회복지실천기술은 '사회복지정책에 의하여 공급되는 여러 가지 사회복지자원이나 서비스가 사회복지사의 매개로서 생활곤란에 처해 있는 클라이언트, 즉 개인, 집단, 지역사회 등에게 효과적으로 대처하는 전문적 원조활동'이라 할 수 있다. 특히 사회복지실천기술에서 대상자를 인식하고 이해한다는 것은 실존적이고 현상학적 관점에서 접근할 필요가 있다. 클라이언트를 있는 그대로 생각하고 체험하며 현실이나 과정을 중요시하는 것이다. 이는 클라이언트의 실존과 진실한 존재로서 진정한 인간으로 살아가는 힘을 찾아내고 발견하는 것이다.

## 제2절 사회복지실천기술의 구성요소

### 1. 가치의 확립

사회복지실천기술은 기본적으로 대상자의 인권존중이 전제되어야 한다. 이는 개인의 능력, 신체적 특징, 사회적 지위 등에 의하여 차별받지 않고 공평하게 권리를 인정해 준다는 것이다. 모든 인간은 독자적인 성격과 특징은 물론 구별된 환경에 처해 있으므로 그들의 주체성을 개별적으로 이해하고 존중하는 것이 중요하다. 인간은 각자 환경에 적응하고 생존하는 능력이나 성장가능성을 지니고 있다.

사회복지실천기술은 개인의 능력과 가능성에 따라 자립을 조정하고 지원하는 것이 핵심적인 과제다. 즉, 인간으로서 존엄성을 인정하고 개인의 자기

실현을 위해 원조하는 것이 사회복지실천기술의 궁극적인 목적이다.[4] 사회복지실천에서 사회복지사는 사회복지전문직의 가치에 투철한 동시에 자신의 개인적인 가치나 신념을 분명히 인식하고 개입해야 한다. 이에 사회복지실천의 기본적인 가치를 제시해 보면 다음과 같다.

- 클라이언트를 개별화된 인간으로 존중해 준다.
- 클라이언트 스스로가 문제를 인식하고 원조를 결정하도록 한다.
- 클라이언트의 비밀적인 사항을 최대한 보장해 준다.
- 클라이언트의 입장에서 옹호하고 사회행동을 고취시킨다.
- 클라이언트와 사회복지사는 활동내용에 대해 도의적 책임성을 지닌다.

따라서 사회복지사는 클라이언트에게 전문적인 도움을 주는 중요한 지렛대의 역할을 수행해야 한다. 사회복지사가 사명감을 갖는다는 것은 자신의 가치를 사회복지전문직의 가치에 접근시키는 논리적인 결단이라고 할 수 있다.[5]

## 2. 기술의 습득

사회복지실천기술은 개별원조기술, 집단원조기술, 지역원조기술 등을 포함하는 통합적인 실천기술이다. 이와 같은 각 영역별 원조기술들의 역사적 배경이나 기초를 이루는 이론의 숙지가 요구되고 있다. 즉, 원조기술의 이론에 근거하여 현장에서 활용할 수 있는 능력을 갖추기 위해서는 실천적 경험을 가져야 한다. 또한 사회복지기관이나 시설 또는 단체 등에서 현장실습을 통해 이론과 지식을 활용하는 실제적 체험학습의 기회가 제공되어야 한다.

4) 福祉士養成構座編輯委員會 Ⅰ,『社會福祉授助技術總論』, (東京: 中央法規, 1999), pp. 232-233.
5) 권육상,『사회복지실천론』(서울: 학문사, 1999), p. 62.

사회복지실천기술은 인간에 대한 과학적인 지식을 바탕으로 끊임없는 교육과 훈련을 통하여 습득된다. 이에 사회복지실천의 기술적 요소를 제시해 보면 다음과 같다.[6]

- 클라이언트에 관한 자료수집과 사정의 기술이다.
- 전문적인 자아의 발달과 활용의 기술이다.
- 개인, 집단, 지역사회와의 전문적 활동의 기술이다.
- 전반적인 실천결과에 대한 평가의 기술이다.

이러한 사회복지실천기술은 상황 속의 개인을 생각하고, 개인과 상황을 이해하며, 특히 클라이언트에게 사용될 기술을 확인하고 개입계획을 세우며 평가를 수행하는 데 활용되어야 한다.

## 3. 지식의 습득

사회복지실천기술을 수행하기 위해서는 기초지식이 필요하다. 인간의 본질과 사회현상에 대한 이해를 돕기 위해 사회학, 심리학, 인류학, 정치학, 경제학 등 사회과학적인 지식이 요구된다. 특히 인간의 상호작용이나 인간의 역기능적 상황에 대한 충분한 기초지식으로서 사회과학은 물론 자연과학적 이론이 습득되어야 한다. 그리고 사회복지의 역사나 이론에 관한 지식이 요구된다. 따라서 사회복지는 하나의 응용학문으로서 심리학, 사회학, 교육학 등 원조기술과 관련된 여타 학문으로 구축되어 있다. 사회복지실천기술은 사회복지의 원조기술로서 다른 학문을 활용한다. 이러한 지식을 겸비한 사회복지사는 전문가의 위치를 확립하는 데 매우 중요하다. 이에 사회복지실

6) B. Bear & R. Federico, *Education of the Baccalaureate Social Worker* (1980), ch. 9.

천기술의 원조과정에서 인간의 심리와 행동 또는 사회현상에 관한 몇 가지 지식을 제시해 보면 다음과 같다.

- 사회생활에 있어서 일탈문제와 해체문제의 해결을 위한 기초지식이 필요하다.
- 인간의 심리나 행동을 이해하기 위해서 심리학이나 정신의학의 이론이 필요하다.
- 사회생활의 형태를 이해하기 위한 사회학, 인류학, 법학 등의 지식습득이 필요하다.

따라서 사회복지사는 사회복지의 제반 제도에 대한 존재성, 특성, 이용방법 등을 숙지해야 하며, 특히 지역사회의 자원, 지역주민의 특성, 각종 민간단체, 자원봉사 등에 대한 정보를 획득할 필요가 있다.

## 제3절 사회복지실천기술의 유형

### 1. 원조기술

사회복지사가 클라이언트를 돕는다는 것은 계획된 목적을 둔 하나의 과정이라 할 수 있다. 사회복지사는 도움을 필요로 하는 사람이나 변화를 요구하는 상황을 발견하고 새로운 시각에서 문제를 해결하는 실천기술을 발전시켜야 한다. 사회복지사와 클라이언트 간에 관계를 발전시키는 것은 현존문제의 원인을 밝혀내는 데 있고, 궁극적으로 문제해결에 접근하는 것이 원조기술(helping skill)의 기본과제다. 이와 같이 사회복지사는 긍정적인 효과와 영향을 주기 위해 좋은 관계성을 발전시켜야 한다.

따라서 원조기술은 사회복지사가 클라이언트와의 관계를 위하여 목적성을 가지고 자신을 적절하게 활용하는 것이 가장 중요하다. 이에 클라이언트의 원조과정에서 필요한 기초적 기술은 다음과 같다.

- 클라이언트를 있는 그대로 수용한다.
- 클라이언트를 개별화된 인격체로 인정한다.
- 클라이언트의 자기결정권을 존중한다.
- 클라이언트의 능력과 수준에 맞추어 활동한다.[7]

## 2. 관여기술

사회복지사는 클라이언트를 원조상황에 효과적으로 참여시키고 그들과 약속을 지키며 계약을 통해 개입한다. 사회복지사는 자신의 목표나 역할이 명확히 드러나야 하며, 클라이언트의 목표와 역할 및 위치를 명확하게 구분하여 원조의 과정에 장애물이 없도록 관여해야 한다. 특히 클라이언트가 처해 있는 환경이나 문제에 관해 이해와 배려를 하고, 그들의 저항이 최소화되도록 적절한 관여기술(engagement skill)을 구사해야 한다.

사회복지사는 관여기술에서 계약과정(contract process)을 형성하기 위하여 부정적 요소를 제거하고 개방적이 되려고 노력해야 한다. 그리고 클라이언트에게 정직하고 비심판적이며 현실적이고 신뢰성 있게 관여해야 한다. 특히 사회복지사는 관여기술의 기본원칙으로서 클라이언트에 대해 인내심과 이해성을 가지며, 그들의 가치관과 생활형태 등을 수용할 필요가 있다.[8]

---

7) A. Morales & B. Sheafor, op. cit., p. 144.
8) Ibid., p. 146.

## 3. 관찰기술

사회복지사로서 개발해야 할 가장 중요한 실천기술은 바로 관찰기술 (observation skill)이다. 대부분의 사람은 의식적, 무의식적 편견에 의해서 자신의 가치관에 맞추거나 사회적으로 조건이 지워진 것만을 선택적으로 관찰하는 경향이 있다. 관찰기술은 단순히 보는 것(seeing)이 아니다. 즉, 클라이언트의 언어적 의사소통과 비언어적 의사소통, 말투, 행동과 몸짓 등을 통해 클라이언트의 의도를 해석하고 이해할 수 있어야 한다.

사회복지사는 관찰기술로서 클라이언트의 신체적 표현, 몸의 긴장, 얼굴의 변화, 땀 흘리는 것, 몸 떠는 것, 흥분하는 모습, 낙담하는 모습 등도 통찰력으로 이해해야 한다. 또한 관찰기술은 무엇을 볼 것인가를 선택하는 것도 포함하고 있다. 즉, 관찰기술은 항상 목표지향적이어야 하고, 관찰자의 참여가 관찰대상자에게 큰 영향을 미치고 있다는 사실도 알아야 한다.[9] 따라서 사회복지사는 이러한 관찰기술을 통하여 조사, 진단, 치료의 과정을 구체화하고 과학화할 필요가 있다.

## 4. 의사소통기술

사회복지사는 클라이언트와의 생각(idea), 정보(imformation), 감정 (emotion) 등을 전달하고 돕는 상황에서 의사소통(communication)을 가장 중요한 도구로 활용하게 된다. 클라이언트는 자신에게 무엇이 문제가 되는가를 솔직히 이야기할 수 있어야 하며, 사회복지사는 클라이언트가 이야기한 바를 이해하도록 노력해야 한다. 이와 같은 상호 간의 의사소통 과정을 통하여 클라이언트가 새로운 정보를 행동으로 전환시킬 수 있도록 해야 한다.

---

9) Ibid., p. 147.

여기서 의사소통기술은 클라이언트의 성격 내지 일반적 관심에 상응해서 이해할 필요가 있다. 클라이언트와의 의사소통은 언어와 비언어적인 방법에 의해 이루어질 수 있다. 특히 비언어적인 의사소통의 방법은 클라이언트와의 중요한 정보뿐만 아니라, 말로 표현할 수 없는 감정도 전달하게 된다.[10] 사회복지실천기술은 관계성의 학문이며 기술이기에 의사소통의 기술은 사회복지실천기술의 핵심이라고 할 수 있다.

## 제4절 사회복지실천기술의 방법

### 1. 개인중심의 개입방법

개인중심의 개입방법은 기존의 개별사회사업(casework)에 해당하는 사회복지실천기술 방법을 의미한다. 그런데 최근에는 개별원조기술, 개별실천기술이라는 용어로서 원조기술을 개별적으로 제공하는 방법을 말한다. 개별실천기술의 이론은 자아심리학, 가족역동학, 학습이론, 행동요법 등 인접분야의 영향을 받아 구축되었으며, 전체적인 특징은 클라이언트와 그를 둘러싼 상황으로서 사회적 기능, 사회적 역할, 사회적 시스템 등의 용어와 더불어 사용해 왔다.[11]

개별실천기술은 개별적인 면접의 장을 통한 대인원조 활동을 중심적 특징으로 하고 있다. 즉, 개별실천기술은 현실적인 문제에 대응하기 위하여 개인이나 가족을 대상으로 그들의 입장에서 환경을 조성하고 사회복지서비스를 통하여 당면과제의 극복을 가능하게 하는 원조기술의 과정을 말한다. 개별실천기술은 대인원조기술을 중심으로 클라이언트의 고유한 능력배양과 사

---

10) Ibid., pp. 147-148.

11) 福祉士養成構座編輯委員會, 『社會福祉原論』(東京: 中央法規, 1989), pp. 26-27.

회적 자율성의 육성과 지원을 목표로 하며, 환경을 정비하고 사회복지서비스를 제공하면서 개별적인 문제해결을 전개하는 과정이라 할 수 있다.

여기서 개별실천기술은 '사회복지대상자가 고유한 사회생활에서 당면한 여러 가지 과제를 사회복지서비스의 제공과 환경조성을 통하여 해결하고 극복하기 위한 전문원조기술의 전개과정'을 의미한다.[12] 이에 개별실천기술의 특성을 몇 가지 제시해 보면 다음과 같다.

- 클라이언트를 중심으로 한 접근이다.
- 사회생활의 전체적 관점에서의 원조다.
- 목표로서의 과업개념이다.
- 사회복지서비스의 제공과 지원이다.
- 주체적인 문제로서 개별적 해결이다.
- 환경여건의 의도적인 조정이다.
- 사회적 자율성의 육성이다.
- 면접을 중심으로 한 전문적 원조기술 등이다.

## 2. 집단중심의 개입방법

집단중심의 개입방법은 기존의 집단사회사업(group work)에 해당하는 사회복지실천기술의 방법을 의미한다. 집단실천기술은 개인, 집단, 지역사회의 문제를 보다 효과적으로 대처하도록 사람들을 원조하는 기술로 정의된다. 집단실천기술은 집단사회사업과 동일한 개념으로, 인간이 유아기, 학령기, 청년기, 장년기, 노년기의 성장과정에서 여러 가지 집단생활을 경험하는 문제에 접근한다. 이는 가정에서 부모와 자식관계, 형제자매의 친밀한 관계에서 근린이나

---

12) 福祉士養成構座編輯委員會 II, 『社會福祉授助技術各論』(東京: 中央法規, 1999), p. 100.

학교의 친구, 동년배, 직장이나 취미집단 등까지 포함하고 있다. 집단을 대상
으로 하는 실천기술은 소속되어 있는 집단에서의 상호작용을 통하여 정서적,
사회적 욕구충족과 사회생활의 제 기능을 발달시키는 데 있다.

집단실천기술의 기본적 성격은 사회복지실천기술에 근거하고 있으며, 원
조자의 역할은 실천과정을 통하여 집단의 구성, 구성원의 집단활동, 목표달
성 등을 가능하게 한다. 사회복지사는 집단의 영향력을 활용하여 당면한 문
제를 해결하는 집단원조의 개입기술을 습득해야 하며, 의도적인 집단경험을
통하여 개인의 사회적 기능력을 높이도록 원조해야 한다.

그리고 사회복지사는 집단구성원의 집단경험을 의식적으로 활용하여 그
들의 생활과제를 달성시키며, 자발적인 문제대처능력을 증강시키도록 전문
적인 원조를 실천해 가는 과정에 개입할 필요가 있다. 집단실천기술을 통하
여 집단구성원은 자신의 과제를 스스로 해결하는 기회를 만드는 주체적인
참여자가 되어야 한다. 이에 집단실천기술을 구성하는 요건은 다음과 같다.

- 집단구성원 간의 원조관계다.
- 집단구성원 간의 상호작용이다.
- 집단과정의 원조프로그램이다.
- 집단활동이 가능한 사회자원이다.

집단실천기술은 생활시설의 생활인, 이용시설의 이용자 집단부터 취미나
학습활동, 치료지향의 집단, 아동모임, 노인클럽 등 기능별, 목적별, 계층별
등 다양한 종류의 집단에 개입하고 있다. 사회복지사는 집단프로그램에 참
가하는 구성원이 효과적인 집단활동의 경험을 통하여 사회적 성장이나 과제
해결이 가능하도록 원조하는 역할을 수행한다.

따라서 집단실천기술은 집단경험을 통하여 사람들 간의 원조관계를 형성
하고, 타인과의 신뢰나 이해 속에 자신의 행동이나 태도를 수정하는 과정이

라 할 수 있다. 이에 집단실천기술의 모델은 세 가지로 구분할 수 있다.[13]

- 사회목표모델: 집단을 통해 개인의 사회목표를 설정하여 사회적 기능을 강화한다.
- 치료개입모델: 집단을 통해 개인의 전문성을 발휘하여 치료적 집단활동을 전개한다.
- 상호작용모델: 집단을 통해 개인 간의 상호작용에 근거를 두고 통합을 강조한다.

## 3. 지역사회중심의 개입방법

지역사회중심의 개입방법은 사회복지실천기술의 간접적인 원조기술로써 지역사회조직에 해당하는 실천방법을 의미한다. 지역사회실천기술은 지역사회에 개입하는 기술이며, 지역주민이나 클라이언트의 개별적이고 공통적인 생활과제를 조직적으로 해결하고자 하는 실천적 기술을 말한다. 이는 개인실천기술이나 집단실천기술과 마찬가지로 사회복지실천기술로 공식적인 인정을 받고 있다. 즉, 지역사회실천기술은 지역문제에 대한 협동적인 해결을 지향하고자 하는 사회복지방법으로 그 독자성을 지니고 있다.

지역사회실천기술의 핵심은 지역주민에 의한 활용 가능한 서비스, 자원의 활용능력의 육성, 지역자원의 조직과 분배 등의 근본적인 내용을 포함하고 있다.[14] 지역사회의 문제해결을 위해서는 지역사회 내의 여러 사회자원의 확보와 서비스체계가 정비되어야 하고, 개인이나 집단의 사회적 성장을 저해하는 사회환경적 장애물이 제거되어야 한다. 특히 지역사회실천기술은

---

13) C. Pappell & B. Rothman, "Social Group Work Model: Possession and Heritage", *Journal of Education for Social Work*., vol.2 (1966), pp. 66-77.

14) 福祉士養成講座編輯委員會 II, 전게서, p. 105.

지역주민들의 생활에 필요한 사회자원을 동원하고 개발하는 것이며, 클라이언트의 사회적 성장을 저해하고 생활문제를 발생시키는 사회적 장애요인을 실천기술을 통해 제거하는 것이다.[15] 이에 지역사회실천기술이 지니고 있는 공통적인 특성을 몇 가지 제시하면 다음과 같다.

- 지역사회 내의 사회복지프로그램이다. 지역사회의 욕구파악과 사회복지서비스 공급을 위한 자원의 획득은 물론, 지역복지를 실천하는 서비스 프로그램을 전개해야 한다.
- 지역사회 내의 복지기관과 단체 간의 조정이다. 지역사회 내에 새로운 자원의 공동개발을 위해 조정적 기능을 수행하고, 독립적인 기관이나 단체에 협동적인 연계와 운영을 위해 모든 활동을 집결해야 한다.
- 지역사회 내의 집단에 대한 개입이다. 지역사회 내 근린집단을 중심으로 지역주민의 욕구를 발견하여 주민 스스로가 해결할 수 있도록 원조하고, 그들의 욕구를 충족하기 위한 개입이 가능하도록 집단을 조직화해야 한다.

## 제5절 사회복지사의 자질과 역할

### 1. 사회복지사의 자질

사회복지사는 사회복지대상자를 중심으로 한 문제해결의 접근에서 기본적인 자질이 요구된다. 이에 사회복지사의 자질에 대한 몇 가지 요소를 열거해 보면, 체계적인 이론(systematic theory), 전문적인 권위(professional

---

15) 古川孝順・定藤文弘・しょうじ洋子,『社會福祉論』(東京: 有斐閣, 1993), p. 340.

authority), 사회적인 승인(sanction of community), 윤리강령(ethical codes), 전문적인 문화(professional culture) 등이다.[16]

따라서 클라이언트의 문제개입을 위한 사회복지사의 기본적인 자질을 몇 가지 제시하면 다음과 같다.

• 성실성(genuineness): 클라이언트와의 관계에서 실제적이고 순수해질 수 있는 능력이며 최대한 진실해지는 것을 말한다. 사회복지사는 오직 클라이언트에게 최적의 원조를 제공해 주기 위해 존재한다는 사실을 기억해야 한다.[17] 사회복지사는 자신의 감정, 지각한 내용 등을 허심탄회하고 조심스러운 행동을 통해 적절한 서비스를 전달할 수 있는 능력을 갖추어야 한다.

따라서 사회복지사는 클라이언트가 자신의 경험과 감정을 구체적으로 표현하여 그들의 독자성을 나타낼 수 있도록 성실히 원조하는 자세가 필요하다. 이에 클라이언트는 성실함에 감동되어 초기에 공감대를 형성하고, 점차 자신의 문제해결에 구체적인 계획을 세우는 근거를 마련해야 한다.

• 대면성(confrontation): 사회복지사가 클라이언트와의 초면관계에서 어떤 모순점이나 다른 점이 발견되면 그것을 클라이언트에게 상담해 주는 것을 말한다. 사회복지사는 클라이언트의 행동이 자신의 본질과 차이가 있음을 그대로 전달할 필요가 있다. 또한 클라이언트가 표출하는 상황이 실제의 상황과 다를 때 대면하도록 도와주며, 자신과 비교하여 상황을 다르게 인식할 때도 설명해 주어야 한다.[18]

---

16) 권육상, 전게서, p. 74, 재인용.

17) R. Carkhuff, *The Development of Human* Resources (New York: Holt, Rinehart & Winston Inc., 1971), p. 170.

18) Ibid., p. 171.

따라서 사회복지사는 클라이언트의 상황에 대한 공감적인 이해를 바탕으로 자신의 잘못된 행동, 사고, 모순점 등을 극복할 수 있도록 도와줄 수 있는 능력이 필요하다. 그러나 사회복지사의 대면성이 잘못 사용되면 클라이언트의 이전 노력을 완전히 파괴시키는 어려움에 직면할 수도 있다.[19] 이에 바람직한 대면성을 위해서는 사회복지사와 클라이언트가 파악한 현실이 동일하고 다루고자 하는 것을 합의해야 한다.

- **온화함**(warmth): 사회복지사가 반드시 지녀야 할 자질로서 클라이언트의 문제해결을 위하여 언어적, 비언어적인 방법으로 보살핌 내지 관심을 전달할 수 있는 능력을 말한다.[20] 사회복지사는 따뜻함과 보살핌을 통해 클라이언트가 자신의 문제와 인생에 대하여 무엇인가 할 수 있다는 가능성을 갖게 해야 한다. 이는 사회복지사가 확신을 가지고 클라이언트에게 전달할 수 있는 능력의 표현이라 할 수 있다.
따라서 사회복지사는 클라이언트가 현재 나타내고 있는 감정이나 경험의 차이를 이해하고 온화함으로 반응할 수 있는 능력을 지닐 필요가 있다. 특히 사회복지사는 어떤 상호관계성에서 현재 자신이 어떻게 느끼고 있는지를 클라이언트에게 표현하고 피드백을 주어야 한다.

- **감정이입**(empathy): 사회복지사가 다른 사람의 감정 속에 들어갈 수 있는 공감적 능력을 의미한다. 사회복지사의 감정이입은 클라이언트에게 충분한 의사소통을 통해 전달할 수 있는 능력의 표현이라 할 수 있다.[21] 그러나 타인의 감정 속에 들어가더라도 자신을 잃지 않으면서 몰입하는 일이 중요하다. 사회복지사는 모든 인간관계의 기본적인 기술로 상대방

---

19) 장인협·문인숙, 『사회복지의 원리와 방법』(서울: 집문당, 1983), pp. 146-147.
20) R. Carkhuff, op. cit., p. 67.
21) T. Keefe, "Empathy: The Critical Skill", *Social Work*, Vol.21, Jan. (1976), pp. 10-13.

의 내면적인 감정을 볼 수 있는 능력이 있어야 한다.

따라서 사회복지사는 감정이입을 통해 클라이언트의 감정을 깊게 느끼되 감정에 충분한 거리를 두고 모든 지식과 기술을 동원하여 문제해결에 접근할 필요가 있다. 즉, 원조상황에서 클라이언트의 마음속 깊이 들어가 그가 느끼는 상황을 인식하고, 그가 세상을 경험하는 것과 똑같이 체험할 수 있는 능력이 요구된다.[22] 클라이언트와 관계하는 이러한 상황에서 상호공감의 능력이 구체적으로 나타날 때 클라이언트의 감정(feeling), 포부(aspiration), 지각(perceptions) 등을 정확하고 민감하게 감지할 수 있다.

## 2. 사회복지사의 역할

사회복지사의 역할은 주체와 대상자의 관계성에 관한 것을 말한다. 사회복지사의 구체적인 역할은 전문가의 지식, 기술, 경험 등에 과학성을 부여하여 클라이언트의 문제해결을 촉진시키는 데 있다. 즉, 클라이언트의 욕구와 현실 간에 차이를 해소시켜 주기 위하여 중재자(mediator)로서 조정적인 역할을 수행할 수 있다. 이에 사회복지실천에서 사회복지사의 역할을 영역별로 구분하여 제시하면 다음과 같다.

• 개별적 실천역할: 사회복지사는 상담과 치료기술의 개입이 요구된다. 사회복지사는 상담전문가와 비교하여 상담기술이 어느 정도 부족하다고 볼 수 있다. 즉, 상담전문가가 클라이언트 중심으로 접근하는 반면, 사회복지사는 개인, 집단, 지역사회 등에 포괄적으로 접근하고 있다. 이와 같은 포괄적인 영역도 개별적이고 전문적인 기술이 충분할 때 가능한 것이다. 따라서 사회복지사는 개별적인 전문성을 고수하여 일대일의 관

---

22) Ibid., p. 170.

계에서 바람직한 문제해결이 가능하도록 노력해야 한다. 특히 사회복지사가 개인을 원조하기 위해서는 일련의 실천과정 중에 상담기술을 통해 접근해야 한다. 사회복지사에 의한 상담은 클라이언트의 문제상황이나 환경에 대한 개입에서 중요한 과정이다. 상담을 통해 포괄적인 접근을 시도해야 한다.

• 집단적 실천역할: 사회복지사는 집단구성원에게 자신을 개방하여 집단개입이 요구된다. 사회복지사의 자세는 모든 활동에서 개방적인 태도로 임해야 하고, 항상 집단을 이끌어 가는 능력의 바탕이 확립되어야 한다. 그리고 유형별 집단을 구성하는 클라이언트들의 생활상 특성을 파악하는 것이 중요하다. 이는 특정집단의 공동문화를 쉽게 이해함으로써 집단의 목표달성을 촉진할 수 있다. 따라서 사회복지사는 새로운 집단적 실천프로그램을 활용할 수 있어야 한다. 이와 같은 집단적 실천과정에서 구성원은 문제해결의 욕구가 매우 강하기 때문이다. 또한 집단구성원의 욕구는 다양한 형태의 집단에서 활용하는 소집단프로그램에서도 문제를 해결할 수 있으므로 새로운 소집단프로그램의 개발에 역점을 두어야 한다.

• 지역적 실천역할: 사회복지사는 특정 지역사회에 대해 문제상황을 파악하여 지역중심의 개입을 하는 것이 요구된다. 즉, 사회복지실천의 차원에서 지역사회의 욕구실태, 지역주민, 지역자원, 주요 기관 등을 이해하고 숙지해야 한다. 그리고 지역사회자원을 동원하기 위해 지역주민과의 원만한 인간관계를 형성하고 다양한 정보망과 지원체계 등을 구축해야 한다. 따라서 사회복지사는 지역주민의 욕구를 우선순위에 두고 그들의 의식변화를 유도하여 주민조직화와 지역복지의 실현에 역점을 두어야 한다.

생각해 볼 문제

1. 사회복지실천기술의 개념을 정의하시오.

2. 사회복지실천기술의 세 가지 구성요소를 제시하시오.

3. 사회복지실천기술의 네 가지 유형을 제시하시오.

4. 사회복지실천기술의 세 가지 방법을 제시하시오.

5. 사회복지사의 역할을 설명하시오.

# 제8장

# 지역사회복지

지역사회복지(community welfare and practice)는 지역사회를 대상으로 개입하는 거시적 개념으로서 지역주민이 스스로 조직화하여 지역문제를 해결하도록 돕는 전문적 활동을 의미한다. 기존의 전통적인 지역사회는 동질적이고 공동사회(gemeinschaft)의 모습이라면, 현존의 지역사회는 이질적이고 이익사회(gesellschaft)의 모습을 나타내고 있다. 이에 사회복지사는 작금의 지역문제를 정확하게 인지하고 지역주민의 의식변화와 지역사회자원을 활용하여 지역복지를 구현하는데 주도적인 역할을 수행해야 한다. 따라서 이 장에서는, 첫째, 지역사회복지의 정의, 둘째, 지역사회복지의 역사, 셋째, 지역사회복지의 유형, 넷째, 지역사회복지의 문제해결과정, 다섯째, 사회복지사의 역할 등을 중심으로 살펴보고자 한다.

# 제1절 지역사회복지의 정의

지역사회복지(community welfare and practice)란 매우 포괄적인 개념으로
서 전문가 또는 비전문가가 지역사회의 수준에 개입하여 지역문제를 예방하
고 해결하는 일체의 사회적 노력을 의미하고 있다. 즉, 지역주민들의 복지와
관련된 보건, 주택, 소득, 교육, 기타 사회봉사 등의 계획과 조정이 요구되는
사회복지의 한 방법이며, 인간관계나 사회제도에 바람직한 변화를 일으키는
사회복지의 개입과정이라 할 수 있다.[1]

던햄(A. Dunham)에 의하면, '지역사회복지는 사회적 상호작용의 의식적
과정으로서 다음의 몇 가지 목적에 관심을 가지는 사회복지의 한 방법'이라
고 강조하였다. 즉, ① 지역사회가 그들의 욕구와 자원 간의 조정을 도모하
고 광범위한 지역문제를 해결시키고, ② 주민의 참여, 자기결정, 상호협조
등의 능력을 발전시키고 강화하도록 도와줌으로써 그들 자신의 문제를 효과
적으로 대처하도록 하며, ③ 지역사회와 여타 집단 간의 관계, 의사결정 능
력의 배분 등에 변화를 일으키는 데 목적을 두고 있다.[2]

로스(M. Ross)에 의하면, '지역사회복지란 지역사회가 스스로 그 필요성과
목표를 발견하고, 그 목표를 달성하기 위해 필요한 자원을 내부적으로 동원
하여 실천을 수행하는 것이다. 특히 지역사회에 있어서 협동적이며 공동적
인 태도와 실천을 확대하고 발전시키는 과정'으로 설명하고 있다.[3]

이상에서 학자들의 정의를 종합해 보면, 지역사회복지란 지역주민의 공

1) A. Gurin, "Social Planning and Community Orgaization", *Encyclopedia of Social Work* (1971),
   p. 1325.
2) A. Dunham, *The New Community Organization* (New York: Thomas Y. Crowell Co., 1970),
   p. 4.
3) M. Ross, *Community Organization: Theory, Principles and Practice* (New York: Harper,
   Brothers Publishers, 1967), p. 39.

통적인 욕구와 문제를 해결하기 위해서 지역사회가 가지고 있는 내적, 외적
자원과 인적, 물적 자원을 최대한 동원하여 주민욕구와 지역자원 간의 차이
(gap)를 조정하고 해결하는 활동이라 할 수 있다. 다시 말해서 지역사회복지
는 사회복지의 전문적 방법 중 하나로서 지역사회를 단위로 발생하는 주민
의 당면문제를 지역사회 스스로가 조직적으로 해결할 수 있도록 측면에서
도움을 주는 일종의 기술과정을 말한다. 특히 지역사회복지의 궁극적인 목
적은 '이상적인 지역사회'(ideal community)를 이룩하는 데 있다.

## 제2절 지역사회복지의 역사

지역사회복지의 역사적 기원은 19세기 후반의 '자선조직운동'(charity
organization movement)에서 시작되었으며, 이는 당시 영국에서 출발하여 미
국에서 본격적인 활동을 전개하였다. 여기서는 미국 지역사회복지의 역사를
네 단계로 구분하여 제시하고자 한다.

### 1. 자선조직화 운동시기

자선조직화 운동시기(1865-1914년)의 전체적 흐름은 남북전쟁이 종식되
고 제1차 세계대전이 시작되는 시기로 본다. 당시 사회적 상황은 산업화, 도
시화, 흑인문제, 이민문제 등이 출현하여 사회복지가 요구되는 시기라 할 수
있다.

이 시기는 남북전쟁과 제1차 세계대전의 기간 동안에 전개된 지역복지
활동을 크게 두 범주로 구분할 수 있다. ① 사회복지활동에 직접적인 영향
을 미친 자선조직협회(Charity Organization Society: COS), 인보관(Settlement
House), 도시연맹(Urban Leagues) 등의 활동이고, ② 사회복지사들의 관심영

역이 된 활동으로서 정치집단, 인종집단, 특정지역의 사회행동집단 등을 들수 있다.[4]

미국 최초의 자선조직협회는 영국의 자선조직협회를 본 받아 1877년 버팔로(Buffalo)에서 창설되었다. 본래 자선조직협회가 의도하는 목적은 빈민을 구호하기 위해 설립된 많은 사회복지단체의 업무를 조정하는 것은 물론, 자선조직협회의 직접적인 구호와 서비스를 제공하는 데 있다. 머피(C. Murphy)는 자선조직협회의 프로그램을 다음과 같이 세 가지로 제시하고 있다.[5]

첫째, 자선조직협회는 참여한 사회복지기관들로부터 구호를 받고 있는 개인중심의 케이스 명단이 수록된 '사회서비스목록'(Social Service Indexed or Exchanges)을 제작하였다.

둘째, 자선조직협회는 '케이스 분석회의'(case conference)를 개최하여 관련된 사회복지기관 및 단체들의 직원들이 모여 케이스에 대한 원조방안을 모색하였다.

셋째, 자선조직협회는 사회적, 경제적 문제 등에 대한 포괄적인 연구 및 분석을 통하여 정부에 특정 조치를 건의하였다.

## 2. 지역공동모금의 발전시기

지역공동모금의 발전시기(1914-1929년)는 제1차 세계대전의 종식과 대공황으로 연결되면서 산업화와 도시화 현상, 인종간의 갈등심화 등이 가속화되는 시기로 본다. 특히 도시화에 따라 도시빈민의 구조문제를 취급하는 사회복지기관들이 점차 증가하였다. 그러나 사회복지기관들은 재정상의 어려움을 겪게 되었으며, 이들의 재정지원 요구를 충족시키기 위해 '전시모금기

4) 최일섭 · 류진석, 『지역사회복지론』(서울: 서울대학교출판부, 1996), p. 82, 재인용.
5) C. Murphy, *Community Organization Practice* (Boston: Houghton Mifflin Co., 1954), p. 35.

구'(War Chests)가 설립되었다.[6]

그 후 사회복지기관의 지원금을 효율적으로 활용하기 위하여 자선가들을 중심으로 '공동호소제'(United Appeals)가 발족되었다. 또한 제1차 세계대전을 계기로 '전시모금회'(War Chests)가 탄생되어 전쟁으로 인하여 발생한 사회복지대상자에게 원조하였다. 이러한 맥락에서 1920년대에 지역공동모금제도를 실시한 지역의 수는 약 353개에 달했다.

## 3. 공공복지사업의 발전시기

공공복지의 발전시기(1929-1954년)는 대공황과 제2차 세계대전이라는 역사적 사건으로 말미암아 사회복지분야에 큰 변화를 경험했던 시기로 본다.[7] 당시 대공황으로 인해 지역사회복지사업이 대량의 사회복지수요를 감당하기에는 불충분하였고, 이러한 상황 속에서 기존의 민간단체를 중심으로 실시하였던 구호활동이 정부기관으로 이양되면서 본격적으로 공공복지사업이 전개되었다.

당시 공공복지사업의 내용을 몇 가지로 제시해 보면, ① 사회보장법(1935), ② 연방보장기관(1939-1953), ③ 전시복지기금(1942-1947), ④ 보건, 교육, 후생성(1953) 등에 의한 사업을 들 수 있다. 이와 같은 공공복지사업은 주로 사회복지업무의 기준을 설정하고 서비스의 조정, 사회문제의 실태파악, 공교육의 계획, 기타 법률제정 등의 활동을 전개하였다.

---

6) R. Lubove, *The Professional Altruist: The Emergence of Social Work as a Cause* (Cambridge: Harvard University Press, 1965), p. 189.

7) L. Ford, "Federal Financing", *Encyclopedia of Social Work* (New York: NASW, 1965), pp. 327-328.

## 4. 지역사회복지의 정착시기

지역사회복지의 정착시기(1955년-현재)는 미국의 공립학교에서 흑백차별을 금지(school degradation)하는 대법원의 결정이 내려지고 사회개혁을 위한 연방정부사업이 활성화되는 시기로 본다. 당시 사회문제에 대한 연방정부의 책임은 케네디와 존슨 행정부의 산물인 '빈곤과의 전쟁'(war on poverty)에 의해 더욱 확대되었다.

사회복지프로그램은 많은 지역사회사업가들의 관심을 집중시켰는데, 그 구체적인 사업으로는 'Head Start' 'VISTA' 'Neighborhood Youth Corps' 'Job Corps' '직업훈련' '성인교육' '농촌주민부조' '법적 원조' '보건서비스' '주택서비스' '소비자교육' 등의 지역사회활동 프로그램(community action program: CAP)을 들 수 있다.[8]

그러나 연방정부에 의한 1960년대의 각종 사회복지프로그램이 1970년대에 들어서면서 심한 인플레이션과 석유파동 등으로 약화되는 양상이었다. 그 후 1970년대 후반부터 밀려오기 시작한 반복지주의적 경향, 즉 '레이거노믹스'로 불리는 신보수주의 세력화 과정에서 사회복지에 대한 정부지원이 축소되었다. 따라서 레이건 행정부에 들어와서는 사회복지에 대한 보수주의적 시각이 지배적이었으며, 특히 '작은정부'의 지향과 함께 사회복지에 대한 지원책이 연방정부의 책임 하에서 지방, 민간기업, 가족 등에게 중심을 두는 방향으로 전개되었다.[9]

---

8) Ibid., p. 104.
9) Ibid., pp. 105-106.

# 제3절 지역사회복지의 유형

　지역사회복지는 개인, 집단, 조직, 지역사회 등을 통해서 사회문제에 영향을 미치기 위해 계획된 행동에 참여시키려는 개입방법이라 할 수 있다. 이에 지역사회복지의 세 가지 유형을 제시해 보면, ① 지역개발모델(locality development model), ② 사회계획모델(social planning model), ③ 사회행동모델(social action model) 등으로 구분할 수 있다. 이 모델들은 미국 미시간 대학교(Michigan University) 사회사업학과 교수인 로스만(J. Rothman)이 제시하였는데,[10] 그 구체적인 내용은 제시하면 다음과 같다.

## 1. 지역개발모델(Model A)

　지역개발모델(locality development model)은 지역사회의 변화를 가장 효과적으로 추구하기 위해 지역주민들을 목표결정과 실천행동에 참여시켜야 한다는 전제에서 나온 지역사회복지의 한 형태를 의미한다. 이 모델이 지니는 몇 가지의 가정을 제시해 보면, ① 지역주민들은 자신의 이익을 위해서 열심히 노력한다는 가정이고, ② 지역주민들의 참여를 통해 사회의 변화가 가능하다는 가정이고, ③ 지역사회는 주민들 간의 의견차이가 있을 때 이성적이고 민주적인 토의를 거쳐 의견조정이 된다는 가정이며, ④ 지역사회는 이질적인 하위체계로 구성이라기보다는 동질적인 체계라는 가정 등으로 설명할 수 있다.[11]

　UN의 정의에 의하면, '지역개발은 지역사회주민의 적극적인 참여나 주민

10) J. Rothman, "Three Models of Community Organization Practice", in F, Cox eds., *Strategies of Community Organization* (Illinois: F. E. Peacock Publishers, 1974), pp. 23-25.

11) 장인협, 『사회복지학개론』(서울: 서울대학교출판부, 1993), pp. 142-143.

들이 가능한 한 최대의 주도력(initiative)을 갖고 지역사회의 경제적, 사회적 조건을 향상시키기 위한 한 과정'[12])이라고 강조하였다. 이와 같이 지역개발 모델은 지역사회의 중심으로 민주적인 절차, 자발적인 협동, 토착적인 지도자개발 등을 중요시하고 있다.

로스(M. Ross)는 지역개발모델에 있어서 사회복지사의 역할을 몇 가지 제시하였는데, 즉 ① 안내자(guide)의 역할, ② 가능자(enabler)의 역할, ③ 전문가(expert)의 역할, ④ 치료자(therapist)의 역할 등으로 구분하고 있다.[13])

## 2. 사회계획모델(Model B)

사회계획모델(social planning model)은 지역사회 내에서 나타나는 비행, 주택, 건강 등의 제 문제를 해결하기 위해 기술적(technical)인 과정을 강조하는 개입방법의 형태를 의미한다. 이 모델의 핵심은 지역문제의 해결을 위해 체계적이고 합리적인 계획수립과 계획된 변화에 초점을 두고 있으며, 관련 전문가를 통해 다양한 지역문제에 계획적으로 접근하여 해결을 모색하는 전반적인 활동에 두고 있다.

사회계획모델에서의 활동내용으로는, ① 문제사실을 발견하여 정의하고, ② 문제에 대한 의사전달과 활동체계를 구축하고, ③ 지역복지의 계획과 정책을 결정하고, ④ 지역복지의 목표에 대한 실천수행을 하며, ⑤ 지역복지의 활동결과에 대한 평가 등을 포함하고 있다. 특히 전문가인 사회복지사는 지역주민들이 요구하는 사회복지서비스를 제공함에 있어서, 관련 기관들을 움직일 수 있는 능력과 고도의 기술을 활용할 수 있어야 한다.

샌더스(I. Sanders)는 사회계획모델에 있어서 사회복지사의 역할을 몇 가

---

12) United Nations, *Social Progress through Community Development* (New York: U.N., 1955), p. 6.

13) M. Ross, op. cit., ch. 8.

지 제시하였는데, 즉 ① 분석가(analysts)의 역할, ② 계획가(planner)의 역할, ③ 조직가(organizer)의 역할, ④ 행정가(administration)의 역할 등으로 구분하고 있다.[14)]

## 3. 사회행동모델(Model C)

사회행동모델(social action model)은 지역사회의 불우계층에 대한 사회정의와 민주주의에 입각하여 보다 향상된 처우와 지원을 요구하는 단체행동의 한 방법의 유형을 의미한다.[15)] 이 모델에 있어서 사회행동의 참여자들은 가진 자들과 그렇지 못한 자들의 두 집단으로 구성되어 있으며, 특히 권력을 가진 소수의 사람들이 가지지 못한 다수 사람들의 권익을 침해하는 사회적 착취의 직접적인 결과로서 문제를 보고 있다.

사회행동모델에서 집단행동을 보면, 소수인종집단(racial and ethnic minorities), 여성해방운동(feminism movement), 여권신장운동(woman's rights movement), 급진정당(radical party), 노동조합(labor union), 복지권추구(welfare rights pursuit) 등을 강조하고 있다. 사회복지사는 지역사회에 있어서 권력관계의 재편성이나 사회복지서비스를 요구하는 주민들에게 욕구충족을 위해 우선 문제점을 구체화하고 목표집단을 결정하여 전반적인 절차를 수행해야 한다.

그로서(C. Grosser)는 사회행동모델에 있어서 사회복지사의 역할을 몇 가지 제시하였는데, 즉 ① 가능자(enabler)의 역할, ② 중재자(broker)의 역할, ③ 변호자(advocator)의 역할, ④ 행동가(activist)의 역할 등으로 구분하고 있다.[16)]

---

14) I. Sanders, "Professional Roles in Planned Change." in R. Kramer & H. Specht eds., *Readings in Community Organzation Practice* (New Jersey: Prentice-Hall Inc., 1969), ch.19.

15) 최일섭·류진석, 전게서, p. 46.

16) C. Grosser, "Community Development Programs Serving the Urban Poor", in R, Kramer & H. Specht, op. cit., ch.22.

## 제4절 지역사회복지의 문제해결과정

### 1. 지역사회복지의 원칙

지역사회복지의 원칙은 지역사회복지의 활동을 수행함에 있어서 '올바른 행동의 규칙'(rule of right action), 즉 어떤 것이 건전하고 좋은 지역사회복지 인가에 대한 가치판단을 의미하고 있다.[17] 이 원칙은 민주주의 국가에 있어 서 지역주민들에 의한 조직적인 사회복지의 노력을 의미하며 민주적인 이념 과 가치체계에 합당하다고 본다.

맥네일(C. McNeil)에 의하면, 지역사회복지의 일반적 원칙을 일곱 가지로 제시하고 있다.[18] ① 우선 지역주민들과 그들 욕구에 관심을 둔다. ② 일차 적인 클라이언트는 지역사회에 둔다. ③ 지역사회를 있는 그대로 이해하고 수용한다. ④ 지역사회의 모든 주민에 대한 보건과 복지서비스에 우선순위 를 둔다. ⑤ 실천과정에서 주민의 욕구와 주민들 간의 인간관계는 계속 변화 한다는 것을 인식한다. ⑥ 지역사회 내의 모든 사회복지기관과 단체가 상호 의존적임을 전제한다. ⑦ 지역사회복지의 실천과정은 사회복지의 한 분야로 인식하고 있다.

존스와 디마치(R. Johns & D. Demarche)는 지역사회복지의 실천적 원칙 을 열세 가지로 제시하고 있다.[19] ① 목적(ends)이 아니라 수단(means)이고, ② 지역사회는 개인, 집단과 마찬가지로 상이하고, ③ 지역사회는 개인과

---

17) E. Harper & A. Dunham, *Community Organization in Action Basic Literature and Critical Comment* (New York: Association Press, 1959), p. 104.

18) C. McNeil, "Community Organization for Social Welfare", *Social Work: Year Book* (New York: American Association of Social Worker, 1954), p. 123.

19) R. Johns & D. Demarche, *Community Organization and Agency Responsibility* (New York: Association Press, 1951), pp. 235-239.

같이 자기결정권(self-determination)을 부여하고, ④ 지역사회의 욕구에 따라 실천을 수행하고, ⑤ 지역사회복지사업에 우선 강조점을 두고, ⑥ 지역사회의 공통적 이익을 위해 조정(coordination)을 하고, ⑦ 실천적 구조는 가능한 한 단순해야 하고, ⑧ 지역주민에 대한 사회복지서비스는 공평(equity)하게 분배하고, ⑨ 문제해결의 접근방법에 있어서 다양한 욕구에 입각하고, ⑩ 지역사회 내 집단들의 유익(benefit)을 개선할 수 있도록 기회를 제공하고, ⑪ 사회복지기관의 효과적인 운영을 위해 집중(centralization)과 분산(decentralization) 간의 균형을 이루게 하고, ⑫ 지역사회 내에 현존하는 의사소통의 장애를 제거하며, ⑬ 지역사회의 복지욕구를 발견하고 충족할 수 있는 사회복지사를 참여시켜야 한다.

이상에서 여러 학자의 견해를 토대로 하여 지역사회복지의 원칙을 종합적으로 요약하면 다음과 같다.[20]

첫째, 지역사회복지는 지역주민과 사회적 약자들의 욕구를 충족시키고자 하는 사회복지의 한 과정으로 간주한다.

둘째, 지역사회복지는 당면한 지역문제의 해결을 위해서 지역주민들의 광범위한 참여가 전제되어야 한다.

셋째, 지역사회복지는 사회복지실천이나 사회복지실천기술과 마찬가지로 지역사회를 그대로 이해하고 수용하며 그 특성을 개별화해야 한다.

넷째, 지역사회복지는 지역복지를 증진시키기 위해 사회복지기관들의 협의체를 결성하여 제한된 사회복지자원을 효율적으로 활용해야 한다.

---

20) 최일섭·류진석, 전게서, p. 158.

## 2. 지역문제해결의 과정

지역사회복지는 지역사회가 당면한 문제를 발견하고 그 효과적인 대책을 수립하여 실천을 수행하는 일련의 과정이라 할 수 있다. 특히 지역사회의 문제해결을 위해서는 과학적 지식을 토대로 하여 합리적이고 체계적이며 의도적인 접근방법이 요구되고 있다.

칸(A. Kahn)은 지역사회의 문제해결을 위해서 여섯 가지의 계획과정(planning process)을 제시하고 있다. ① 계획수립, ② 탐색과정, ③ 과업결정, ④ 정책형성, ⑤ 프로그램설정, ⑥ 평가와 환류 등이다.[21] 길버트와 스펙트(N. Gilbert & H. Specht)는 지역사회의 문제해결에 요구되는 정책형성의 과정을 여덟 단계로 제시하고 있다. ① 문제발견, ② 문제분석, ③ 대중홍보, ④ 정책목표설정, ⑤ 합법성구축, ⑥ 프로그램설계, ⑦ 실천수행, ⑧ 평가와 사정 등이다.[22]

이상에서 제시한 학자들의 지역사회 문제해결에 대한 구분이 다양하지만, 어느 정도 지역사회복지의 활동에 적용이 가능하다고 본다. 따라서 지역사회의 문제해결과정을 네 가지로 제시하면 다음과 같다.

첫째, '문제발견'으로서 지역사회에 충족되지 않은 욕구나 문제를 찾아내고, 이를 해결하기 위한 방안을 수립하여 실천할 수 있도록 문제를 분명하게 규정한다.

둘째, '정책 및 프로그램개발'로서 지역문제를 구체적으로 분석하고, 이에 적합한 정책을 수립하여 실천하기 위한 프로그램을 개발한다.

셋째, '프로그램실천'으로서 지역사회의 문제해결에 대한 정책목표를 달성

---

21) A. Kahn, *Theory and Practice of Social Planning* (New York: Russell Sage, 1969), p. 61.

22) N. Gilbert & H. Specht, *Dimension of Social Welfare Policy* (New Jersey: Prentice-Hall Inc., 1974), pp. 16-20.

하기 위해 수행되는 일련의 서비스활동을 의미한다.

넷째, '평가'로서 지역사회 문제해결과정의 마지막 단계다. 평가는 두 가지의 목적을 가지는데, ① 프로그램의 실천과정에서 실천의 방향을 수정하는 경우이고, ② 문제해결의 전 과정에 대한 결과를 평가하는 경우다.

지역사회복지사업에서 사회복지사들은 지역사회의 당면문제를 분석하고 문제해결에 실천을 강구할 수 있는 지침을 숙지해야 한다. 지역사회 문제해결을 위한 지침은 미국의 미시간 대학교(Michigan University) 사회사업대학원에서 개발하였으며,[23] 우리나라 실정에 맞게 수정하고 보완한 내용을 간략히 제시하면 다음과 같다.

- 예비적인 고려사항(preliminary considerations)
  ① 사회복지사의 할당된 임무
  ② 사회복지기관의 조직과 목적
  ③ 사회복지사의 능력과 역할


- 문제들(problems)
  ① 문제의 성격, 소재, 정도
  ② 문제해결을 위한 기존의 노력
  ③ 문제에 대한 외부의 견해


- 문제의 사회적 맥락(social context of the problem)
  ① 문제의 근원
  ② 문제의 구조적 분석

23) F. Cox et al., *Strateies of Community Organization: A Book of Readings* (Illinois: F. E. Peacock Publishers Inc., 1970), pp. 425-429.

- 클라이언트(the client)

    ① 클라이언트의 소재와 크기

    ② 사회적, 경제적, 정치적, 인구학적 특성

    ③ 클라이언트의 공식적 조직

    ④ 클라이언트 내부의 불화와 갈등

- 목표들(goals)

    ① 문제해결을 위한 우선순위와 목표

    ② 사회복지사의 우선순위와 목표

- 전략(strategy)

    ① 성공에 요구되는 최소한의 과업

    ② 행동체계

    ③ 저항과 간섭

    ④ 전략을 이용할 수 있는 사회복지사의 능력평가

- 전술(tactics)

    ① 초기지원의 획득

    ② 행동체계의 포섭과 조직

    ③ 행동의 실행

- 평가(evaluation)

    ① 문제해결의 전략

    ② 전술의 효과성

• 수정, 종결, 이전(modification, termination or transfer)

　① 새로운 목표, 전략, 전술의 설계

　② 사회복지사 활동의 종결 또는 수정

## 제5절 사회복지사의 역할

　지역사회의 변화에 호응할 수 있는 사회복지사의 역할은 현실적으로 요구되는 주요과제라 할 수 있다.[24] 사회복지사는 동일한 지역사회 내에서 활동할 경우 각 개인들과 집단을 대상으로 하며, 계속 변화하는 지역주민들의 욕구에 따라 임무를 수행해야 하기 때문에 다양한 실천역할(practice roles)을 수행해야 한다.

　지역문제를 해결하기 위해서 사회복지사의 역할은 다양한 지역조건에 의해 영향을 받게 되지만, 지역사회의 목적과 유형에 따라 역할의 내용이 달라질 수 있다. 따라서 사회복지사의 역할을 포괄적으로 제시해 보면, ① 의사전달자(communicator), ② 해석자(interpreter), ③ 촉진자(expeditor), ④ 카리스마적 지도자(charismatic leader), ⑤ 협상자(negotiator), ⑥ 매개자(mediator), ⑦ 전문가(expert), ⑧ 대변자(advocate), ⑨ 조력자(enabler), ⑩ 사회치료자(social therapist), ⑪ 지도감독자(supervisor), ⑫ 중재자(broker), ⑬ 주창자(initiator), ⑭ 원조자(helper), ⑮ 안내자(guider), ⑯ 계획가(planner), ⑰ 조사자(researcher), ⑱ 훈련가(trainer), ⑲ 교육자(educator), ⑳ 행정가(administrator), ㉑ 평가자(evaluator) 등으로 나열할 수 있다.[25]

　이상의 내용을 근거로서 지역사회복지의 세 가지 유형별로 구분하여 사회

---

24) 장인협, "지방자치시대와 사회복지사의 위상", 『전국사회복지사대회』(제7회) (1994), p. 31.

25) R. Perlman & A. Gurin, *Community Organization and Social Planning* (New York: Johns Wiley & Sons, 1972), p. 336.

복지사의 역할을 제시하면 다음과 같다.[26]

- 안내자(guide)의 역할: 지역사회의 문제해결에 따른 올바른 목표(goals)를 설정하고, 이것을 해결하는 대안을 강구하도록 도와주는 역할을 수행한다. 사회복지사는 문제해결을 위한 대안의 선택이 지역사회 자체의 노력이 되도록 해야 하며, 자신의 목적을 위해 지역주민을 이용하거나 조종하거나 조치를 강요해서는 안 된다.

- 조력자(enabler)의 역할: 지역사회복지의 활동과정을 용이케 하는 역할을 수행한다. 즉, 지역사회조건에 대한 불만을 일깨워 주고 그 불만을 집약할 수 있도록 도와주는 것이다. 사회복지사는 지역주민들이 상호관계를 유지하고 협동적인 일에 참여하는 데 있어서 만족감을 갖도록 도와주어야 한다.

- 전문가(expert)의 역할: 지역사회에 대해 권위 있게 피력할 수 있는 필요한 자료를 제공하고 직접적인 충고를 하는 역할을 수행한다. 사회복지사는 전문가로서 지역사회복지를 수행하는 데 필요로 하는 지역자료의 조사, 기술상의 경험, 지역자원의 출처, 접근방법의 충고 등을 제공해야 한다.

- 치료자(therapist)의 역할: 지역사회의 공동적인 노력을 심히 저해하는 금기적 사고(taboo ideas)나 긴장을 조성하는 집단들에 대해 적절한 진단과 치료의 역할을 수행한다. 사회복지사는 지역사회의 역사적 배경을 숙지해야 하고, 기존의 관습과 현실과의 관계를 인식해야 하며, 지역사회 내 역할들 간의 관계 등을 이해해야 한다.

---

26) 최일섭, 『지역사회복지론』(서울: 서울대학교출판부, 1985), pp. 154-173, 요약정리.

- 분석가(analyst)의 역할: 지역사회의 계획된 변화를 이룩하기 위해서 사실적 발견과 분석을 전제하는 역할을 수행한다. 사회복지사는 지역문제에 대한 정확한 자료를 근거하지 않고는 성공적인 결과를 얻을 수 없기 때문에, 지역사회의 조사를 토대로 당면문제를 세밀히 분석해야 한다.

- 계획가(planner)의 역할: 지역사회의 문제해결을 위해 누가, 무엇을, 어떻게 접근할 것인지 구체적인 계획을 수립하는 역할을 수행한다. 사회복지사는 지역문제에 대한 전반적인 공간적, 재정적, 인적, 법적, 기술적인 면 등을 고려해야 하고, 특히 지역사회의 철학적인 측면도 중시해야 한다.

- 조직가(organizer)의 역할: 지역사회 내의 행동체계들을 적절히 참여시키고 지역주민들이 실천해야 할 과업을 효과적으로 성취할 수 있도록 조직하는 역할을 수행한다. 사회복지사는 지역주민들에게 참여의식을 고취시켜 지역사회가 수립된 계획을 제도화하여 스스로 추진해 나가도록 사기와 능력을 북돋아 주어야 한다.

- 행정가(administrator)의 역할: 지역사회복지의 프로그램을 계획에서 설정한 목표에 이르기까지 효율적이고 효과적으로 달성하기 위해서 모든 인적, 물적 자원을 관리하는 역할을 수행한다. 사회복지사는 지역복지의 프로그램을 운영하는 규칙과 절차를 적용함에 있어서 형식적인 면을 강조하기보다는 적절한 융통성을 발휘해야 한다.

- 행동가(activist)의 역할: 지역사회 내 불우계층의 이익을 증진시키고 이들의 편에 서서 사회복지활동을 전개하는 역할을 수행한다. 사회복지사는 지역사회의 조건이 불평등하게 배분되어 있다고 보고 정부기관에 자원을 얻어내기 위해 힘쓸 뿐 아니라, 사회복지서비스의 제공에 따른 불공평을 제거하도록 압력을 가해야 한다.

생각해 볼 문제

1. 지역사회복지가 무엇인지 개념을 정의하시오.

2. 지역사회복지의 역사를 네 단계로 간략히 제시하시오.

3. 지역사회복지활동의 세 가지 유형의 특징을 설명하시오.

4 존스와 디마치에 의한 지역사회복지의 원칙을 제시하시오.

5. 지역사회복지사의 역할을 구체적으로 설명하시오.

# 제9장

# 사회복지행정

사회복지행정(social welfare adminstration)은 사회복지조직에 있어서 결정된 사회정책을 구체적인 사회적 서비스로 전달하는 전반적인 과정을 의미한다. 특히 사회복지조직은 이론적 관점에 따라 기관운영의 방법과 그 방향이 달라진다. 사회복지기관에서의 운영과정은 기획, 조직, 인사, 재정, 평가 등을 중심으로 전개되고 있다. 사회복지기관의 책임자가 어떤 리더십을 발휘하며, 조직구성원들이 어떤 동기를 가지고 기관목표를 성취할 것인가가 중요한 과제가 되고 있다. 따라서 이 장에서는, 첫째, 사회복지행정의 정의, 둘째, 사회복지행정의 이념, 셋째, 사회복지행정의 기초이론, 넷째, 사회복지행정의 과정, 다섯째, 사회복지서비스의 전달체계 등을 중심으로 살펴보고자 한다.

# 제1절 사회복지행정의 정의

   사회복지행정(social welfare administration)이란 사회정책을 사회적 서비스로 전달하는 전반적인 과정을 의미한다. 사회복지행정을 협의의 개념으로 보면, 사회사업의 한 방법으로 간주하면서 '사회사업행정'(social work administration), '사회사업기관행정'(social work agency administration), '사회서비스행정'(social service administration), '인간서비스조직의 관리'(management in human service organization) 등으로 지칭하고 있다.[1]

   성규탁은 사회복지행정을 '사회복지조직과 전문가들이 효과적으로 서비스를 기획, 실천, 평가하도록 지원해 주는 사회복지의 방법 중에 하나'라고 강조하였다.[2] 도니슨(D. Donnison)은 사회복지행정을 '행정관리의 과정은 물론 사회정책의 결정과정과 전문적, 기술적 실천과정'이라고 설명하였다.[3]

   티트머스(R. Titmuss)는 사회복지행정을 '사회정책과 상호 관련되어 있어 행정의 방법이나 서비스전달의 과정, 조직구조 등을 통하여 사회정책에 커다란 영향을 끼치는 하나의 통합과제'라고 주장하였다.[4] 이에 사회복지행정은 사회문제의 예방과 사회복지 증진에 목적을 두면서 일반행정과 구별되는 몇 가지 특징을 제시하면 다음과 같다.

- 사회복지행정은 국가책임에 의한 거시적, 정책적, 가치지향적인 것에 그 목표를 두고 있다.
- 사회복지행정은 인간욕구를 충족시키기 위한 자원동원과 문제해결을

1) 장인협 · 이정호, 『사회복지행정』(서울: 서울대학교출판부, 1993), p. 13.

2) 성규탁, 『사회복지행정론』(서울: 법문사, 1993), p. 1.

3) D. Donnison, *Social Policy and Administration* (London: Allen & Unwin, 1964), p. 40.

4) R. Titmuss, *Social Policy* (London: Allen & Unwin, 1974), p. 57.

위한 방법으로 적용되고 있다.
- 사회복지행정은 클라이언트의 복합적 욕구충족과 존엄성에 관련된 윤리적, 행정적 책임 등에 역점을 두고 있다.
- 사회복지행정은 사회복지정책으로 설정된 목표를 달성하는 실천수단과 특정 조직 등에 관심을 두고 있다.[5]

따라서 사회복지행정의 의미는 매우 포괄적으로 해석되고 있다. 사회복지행정의 정의는 사회정책에 지배되면서 조직을 통해 사회복지서비스를 대상자에게 효과적으로 제공하는 것을 말한다. 또한 사회복지행정은 조직과 기능은 물론, 조직 속에서 활동하는 행정요원 및 행정을 지원해 주는 재정 등이 함께 통합되어 그 본래의 목적을 성취하는 데 있다. 그러나 사회복지행정은 정부의 관료행정이나 기업체의 관리에 있어서 그 원리와 기술면에 공통점이 있지만, 인간의 존엄성, 가치성, 관계성 등에 관한 감정과 원리에는 어느 정도 차이가 있다.[6]

## 제2절 사회복지행정의 이념

사회복지행정의 이념은 사회복지행정이 지향하는 최고의 가치와 사고를 의미한다. 이러한 이념은 사회복지정책을 서비스로 전환하는 행정과정의 기준이 되고 목표가 되며 그 실천방향을 제시해 준다. 이러한 사회복지행정의 이념을 제시하면 다음과 같다.[7]

---

5) 장인협·이정호, 전게서, p. 21.
6) R. Skidmore, *Social Work Administration* (New Jersey: Prentice-Hall Inc., 1983), p. 4.
7) 三浦文夫 外,『社會福祉政策』(東京: 有斐閣, 1982), pp. 42-45.

- 효과성(effectiveness): 목적과 수단을 변경한 상태에서 현실적인 산출이 처음의 목표를 어느 정도 달성하였는가 하는 개념을 말한다. 그러나 사회복지조직 내의 인력과 재정, 전달체계의 효율성 등이 극대화되고 사회복지사업의 목표가 달성된다는 것은 그렇게 용이하지 않다. 따라서 사회복지행정의 효과성은 욕구의 충족이나 문제해결에 있어서 어느 정도 유효한가를 의미한다. 즉, 사회복지대상자의 욕구충족을 위해 선택된 서비스가 어느 정도 적합한가를 가늠해 볼 수 있다.

- 형평성(equity): 사회질서의 가치관을 반영하는 것으로 동등한 자유와 합당한 평등을 종합한 개념을 말한다. 형평성의 의미는 사회복지행정의 모든 측면에서 개인의 자유를 최대한 보장하고, 소득재분배 정책 등을 통하여 합당한 평등적 분배를 이룩하려는 것이다. 따라서 사회복지행정의 형평성은 동일한 욕구를 가진 사회복지대상자가 동일한 서비스를 받아야 한다는 의미다. 다시 말해서, 사회복지서비스에는 개인의 욕구에 따라 형평성 있게 제공되어야 한다는 견해를 제시한다.

- 효율성(efficiency): 조직체계 내의 투입과 산출에서 합리적인 비율에 대한 개념을 말한다. 사회복지행정에서 절차과정의 효율성은 최소의 비용으로 최대의 업무효과성을 나타내기 위해 수행되는 것을 강조하고 있다. 즉, 사회복지행정의 효율성은 최소의 자원으로 최대의 효과를 어떻게 거둘 것인가 하는 것이다. 이것은 사회자원의 희소성에 입각하여 항상 대두되는 문제로서 사회복지서비스의 공급에 있어 중요시되고 있다.

- 접근성(accessibility): 사회복지대상자가 충분한 설비와 기능을 쉽게 활용할 수 있도록 교통상 편리해야 한다는 개념을 말한다. 사회복지행정의 접근성은 사회복지대상자가 항상 서비스를 쉽게 이용할 수 있도록 해야

한다는 점이다. 즉, 사회복지대상자의 욕구충족에 시설서비스가 요구된다면, 그 시설이 이용자에게 접근할 수 있는 위치에 있어야 한다는 견해를 나타낸다.

이상의 관점에서 사회복지행정은 '보편주의'(universalism)와 '선별주의'(selectivitism) 원칙에 따라 제공될 수 있다. 전자의 접근방법은 서비스를 공급할 때 사회복지대상자에게 특정한 자격 또는 조건을 부여하지 않는 것을 원칙으로 하며, 후자의 접근방법은 사회복지대상자에 대한 수급자격이나 조건을 붙여 서비스제공을 이행하는 관점이다. 따라서 보편주의의 서비스방법은 '형평성'과 '접근성'의 측면에서 적합하고, 선별주의의 서비스방법은 '효과성'과 '효율성'의 측면에서 보다 우월한 특징을 갖고 있다.

## 제3절 사회복지행정의 기초이론

### 1. 고전주의이론

고전주의이론(classical theory)은 조직구성원이 대부분 권한부여나 경제적으로 동기부여가 되어 조직목표를 달성한다는 견해다. 다시 말해서, 조직구성원은 합법적 권위나 경제적 유인이 주어질 때 조직의 목표를 위해 노력한다는 것이다. 이 이론은 관료제이론(bureaucracy theory)과 과학적 관리론(scientific management theory)인데, 이와 같은 이론을 '기계이론'이라고도 부르고 있다.[8]

관료제이론은 웨버(M. Weber)에 의해서 확립된 이론으로서 계층적 조직

---

8) D. Katz & R. Kahn, *Social Psychology of Organization* (New York: Johns Wiley & Sons, 1978), pp. 259-263.

구조를 통해 합리적인 지배가 제도화된 조직형태를 강조하고 있다. 과학적 관리론은 테일러(F. Taylor)가 제시한 이론으로서 작업의 효과성과 효율성을 향상시키기 위해 노동분업, 작업유인, 시간의 효율적 사용 등을 강조하고 있다. 즉, 과학적 관리론은 무엇보다도 조직의 효율성과 생산성을 극대화하는 데 초점을 둔다.

사회복지조직에 있어서 고전주의이론의 적용은 권위의 위계구조, 직무분담과 과업분석의 영역에 속한다.[9] 예컨대, 공공복지기관의 많은 직무분담에서 합법적인 권위와 책임, 직원의 능력, 과업기대, 보상체계 등을 검토해 보는 효과가 있다.[10] 그러나 사회복지조직에서 이 이론의 문제점은 클라이언트와 관련하여 규범적 선택을 필요로 하는데, 관료제이론과 과학적 관리론으로서 이러한 규범적 선택이 애매하게 될 수 있다는 것이다.

## 2. 인간관계이론

인간관계이론(human relation theory)은 고전적 이론의 한계점을 보충하여 인간관계가 조직목표의 달성에 기여한다는 견해다. 인간관계이론의 창시자인 메이요(E. Mayo)는 호손(Hawthorne)공장의 실험을 통하여 생산과 관리에서 인간적 요소의 중요성을 강조하였다. 이 이론에서는 개인의 욕구가 충족되더라도 조직에서의 개인은 조직목표를 위해 활동할 것이라는 기본적인 가정은 고전적 이론과 동일하다. 하지만 개인의 욕구에 관심을 보여 준다면 조직의 목표와 개인의 목표가 일치한다는 것을 강조하고 있다.[11]

인간관계이론에 있어서 메이요를 중심으로 전개된 호손공장의 실험결과

---

9) M. Austin, *Supervisory Management for the Human Services* (New Jersey: Prentice-Hall Inc., 1981), pp. 90-98.

10) 최성재 · 남기민, 『사회복지행정론』 (파주: 도서출판 나남, 1993), p. 57.

11) B. Neugeboren, *Organization, Policy, and Practice in Human Services* (New York: Longman, 1985), p. 46.

에 대한 몇 가지 특징을 제시하면 다음과 같다.


- 근로자의 작업능률은 물리적 환경조건보다 집단 내 동료와의 인간관계에 의해 좌우된다.
- 근로자는 조직의 비공식집단에서 개인의 태도와 생산성에 지대한 영향을 미친다.
- 근로자는 집단의 일원으로서 행동하며 집단 내의 인간관계가 정서적 요소에 따라 이루어진다.
- 근로자는 경제적 동기보다는 비경제적 요인인 심리사회적 동기에 입각한 행동을 중시한다.[12]


이와 같은 인간관계이론은 사회조직의 관리자들이 선호하는 이론이라 볼수 있다.


## 3. 구조주의이론

구조주의이론(structuralist theory)은 고전적 이론과 인간관계이론을 절충한 이론으로서 조직목표에 기여한다는 견해다.[13] 이 이론은 개인과 조직의 목표가 일치한다는 가정을 하지 않으므로 고전주의이론과 인간관계이론과는 차이가 있다. 특히 구조주의이론은 경험적 연구의 결과에 따라 규범적(prescriptive)이라기보다는 기술적(descriptive)인 것을 강조하고 있다.[14] 구조주의이론은 고전주의이론과 인간관계이론을 조화시키고 종합화하는 몇 가

---

12) 신두범, 『행정학원론』 (서울: 유풍출판사, 1980), p. 130.

13) A. Etzioni, *Modern Organizations* (New Jersey: Prentice-Hall Inc., 1964), p. 41.

14) 최성재·남기민, 전게서, p. 64.

지 요인적 접근을 제시하고 있다.[15]


- 조직은 공식적 요인과 비공식적 요인에 있어 상호관련성이 있다.
- 조직은 내적, 외적에서 비공식 집단 간에 상호관계성이 있다.
- 조직은 하위자와 상위자의 역할에서 상호구분성이 있다.
- 조직은 사회적 보수와 물질적 보수 간에 상호영향력이 있다.
- 조직은 사회환경과의 상호작용성이 있다.
- 조직은 업무와 비업무 간 영역의 상호한계성이 있다.


따라서 구조주의이론은 외부환경과 관련된 다양한 유형의 행정과 조직의 역할에 역점을 두고 있다. 이에 구조주의자들은 조직에 대한 환경의 영향을 강조한다. 특히 사회복지조직은 환경을 중요시하는데, 환경여건에 대해 제시하면 다음과 같다.


- 일반환경: 경제적, 사회적, 정치적, 법적, 인구통계적, 기술적 제 조건 등의 환경여건을 말한다.
- 과업환경: 자원제공자, 권한제공자, 클라이언트제공자, 서비스제공자, 수혜자, 경쟁조직 등의 환경여건을 말한다.


## 4. 의사결정이론

의사결정이론(decision making theory)은 사회복지행정의 지식발전에 공헌한 이론 중의 하나로서 조직구성원의 합당한 의사결정이 조직목표를 달성한다는 견해다. 이 이론의 권위자인 사이먼(A. Simon)은 조직의 합리성 원칙을

---

15) A. Etzioni, op. cit., p. 49.

지나치게 강조한 고전주의이론과 그 원칙을 과소평가한 인간관계이론의 두 가지 극단적인 상황을 의사결정모델을 통하여 연결하려고 노력하였다.[16]

의사결정이론은 사회복지조직 속에서 상이한 지위를 가지고 있는 구성원의 의사결정에 초점을 두고 있다. 즉, 조직의 의사결정자들은 과거의 경험적 활용, 현존의 선택적 인식, 관습적 대안 등을 토대로 단순한 현실모델을 구성함으로써 만족스러운 해결방안을 모색한다는 것이다.

따라서 의사결정이론은 사회복지조직 내에서 개인의 의사결정을 정하는 조직적 요인에 초점을 두고 있으며, 특히 인간서비스 조직의 구성원이 클라이언트에 대해서 내리는 결정을 이해하고 설명할 수 있는 분석적 도구를 제공해 주고 있다.

## 제4절 사회복지행정의 과정

사회복지조직 내에서 사회복지행정의 과정을 제시해 보면, 기획, 조직, 인사, 지시, 조정, 보고, 재정, 평가 등으로 구분할 수 있는데, 이는 영어의 알파벳 약자를 인용하여 'POSDCoRBE'로 표현하고 있다. 이와 같은 사회복지행정의 과정을 구체적으로 제시하면 다음과 같다.[17]

- 기획(planning): 기획은 행정가에 의해 수행되는 최초의 과정으로서 목표설정, 과업활동, 방법결정 등을 말한다. 사회복지기관의 목적은 공공기관의 경우 해당 법령에 기술되어 있고, 민간기관의 경우는 정관에 명시되어 있다. 사회복지기관의 목표에 관한 일반적인 진술은 기관활동에

---

16) 성규탁 역, 『사회복지행정조직론』(서울: 박영사, 1985), p. 46.

17) W. Ehlers et al., *Administration for the Human Services* (New York: Harper & Row, Publishers, 1967), pp. 9-26.

따라 분명하게 제시해 주고 있다. 그리고 과업수행을 위해 필요한 방법
은 변화하는 목표에 따라 달라질 수 있다. 따라서 행정관리자는 변화하
는 목표에 따라 과업을 계획하고 목표달성을 위해 필요한 방법을 선정
해야 한다.

• 조직(organization): 조직은 구성원의 작업활동이 규정되고 조정되는 공식
적인 조직의 설정을 말한다. 사회복지기관의 구조는 정관의 규정이나
운영지침서에 기술되어 있다. 조직은 그 역할과 책임이 불분명할 경우
구성원 간에 갈등이 초래되어 비효율적이고 비효과적인 결과가 나타날
수 있다. 따라서 행정관리자는 효과적이고 생동력이 있는 조직을 유지
하기 위해 구성원들이 조직의 목표를 명백히 이해하도록 하고, 기관목
표의 변화와 능력, 과업과 수행방법의 변화 등에 적응하여 보조를 맞추
어야 한다.

• 인사(staffing): 인사는 조직활동에서 직원의 채용과 해고, 직원의 교육과
훈련, 협력적인 활동조건의 유지 등을 말한다. 사회복지기관에서 행정
관리자는 공공기관의 경우 행정기관의 장이 선정하고, 민간기관의 경우
는 이사장 또는 회장이 선정하고 있다. 특히 행정관리자는 직원의 임명
에 대해 책임성을 가지며, 그들의 교육 및 훈련, 분위기 조성 등에도 책
임을 져야 한다. 따라서 행정관리자는 기관의 우호적인 분위기 조성을
위해서 조직 내의 구성원 간에 개방적인 의사소통의 망을 유지하고 갈
등을 해소해야 한다.

• 지시(directing): 지시는 행정관리자가 기관을 효과적으로 운영하기 위해
하위구성원에게 업무를 부과하는 기능을 말한다. 이러한 행정관리자의
지시능력을 몇 가지 제시하면 다음과 같다. ① 사회복지기관과 관련된

모든 사실을 면밀히 검토한 후 합리적인 결정을 내리는 능력이다. ② 기관의 목적에 대한 적극적인 관심과 목표달성을 위한 헌신적인 능력이다. ③ 기관 내 구성원의 공헌에 대해 칭찬하고 그들의 지위향상을 도와주는 능력이다. ④ 자신의 책임과 권한을 효과적으로 위임하는 능력이다. ⑤ 행정관리자로서 기관 내 개인과 집단의 창의성을 고취하는 능력이라 할 수 있다.

- 조정(coordinating): 조정은 사회복지기관의 활동에서 다양한 부분을 상호보완하고 연결시키는 중요한 기능을 말한다. 사회복지기관에서 의사소통의 통로는 가장 광범위하게 사용되는 위원회(committee)의 발족과 활용 등이다. 위원회는 '상설위원회'와 '특별위원회'가 있다. 전자는 사회복지 프로그램, 인사, 재정 등과 같은 활동에 관한 문제를 취급하고, 후자는 사회복지기관의 긴급한 과업이나 단기간 내에 수행 가능한 임시적인 활동을 다룬다. 따라서 행정관리자는 기관조직 내의 조정기능을 위해 여러 부서와 구성원 간에 다양하고 효과적인 의사소통의 통로를 마련해야 한다.

- 보고(reporting): 보고는 행정관리자가 기관에서 일어나는 상황을 이사회, 직원, 지역사회, 여타 기관 등에 알리는 것을 말한다. 사회복지기관의 보고를 위한 세 가지 주요 활동을 보면, ① '기록유지'로서 인사기록, 위원회의 활동, 대상자의 사례기록 등 전반적인 활동내용을 보고한다. ② '정기적인 감사'로서 기관이 어떻게 기능하고 있으며, 이를 통해 새로이 요청되는 부분을 개선한다. ③ '조사연구'로서 기관의 서비스수행 여부, 현존 서비스의 필요성 여부, 새롭게 요구되는 서비스의 종류, 서비스 전달의 효과성 여부 등을 조사한다.

• 재정(budgeting): 재정은 사회복지기관의 운용에서 급여의 스케줄, 수입 확보의 방법, 지출통제의 방법 등을 말한다. 기관조직의 재정활동의 세 가지 요소를 제시하면, ① 사회복지기관은 합리적인 조직계획으로써 재 정절감에 역점을 두어야 한다. ② 사회복지기관은 구체적인 재정계획으 로써 예산정책에 기초하여 업무수행이 이루어져야 한다. ③ 사회복지기 관은 건전한 재정운용으로써 기관 내 모든 부서의 지출을 위한 권위와 책임하에 소기의 목적을 달성해야 한다.

• 평가(evaluation): 평가는 사회복지기관의 목표에 따라 전반적인 활동결과 를 사정하는 과정을 말한다. 사회복지기관의 목표달성을 정확하게 평가 하기 위해서는 다음의 두 가지 척도를 적용하여야 한다. ① '효과성의 척 도'로서 사회복지서비스에 대한 욕구와 관련되며 기관의 서비스가 수행 된 정도를 평가한다. ② '효율성의 척도'로서 기관의 가용한 자원과 관련 하여 기관의 서비스가 수행되는 정도를 평가한다.

따라서 사회복지기관의 평가기능을 효과적으로 수행하기 위해서는 기관 조직의 구성원이 업무에 대한 평가활동을 자유롭게 하며, 기관의 프로그램 을 창의적인 분위기에서 수행하도록 하는 노력이 필요하다.

## 제5절 사회복지서비스의 전달체계

### 1. 전달체계의 분석차원

사회복지서비스의 전달체계(delivery system)는 사회복지서비스의 공급자와 클라이언트 간을 연결시키기 위한 조직적 장치라 할 수 있다.[18] 이러한 전달체계의 분석을 두 가지 차원에서 제시하면 다음과 같다.

- 구조기능분석: 전달체계를 구조기능상으로 보면 '행정체계'와 '집행체계'로 구분할 수 있다. ① 행정체계는 사회복지서비스의 전달로서 기획, 지원, 관리하는 것이고, ② 집행체계는 전달자가 클라이언트와 상호접촉을 가지면서 사회복지서비스를 직접 전달하는 것을 말한다. 예컨대, 행정체계는 보건복지부에서 시·군·구에 이르기까지 생활보호서비스를 계획, 지시, 지원, 관리, 감독하는 업무를 담당하고, 집행체계는 읍·면·동이 최일선에서 클라이언트에게 구체적인 서비스를 제공하는 업무를 담당한다.

- 운영주체분석: 사회복지서비스의 전달체계는 운영주체에 따라 '공적 전달체계'와 '사적 전달체계'로 구분할 수 있다. ① 공적 전달체계는 국가나 공공기관이 직접 관리하고 운영하는 것을 말하고, ② 사적 전달체계는 민간단체가 직접 관리하고 운영하는 것을 의미한다.

## 2. 전달체계의 주요원칙

- 전문성의 원칙: 사회복지서비스의 핵심적인 업무를 반드시 전문가가 담당해야 한다는 것을 의미한다. 사회복지전문가는 자격요건이 객관적으로 인정된 자로서, 자신의 전문적인 업무에 대한 권위와 자율적 책임성을 가지고 전문성을 발휘해야 한다.

---

18) N. Gilbert & H. Specht, *Dimension of Social Welfare Policy* (New Jersey: Prentice-Hall Inc., 1978), p. 119.

- **적절성의 원칙**: 사회복지서비스가 그 양과 질에서 클라이언트의 욕구충족에 충분해야 한다는 것을 의미한다. 적절성의 원칙은 재정적 형편을 고려해 볼 때 제대로 지키기 어려운 경우가 있지만, 가능한 한 적절한 수준에서 서비스가 이루어지도록 노력해야 한다.

- **포괄성의 원칙**: 한 사람의 전문가가 다양한 문제를 포괄적으로 취급하거나 다른 전문가가 각각의 문제를 다루게 된다는 것을 의미한다. 클라이언트의 욕구와 문제는 다양하고 복잡하기 때문에 이러한 문제를 동시에 접근하고 순차적으로 해결하기 위하여 포괄적인 서비스를 제공해야 한다.

- **지속성의 원칙**: 클라이언트의 문제를 해결하는 과정에서 계속적으로 제공해야 한다는 것을 의미한다. 클라이언트에 대한 서비스는 그 종류와 질이 달라져야 하는 경우가 많다. 따라서 지속적인 사회복지서비스의 원칙은 질적인 다른 종류의 서비스가 중단 없이 제공될 수 있도록 상호연계되어야 한다는 것이다.

- **평등성의 원칙**: 기본적으로 개인의 성별, 연령, 소득, 지역, 종교, 지위 등에 관계없이 평등하게 제공된다는 것을 의미한다. 현대사회는 급속한 사회변화로 인하여 각자의 의도와는 달리 개인과 가족에게 많은 문제가 발생하고 있다. 이에 따라 국가는 모든 사람에게 사회복지서비스를 평등하게 제공해야 한다.

- **통합성의 원칙**: 클라이언트의 문제가 매우 복합적이고 상호연관되어 있으므로 당면문제를 해결하기 위해서 통합적인 서비스가 제공된다는 것을 의미한다. 즉, 저소득층 청소년의 비행문제는 아버지의 술주정, 어머니의 가출, 친척에 대한 불만, 불량친구와의 교제, 학교생활의 부적응,

　성적문제 등과 관련되어 있으므로, 이를 위한 통합적인 프로그램의 접근이 이루어져야 한다.

　따라서 현행 사회복지서비스 전달체계가 보건복지부에서 행정자치부를 통해 이원적으로 실시된다는 것이 전문적 전달체계에 한계가 있다고 본다. 이에 사회복지서비스 전달체계는 독립적인 사회복지체계 하에 상기 원칙에 따라 공급자로부터 클라이언트에 이르기까지 합리적으로 이루어져야 한다.

 생각해 볼 문제

1. 사회복지행정의 개념을 정의하시오.

2. 사회복지행정의 이념 네 가지를 제시하시오.

3. 사회복지행정의 네 가지 기초이론을 설명하시오.

4. 사회복지행정의 과정 여덟 가지를 제시하시오.

5. 사회복지서비스 전달체계의 여섯 가지 주요원칙을 설명하시오.

# 제10장

# 사회복지조사

　사회복지조사(research method in social welfare)는 사회문제의 해결에 목적을 두고 사회복지정책의 수립을 위한 기초자료를 수집하고 분석하는 것을 의미한다. 사회복지조사는 자본주의의 성립 이후 처음으로 도입되어 빈곤, 주택, 범죄 등의 다양한 사회문제를 해결하기 위해 과학적으로 실시되었다. 사회복지조사는 과학적 방법에 근거하여 관찰하고, 분석하고, 이론화하는 것이 일반적인 연구절차다. 그러므로 사회복지사는 클라이언트의 당면문제를 정확하게 조사하고 해결하기 위해 질적 및 양적인 조사방법을 터득할 필요가 있다. 따라서 이 장에서는, 첫째, 사회복지조사의 정의, 둘째, 사회복지조사의 역사, 셋째, 사회복지조사의 성격, 넷째, 사회복지조사의 단계, 다섯째, 사회복지조사의 방법 등을 중심으로 살펴보고자 한다.

# 제1절 사회복지조사의 정의

사회복지조사(research method in social welfare)란 사회복지의 한 방법으로서 사회복지프로그램을 계획하고 수행하는 데 활용할 수 있는 지식의 산출을 의미한다. 여기서 조사(research)는 과학적 절차를 통해서 질문에 대한 해답을 찾는 것을 말한다. 그린우드(E. Greenwood)는 조사란 '지식탐구를 위한 표준화된 절차의 이용'이라고 정의하였다.[1] 폴란스키(N. Polansky)는 조사란 '기존의 지식에 첨가하려는 의도에서 전달될 수 있고 입증될 수 있는 형식으로 체계적 발견을 하는 것'이라고 언급하였다.[2] 이러한 조사의 개념을 토대로 하여 사회조사는 '사회현상에 대한 조사'라고 설명할 수 있다.

사회복지조사는 학자에 따라 다소 차이가 있지만, 일반적으로 '사회조사연구'(social research)와 '사회조사'(social survey)로 구분하여 제시하면 다음과 같다.[3]

- 사회조사연구: 일반원리를 형성하려는 목적으로 체계적인 방법을 통해서 새로운 사실을 발견하고 검증하여 그 상관성과 인과관계를 규명하기 위해 조사하는 활동을 말한다.
- 사회조사: 사회현상을 검증하기 위해 실천적 목적을 지닌 조사로서 현지답사의 성격을 가진 현장조사의 활동을 말한다.

사회복지는 응용학문으로서 실천에 활용하기 위해 인접 기초과학 분야에서 지식을 도입해 왔다. 이에 사회복지조사는 하나의 응용조사로서 사회복

---

1) E. Greenwood, "Social Welfare Research", *Social Service Review*, Vol.3 (1957), p. 312
2) N. Polansky, Social Work Research (Chicago: The University of Chicago Press, 1960), p. 2.
3) 남세진 · 최성재, 『사회복지조사방법론』 (서울: 서울대학교출판부, 1990), p. 29.

지실천의 토대가 되는 지식을 확대하고 체계화하며 사회복지학문을 보다 과학화하는 기능을 수행한다.

따라서 사회복지조사는 사회복지실천을 위한 기초적이고 실증적인 자료를 제공해 준다. 즉, 사회복지대상자의 상황변화, 실천활동 등에 대한 효과성을 조사하고 과학적인 검증을 통해서 사회복지의 과학성, 전문성, 책임성 등을 향상시킬 수 있는 수단과 방법을 제공해 준다.[4]

## 제2절 사회복지조사의 역사

### 1. 영의 조사

영국의 농업혁명가인 영(A. Young)은 『영국 국민에게 보내는 편지』(1767)라는 저서를 통해 빈곤자들의 생활비와 가계조사를 실시하였다. 당시 빈곤자들의 조사를 기초로 하여 이들의 생활형편에 대한 내용을 구체적으로 묘사하였다. 특히 영은 자신의 경험을 바탕으로 농부들의 어려운 생활상에 대한 조사를 실시하였고, 당시 농업개혁을 위해 자료를 수집한 최초의 인물로 평가되고 있다.

### 2. 하워드의 조사

영국의 사회개혁가인 하워드(J. Howard)는 최초로 사회복지조사를 실시하였다. 그는 영국의 최고집행관으로 근무하면서 미결수들이 재판에서 무죄판결을 받음에도 불구하고 다시 교도소로 수감되는 사실에 대해 그 원인을

---

4) 김만두 · 한혜경, 『현대사회복지개론』(서울: 홍익재, 1993), p. 326.

조사하였다. 특히 하워드는 여생을 교도소의 시설조건과 환경개선에 관심을 두면서 교도소의 개량을 위한 조사를 실시하였다. 그러나 그는 러시아의 군병원을 조사하던 중 야영지에 발생하는 열병에 전염되어 헤르손(Kherson) 지방에서 객사하였다. 하워드는 교도소개량의 선구자로 인정받고 있다.

## 3. 러플레이의 조사

사회개량주의자인 러플레이(F. Leplay)는 『유럽의 노동자』(1855)라는 저서를 통해 유럽에 거주하는 노동자계층의 가계조사를 실시하였다. 당시 그는 사회개량이 반드시 사회조사에 근거하는 자료를 통해 이루어져야 한다고 강조하였으며, 노동자들의 가계조사를 근거로 국민의 삶의 내용을 결정해야 한다고 주장하였다. 특히 그는 사회조사의 타당도를 확인하기 위해 조사대상 가족의 주변 사람에게 다시 질문하는 방법을 시도하였다.

## 4. 부스의 조사

부스(C. Booth)는 『런던시민의 생활과 노동』(1886)이라는 저서에서 지역사회에 관한 현대적 조사방법론의 개발에 역점을 두었다. 그는 수년간 구체적인 자료수집을 위해 조사지역 내의 여러 가정에 기거하면서 직접 관찰조사를 실시하였다. 그 결과 부스는 조사대상자의 직업과 생계유지 수단을 여덟 계층으로 분류하였는데, 즉 최하위계층자, 극빈계층자, 간헐적인 수입자, 적은 수입자, 기본수입자, 고급노동자, 중하위계층자, 중상위계층자 등이다. 당시의 조사에서 빈곤선 이하의 계층에 속하는 자가 전체 인구의 약 35%에 달하고 있었다.

## 5. 라운트리의 조사

라운트리(B. Rowntree)는 『빈곤도시생활의 연구』(1901)라는 저서에서 역사상 조사연구에 대해 위대한 업적을 남겼다. 그는 영국 요크(York) 시의 노동자들의 전수조사를 위해 호별 방문하여 개별조사를 실시하였다. 이 조사는 노동자들의 주거상태, 직업, 가족 수, 연령, 이사빈도 등에 대해 개별적으로 이루어졌다. 라운트리는 네 가지 측면에서 해답을 구하고자 하였다. 즉, 빈곤의 폭과 깊이를 측정하는 척도, 빈곤의 원인 정도, 빈곤상태의 가정 수, 육체적 조건의 저하에 대한 측정 등이다. 그는 당시의 빈곤율 추이를 명시함으로써 영국의 사회보장제도 확립에 기초가 되는 빈곤선의 측정방법에 지대한 공헌을 하였다.

## 6. 딕스의 조사

딕스(D. Dix)는 미국 사회개량의 선구자로서 정신장애인 보호에 지대한 공헌을 하였다. 그는 이스트 케임브리지(East Cambridge)에 있는 교도소를 방문하여 정신이상의 여성들이 불결하고 난방이 되어 있지 않은 감옥에 수감되어 있는 모습을 보고 충격을 받았다. 그는 이것이 동기가 되어 교도소의 실태조사에 착수하여 시설조건과 환경상의 문제점을 발견하였고, 교도소 운영자와 수감자대상으로 직접 면접조사를 실시하여 당시의 비참한 상황내용을 주 의회에 탄원서로 제출하였다. 이에 주 의회에서는 이들 정신장애인을 위한 긴급구호령을 통과시켰다. 이후에도 그는 다른 주에 관심을 기울여 정신장애인과 지체장애인에 대한 실태조사를 지속적으로 실시하였다.

## 7. 헐 하우스 조사

애덤스(J. Addams)는 지역사회 중심으로 다양한 계층의 생활상에 대해 조사를 실시하였다. 당시 그는 인보관인 '헐 하우스'(Hull House, 1892)를 개관하여 외국에서 이주해 온 사람들의 생활상에 관심을 갖고 조사하였다. 특히 산업체의 여건, 연소근로자, 비행청소년, 주택, 위생 등에 대한 실태조사를 중심으로 중요한 자료를 수집하였다. 이와 같은 실태조사의 자료는 연방아동국이 전 미국의 아동복지 상황에 대한 연구를 실시하는 데 귀중한 기초자료로 활용되었다.

## 8. 피츠버그 조사

켈로그(P. Kellog)는 미국의 급격한 도시공업화에 의해 초래되는 사회문제를 규명하고 그 대책을 강구하려는 목적으로 피츠버그(pittsburgh, 1907)의 조사를 실시하였다. 그는 당시 사회문제의 상황을 파악하는 것은 물론, 사회경제적 실태의 원인적 요인을 중심으로 조사하였다. 특히 조사범위는 노동자 임금, 노동시간, 직업사고 등 산업체의 제 여건과 주택, 위생, 시설, 공공교육, 범죄, 여가활동, 가정형편 등 매우 포괄적이었다. 그 후 켈로그는 세이지(Sage) 재단의 지속적인 후원으로 사회복지의 발전과 연구를 위해 조사활동을 전개하였다.

## 제3절 사회복지조사의 성격

### 1. 욕구조사

사회복지조사는 클라이언트의 욕구를 발견하고 파악하며, 그것을 활용하는 것이다. 즉, 욕구에 대한 조사, 무엇이 충족되지 않아 문제로 나타나는가, 그 욕구를 어떻게 충족할 것인가 등에 초점을 둔다. 이는 결국 문제를 지닌 클라이언트의 욕구를 구체적으로 도출해 내는 것이다. 따라서 욕구조사는 주체의 형태나 프로그램의 형태에 의해서 다음과 같이 분류할 수 있다.[5] ① 클라이언트 중심(client oriented)의 욕구조사, ② 서비스 중심(service oriented)의 욕구조사, ③ 지역사회 중심(community based)의 욕구조사 등이다.

### 2. 사회개량

사회복지조사는 역사적으로 사회개혁과 더불어 발전되어 왔다. 사회복지조사에 공헌하는 자들은 사회개량을 위해 조사활동을 전개해 오면서 사회복지를 더욱 발전시켜 왔다. 예컨대, 러플레이(Leplay)는 노동자계층의 생활환경을 개선하는 데 역점을 두었고, 부스는 지역사회의 문제를 직접 관찰 조사하여 빈곤층과 지역사회의 개선에 노력을 기울였다. 그리고 라운트리(Rowntree)는 지역사회의 노동자 전수조사를 통해 사회보장제도의 확립에 기여함으로써 사회개선에 선구적 역할을 하였다. 따라서 사회복지조사는 실천적 성격을 지닌 사회복지의 한 방법으로서 사회개량의 실천에 깊이 관여해 왔다.

---

5) B. Gates, *Social Program Administration: The Implementation of Social Policy* (New Jersey: Englewood Cliffs, Prentice-Hall, 1980), pp. 112-113.

## 3. 효과측정

사회복지조사는 계획된 목적을 어느 정도 성취하였으며 얼마나 효과성이 있었는지를 측정하는 방법이라 할 수 있다. 즉, 효과측정은 어떤 것이 개입의 결과인지 또는 얼마나 적절하게 기여하였는지를 찾는 작업을 말한다. 여기서 결과란 클라이언트에게 발생하는 어떤 변화를 의미한다. 예컨대, 개인의 지위, 행동, 인식, 사회적 기능, 정서적 상황, 사회적 환경, 지위 등에 대한 변화를 말한다. 따라서 사회복지조사는 각 단위의 사업을 사정하고, 이들 사업에 대해 종합적으로 그 효과성을 측정하고 있다.

## 4. 과학화

사회복지조사는 사회복지의 전문성과 과학성에 입각하여 그것을 체계적으로 실증하는 방법이라 할 수 있다. 사회복지는 그 실천을 위하여 인접의 다양한 과학분야에서 지식을 활용해 왔다. 사회복지조사는 사회복지실천의 토대가 되는 지식을 축적하고 활용함으로써 보다 과학화하는 기능을 수행하고 있다. 사회문제의 현상을 정확하게 파악한 후, 이를 부호화하여 통계적 수치를 이해하도록 과학성을 증명하는 것은 중요하다. 그것을 사회복지조사는 실험적 절차를 통해 임상적 특성을 제시하게 되며, 과학성을 더욱 높이는 데 중요한 역할을 하고 있다.

## 제4절 사회복지조사의 단계

사회복지조사는 '문제제기' '연구설계' '자료수집' '자료분석' '결과보고' 등의 단계로 전개되고 있다. 각각의 내용을 구체적으로 살펴보면 다음과 같다.

• 문제제기: 사회복지조사에서 먼저 이슈화된 문제를 설정하고 그 목적을 구체화하는 첫 단계다. 문제제기는 연구조사를 위한 쟁점들을 명시하고 이론의 구축을 위한 가설구성 등을 포함하여야 한다.

• 연구설계: 문제제기에서 도출된 조사문제에 접근하기 위해 조사과정의 전체를 설계하는 단계다. 연구설계는 조사대상의 모집단과 표본선정, 조사의 방법, 측정과 척도, 자료처리, 분석방법, 결과보고 등을 계획하고 결정해야 한다.

• 자료수집: 조사대상자의 욕구를 도출하는 기본적인 방법을 활용하는 단계다. 자료수집의 방법은 대상자에게 질문을 하거나 관찰을 한다. 일반적으로는 자료수집의 도구로 질문지를 활용한다. 이러한 질문지의 작성 시 적용되는 원칙은 명백한 질문, 용이한 언어사용, 답변가능한 질문, 유도질문의 회피 등을 강조한다.

• 자료분석: 수집된 자료를 편집하고 코딩과정과 통계적 기법 등을 활용하여 분석하는 단계다. 자료분석의 과정은 다음의 단계를 거친다. ① 편집은 분석을 하기 위한 일관성 있는 자료확보의 작업이다. ② 코딩은 자료분석이 용이하도록 일정한 숫자를 부여하는 과정이다. ③ 통계적 기법은 조사설계의 계획부터 분석방법을 일관성 있게 결정하는 것 등을 말한다. 따라서 사회복지사는 자료분석을 위해 통계기법과 사회과학 지식에 대한 이해가 선행되어야 한다.

• 결과보고: 이상의 조사결과에 대해 보고서를 작성하여 공개하는 단계다. 결과보고에는 이론적이고 실천적인 목적과 관련해서 자료를 분명하게 해석할 필요가 있다. 그리고 최종 해석된 보고자료를 통해서 일반화 또

는 보편화하여 보고서를 작성한 후 내부적으로나 외부적으로 공개해야 한다.

## 제5절 사회복지조사의 방법

### 1. 관찰법

관찰법(observation)이란 일반적으로 생활주변에서 일어나는 현상들에 관한 지식이나 정보를 얻는 가장 기본적인 방법이다.[6] 관찰은 인간의 감각기관을 매개로 비언어적인 행동과 외부의 현상을 인식하게 된다. 사회복지사는 클라이언트의 어려움을 청취하는 동시에 그들의 얼굴표정, 음성의 강약, 움직임 등을 관찰하여 전문적인 활동에 필요한 정보를 수집해야 한다. 이에 관찰법을 분류 기준에 따라 몇 가지로 구분하여 제시하면 다음과 같다.

- 직접관찰과 간접관찰
- 참여관찰과 비참여관찰
- 조직적 관찰과 비조직적 관찰

관찰법의 장·단점을 제시하면 다음과 같다.

- 장점
  - 대상자의 행동을 현장에서 직접 포착할 수 있다.
  - 대상자가 구두표현의 능력이 없는 경우에 적합하다.

---

6) 남세진·최성재, 전게서, p. 261.

- 대상자가 면접을 거부하거나 비협조적인 경우에 가능하다.
- 대상자에게 질문을 통해 자료를 얻을 수 없을 때 가능하다.

• 단점
- 대상자의 행위를 포착하기 위해 끝까지 기다려야 한다.
- 대상자의 사적 문제는 관찰이 불가능하다.
- 조사자의 감각이 제한적이어서 모든 것을 관찰하지 못한다.
- 관찰시 시간과 경비가 많이 소요된다.

## 2. 질문지법

질문지법(questionnaire)은 언어적 표현을 통해 응답자에게 질문에 대한 응답의 형식으로 자료를 수집하는 방법이다. 질문지는 응답자에게 전달되어 스스로 조사자의 도움 없이 작성하게 된다. 질문의 형식에는 '개방형'(open-ended) 질문과 '폐쇄형'(closed-ended) 질문으로 구분할 수 있다. 즉, 전자는 응답자가 아무런 제약 없이 자유롭게 대답할 수 있도록 응답범주가 구체화되지 않은 형식이고, 후자는 응답할 내용을 미리 범주화하여 선택하도록 하는 형식이다. 이에 질문지를 작성할 때 고려할 사항을 제시하면 다음과 같다.

• 응답하기 쉬운 질문을 먼저 배치한다.
• 민감한 질문이나 개방형 질문은 뒷부분에 배치한다.
• 질문은 순서에 따라 논리적으로 배열한다.
• 일정한 유형의 응답군이 조성되지 않도록 문항을 배치한다.
• 신뢰도를 검사하는 질문은 서로 떨어져 있어야 한다.
• 일반적인 것을 먼저 질문하고 특수한 것은 뒤에 질문한다.
• 질문지의 문항에 번호를 붙여야 한다.

질문지법의 장·단점을 제시하면 다음과 같다.


• 장점

- 시간과 비용이 절약된다.

- 응답자의 편의에 따라 대답을 완성할 수 있다.

- 응답자가 익명성으로 안심하고 응답할 수 있다.

- 표준화된 언어구성으로 모든 응답자에게 동일하게 적용된다.

- 조사자의 편견이 배제될 수 있다.

- 보다 넓은 범위에서 쉽게 응답자에게 접근할 수 있다.


• 단점

- 질문의 요지를 설명할 수 있는 융통성이 없다.

- 질문지의 회수율이 낮을 가능성이 많다

- 비언어적인 행위나 특성을 기록할 수 없다.

- 무관심한 질문의 내용에는 기록하지 않을 가능성이 있다.

- 복합적인 질문지 형식을 사용할 수 없다.

- 응답자가 편향적으로 응답할 가능성이 있다.


## 3. 면접법

면접법(interview)이란 조사의 목적을 달성하기 위하여 필요한 자료를 면접자와 응답자의 상호작용을 통하여 수집하는 방법이다. 이에 면접자가 상호관계에서 고려해야 할 태도는 다음과 같다.


• 응답자에게 면접의 목적과 한계를 분명히 전달한다.
• 응답자에게 믿음을 주고 정중하며 친숙감을 준다.

• 응답자에게 면접의 목적이 공익적임을 알려 준다.

일반적으로 면접장소는 응답자가 원하는 곳을 선택할 수도 있다. 그러나 면접자가 선택권을 가지고 있다면 다음의 상황을 고려하여 결정해야 한다.

• 면접을 주관하는 기관의 사무실에서 실시하는 것이 경제적이다.
• 응답자가 편하고 자유로운 집에서 실시하는 것이 합리적이다.
• 중립적인 장소로 공공장소가 면접에 효과적이다.

면접법의 장 · 단점을 제시하면 다음과 같다.

• 장점
  - 응답자 질문을 현장에서 결정할 수 있는 융통성이 있다.
  - 면접자는 높은 응답률을 확보할 수 있다.
  - 비언어적 의사를 직접 관찰할 수 있다.
  - 면접환경을 개별적으로 표준화할 수 있다.
  - 면접일자, 시간, 장소 등을 기록할 수 있다.
  - 면접시에 복잡한 질문을 사용할 수 있다.
  - 면접에 응할 수 있는 분위기조성이 가능하다.

• 단점
  - 면접시에 시간과 비용이 많이 소요된다.
  - 면접자가 응답내용을 오해하여 기록할 수 있다.
  - 응답자가 불편할 때 응답에 영향을 줄 수 있다.
  - 응답자가 기록한 사실을 확인할 시간이 없다.
  - 응답자의 익명성이 결여되어 정확한 내용을 도출하기 어렵다.
  - 응답자에 따라 질문을 다르게 표현하는 경우가 있다.

생각해 볼 문제

1. 사회복지조사의 개념을 정의하시오.

2. 사회복지조사의 역사에서 선구자의 활동을 설명하시오.

3. 사회복지조사의 성격 네 가지를 제시하시오.

4. 사회복지조사의 단계 다섯 가지를 제시하시오.

5. 질문지 작성 시 고려할 사항을 설명하시오.

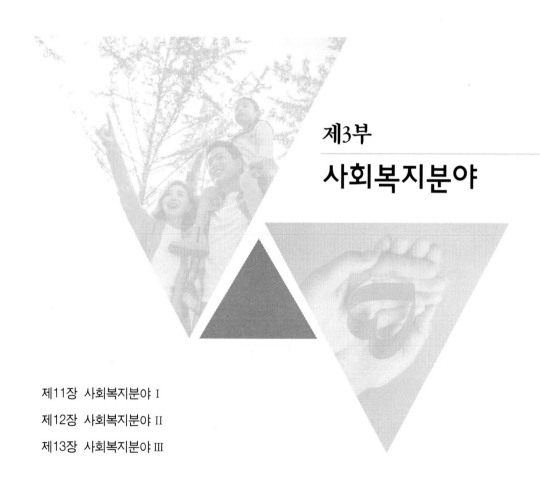

# 제3부

# 사회복지분야

# 제11장

# 사회복지분야 I

 

 

사회복지분야 I은 아동복지, 청소년복지, 가족복지로 구성되었다. 아동복지는 아동들이 차세대의 주역으로서 건강하게 성장하고 발달하여 성숙한 시민으로 육성하는 데 있다. 청소년복지는 부모의 통제에서 벗어나 하나의 독립된 인격체로서 올바르게 성장하는 데 있다. 그리고 가족복지는 가족생활을 보호하고 강화하며 가족구성원이 사회화 기능을 고취하는 데 있다. 따라서 이 장에서는, 첫째, 아동복지의 정의, 현대사회와 아동복지, 아동복지 프로그램, 아동복지의 과제, 둘째, 청소년복지의 정의, 현대사회와 청소년복지, 청소년복지 프로그램, 청소년복지의 과제, 셋째, 가족복지의 정의, 현대사회와 가족복지, 가족복지의 모델, 가족복지의 과제 등을 중심으로 살펴보고자 한다.

## 제1절 아동복지

## 1. 아동복지의 정의

아동복지(child welfare)란 아동과 복지의 복합개념으로, 아동을 위한 사회
복지서비스를 의미한다. 일반적으로 아동의 연령은 16세 이하로 보는 경향
이 있으나 우리나라의 경우 「아동복지법」에서는 18세 미만으로 보고, 「소년
법」에서는 20세 미만으로 보며, 「근로기준법」에서는 18세 이하로 분류하고
있다. 아동복지의 개념은 다양한 의미로 설명할 수 있지만, 일반적으로 아동
에 대한 사회복지의 대응책이라 할 수 있다. 따라서 아동복지란 아동의 권리
를 강조하면서 아동에게 혜택을 주기 위해 사회복지서비스를 제공해 주는
사회사업실천을 의미한다.[1]

카두신(A. Kadushin)은 아동복지를 '넓은 의미로 모든 아동의 행복과 사회
적응을 위해 심리적, 육체적 잠재력을 개발시켜 주기 위한 각종 방법을 말하
며, 좁은 의미로는 특수한 문제를 가진 아동과 그 가정을 대상으로 전문적인
기관에서 행하는 서비스'라고 강조하였다.[2] 현실적으로 아동복지는 광범위
한 의미를 가지는 방향으로 변화하고 있음을 알 수 있다.[3]

아동복지의 개념은 학자에 따라 다양하게 정의 내리고 있으나 공통적인 개
념으로는 사회복지의 한 분야로 특수한 장애를 가진 아동은 물론 모든 아동이
가족과 사회의 일원으로 건전하게 성장하고 발달할 수 있도록 지역사회나 사
회복지기관들이 협력하여 실천에 옮기는 조직적인 활동이라 할 수 있다.

---

1) 『사회사업연감』 (1965), p. 137.
2) A. Kadushin, *A Child Welfare Services* (New York: Macmillan Publishing Co. Inc., 1980),
   p. 39.
3) W. Friedlander & R. Apte, *Introduction to Social Welfare* (New Jersey: Englewood Cliffs,
   Prentice-Hall, 1968), p. 212.

## 2. 현대사회와 아동문제

아동이란 생물학적으로 규정한다면 '미성숙한 인간'으로 볼 수 있다. 아동은 태아기부터 18세까지 심신이 함께 성장하면서 사회적 보호를 필요로 할 뿐만 아니라 미래를 책임질 사회적 역할까지 기대되는 대상이다. 현대사회가 안고 있는 아동문제는 필수적으로 포괄적 대책이 요구되는데, 이에 아동과 관련된 몇 가지 문제영역을 제시하고자 한다.

### 1) 가족의 문제

아동문제를 유발하는 가족문제와 관련하여 흔히 "문제아동의 이면에는 문제가족이나 문제부모가 있다."는 말이 있다. 빈곤이나 실업에 의한 가족의 경제적 불안정, 가족구조상의 결함, 부모양육상의 결함 등은 아동문제를 유발하게 된다. 즉, 경제적 어려움, 가족기능의 약화 및 해체 등은 아동의 신체적, 정서적, 심리적 성장에 악영향으로 이어지고 있다.

### 2) 사회환경의 문제

현대사회는 아동의 건전한 성장에 부적합하고 유해한 주변 환경을 제공하고 있다. 급속한 현대사회의 변화는 아동의 건전한 성장과 발달에 부정적으로 영향을 미친다. 대중매체의 부정적 영향, 학대나 폭행, 전통적인 가족기능의 약화와 붕괴는 마땅히 보호받아야 할 아동에게 보호와 양육, 교육의 기회를 제공하지 못하고 있다.

### 3) 부적응의 문제

현대사회에서는 아동의 사회화 및 사회적 적응을 위한 교육의 기능을 대중교육이 대체하면서 대중교육을 따라오지 못하는 아동들의 학교나 사회부적응 문제가 발생하고 있다. 특히 신체적, 정서적, 심리적 미발달은 사회적 미발달로 이어지고, 전인적인 발달에 부적응이 초래되는 문제로 이어지고 있다.

### 4) 경제적인 문제

경제적 안정은 가정생활 속에서 아동에게 미치는 영향이 매우 크다. 가정의 경제적 불안정은 아동들의 최저욕구가 충족되지 않은 상태로서 건전한 성장과 발달의 장애요인이 되고 있다. 즉, 경제적 문제로 이들의 육체적 건강을 해칠 뿐만 아니라 교육의 기회마저 박탈함으로써 지능이나 정서에 커다란 상처를 주고 있다.

## 3. 아동복지 프로그램

아동복지 프로그램을 분류해 보면, 첫째는 부모의 능력을 지지해 주거나 강화시키는 서비스, 둘째는 부모의 보호를 보충하거나 부적절한 것을 보상해 주는 서비스, 셋째는 부모의 역할을 일부 또는 전적으로 대리해 주는 서비스 등을 들 수 있다.[4] 이상의 내용을 '지지적 서비스' '보충적 서비스' '대리적 서비스' 중심으로 제시하고자 한다.

---

4) A. Kadushin, op. cit., pp. 23-24.

### 1) 지지적 서비스

지지적 서비스(supportive service)는 부모와 자녀가 자신들의 책임성을 효율적으로 수행할 수 있도록 그들의 능력을 지원하고 강화시켜 주는 서비스를 의미한다. 지지적 서비스의 특징은 여타 서비스와는 달리 아동이 자신의 가정에 머물면서 받을 수 있는 서비스라 할 수 있다.

### 2) 보충적 서비스

보충적 서비스(supplemental service)는 지지적 서비스와는 달리 가정 내에서 전개되는 서비스 형태를 의미한다. 보충적 서비스는 부모의 역할을 일부 대행하는 것으로 부모의 실업, 질병, 장애뿐만 아니라, 가족의 재정적 곤란 등을 보충하는 데 목적을 두고 있다.

### 3) 대리적 서비스

대리적 서비스(substitutive service)는 아동이 가정을 이탈하여 다른 체계에 의해서 보호받는 서비스를 의미한다. 대리적 서비스의 대표적인 종류는 '입양'(adoption), '가정위탁보호'(foster family care), '시설보호'(institutional care) 등이 있다.

## 4. 아동복지의 과제

아동은 국가발전의 원동력이 되며 국가부강의 기본으로서 국가안정의 바탕이 된다. 아동들이 차세대의 주역으로서 건강하게 성장하고 발달하여 성숙한 시민으로 육성되기 위해서는 이들의 양육책임을 부모와 사회 및 국가

가 함께 떠맡아야 한다. 아동복지는 사후 대책적인 측면보다 예방적인 아동
복지서비스로의 발전에 역점을 두어야 한다. 따라서 아동복지의 과제를 크
게 두 가지로 제시하고자 한다.

첫째, 일반아동의 사회복지 증진에 내실을 기해야 한다. 현존의 아동복지
는 요보호아동 중심의 서비스에서 일반아동을 위한 보편적 서비스로 확대되
고 있는 추세이지만, 아직도 요보호아동 중심의 서비스에 국한하고 있는 실
정이다. 따라서 새롭게 요구되는 요보호아동에 대한 배려와 함께 더 이상 요
보호아동이 발생하지 않도록 하는 차원에서 일반아동을 위한 보편적인 프로
그램이 개발되어야 한다.

둘째, 요보호아동을 위한 서비스 및 프로그램이 강화되어야 한다. 아동보
호시설과 입양사업, 보육사업 등은 기존의 요보호아동을 위한 대책이었으
나, 사회의 급속한 변화에 제도가 따라가지 못하고 있다. 한부모가정 아동의
일시적 보호, 입양부모자격에 대한 재검토, 보육시설에서의 아동의 인권보
호의 문제 등에 대한 검토가 요구된다. 요보호아동이 국가와 사회로부터 건
강하고 안정하게 보호받을 때 국가의 미래는 있다.

## 제2절 청소년복지

### 1. 청소년복지의 정의

청소년(adolescence)이란 라틴어의 'Adolescere'에서 유래한 것으로 '성장'
또는 '성숙'이라는 의미를 가진다. 청소년기는 인간발달의 단계에서 부모의
의존과 보호를 필요로 하는 아동기와 성인기의 중간에 위치한 시기로 과도
기적 연령층을 말한다. 과도기적 청소년의 성격은 자기의 참모습을 주관적

인 면에서 객관적인 면으로 자각하게 되며, 자신의 처지, 능력, 책임 등을 깨닫게 되는 자아발견의 특징이 있다.[5] 즉, 부모의 보호나 통제에서 벗어나 독립된 하나의 인격으로 인정받고 불안정한 생활에서 안정된 생활로 재구성해 가는 시기다.

청소년복지(adolescence welfare)는 사회의 주요한 과제로 대두되고 있는데, 오늘날 청소년문제의 해결 없이는 바람직한 사회가 존재하기 어렵다는 인식을 같이하고 있다. 청소년복지는 일부 소외계층의 청소년을 경제적으로나 심리적으로 도와준다는 개념으로 해석해 왔으나, 현대사회의 청소년복지의 개념은 청소년의 질적 변화(change)와 양적 성장(growth)을 포함하는 동태적이고 발전적인 개념으로 해석하고 있다. 따라서 청소년복지는 이들이 성장하고 발달할 수 있도록 공적, 사적 복지서비스를 실천에 옮기는 조직적인 활동이라 할 수 있다.

## 2. 현대사회와 청소년문제

### 1) 가정문제와 청소년

가정은 사회의 최소 단위인 가족사회(family society)의 보금자리인 동시에 개인이 삶을 이루어 가는 출발지라 할 수 있다. 가정은 부부간의 애정이 존속하고 부모와 자녀 간의 존경과 사랑을 바탕으로 유기체적 관계 속에서 혈연으로 맺어진 특수한 체계다. 그러나 가정이 불안정하면 성장하는 청소년은 정서적으로 불안하고 다양한 위기에 처할 가능성이 많다.

이에 가정문제는 경제적 문제, 심리적, 정서적 문제와 사회적 문제로 나누어 생각할 수 있다. 특히 경제적 어려움을 겪게 되는 것은 청소년기의 심리

---

5) 이수종, "청소년지도방향과 대책",『문교행정』(제4호) (1982), p. 52.

와 정서적 어려움을 겪게 될 가능성이 있으며, 이는 사회화 및 사회부적응의
문제에 노출되게 할 수도 있다.

## 2) 학교문제와 청소년

학교는 청소년의 지적 성장과 신체적 발육을 위한 교육의 장으로서 청소
년의 잠재능력을 계발하고 지도하여 사회발전에 기여할 수 있는 건전한 인
간양성을 위한 기능을 지니고 있다. 특히 청소년 시기에 있어서 학교기능은
그들의 개성에 따라 능력을 배양해 주며, 가정과 사회에 잘 적응할 수 있도
록 도와주는 것이다.

청소년의 건전한 성장을 위한 교육활동, 여가문화활동, 신체적 활동 등은
학교라는 장에서 이루어지는데, 현대사회의 학교라는 공간이 갖는 의미는
많이 퇴색되어 가고 있다고 해도 과언이 아니다. 학교 내에서 일어나는 다양
한 청소년 관련문제는 심각한 수준에 이르고 있다.

## 3) 사회문제와 청소년

현대사회의 산업화, 도시화, 정보화 등의 과정 중에 많은 청소년이 어려움
을 겪고 있다. 청소년의 건전한 인성형성에 긍정적인 영향을 끼쳐야 할 국가
와 사회는 급변하게 변화하는 현대사회에서 그 역할을 수행하는 데 미흡하
다. 오늘날 자본주의시대는 더불어 사는 공동체 구성원으로서의 덕목을 양
성하기보다는 경쟁위주의 사회체계를 통해 개인주의와 이기주의적 성향을
양성하고 있다. 이에 정서적, 심리적 불안정을 호소하는 청소년은 사회구조
적 결함과 모순에 대해 회의적이며 일탈행동과 비행에 자신을 보호하지 못
하고 있다.

## 3. 청소년복지 프로그램

### 1) 건전가정의 육성

가정은 청소년의 성장에 중요한 영향을 주는 장소라 할 수 있다. 청소년들에게 사랑과 이해와 격려에 찬 가정을 꾸며 줌으로써 그들로 하여금 가정이 따뜻한 인간관계의 집합체라는 것을 인식시켜 주어야 한다.[6] 가정은 그들에게 삶의 희망과 꿈을 키워 주며 성실하게 열심히 생활할 수 있는 환경을 조성해 주어야 한다. 이와 같은 가정의 기능을 유지하기 위해서는 부모도 교육의 기회를 갖게 하여 올바른 자녀로 성장시키는 데 필요한 지식과 방법을 터득하는 동시에 신뢰하는 조언자가 되도록 해야 한다.

### 2) 교육기회의 제공

청소년들은 각자가 원하는 수준의 학교에 진학하여 좋은 시설과 여건에서 공부할 수 있는 교육기회가 제공되어야 한다. 즉, 청소년들에게 좋은 공간에서 학업할 수 있는 교육환경의 제공과 그들의 능력과 적성에 적합한 취업교육이 이루어지도록 배려되어야 한다. 그리고 청소년을 위한 교육시설의 확충, 교육기회의 확대, 교육내용의 충실화 등을 통해 이들이 양질의 교육을 받을 수 있도록 다양한 사회복지서비스가 제공되어야 한다.

### 3) 청소년의 선도

청소년을 보호, 지도, 육성하기 위한 선도적 기구와 단체가 활동하고 있

---

6) 김상규 외, 『사회복지론』 (서울: 형설출판사, 1990), p. 244.

다. 정부차원에서는 각종 청소년복지를 위한 주요사업을 전개해야 한다.[7] ① 청소년의 국가관 및 윤리관의 확립과 사회교육지도를 강화하고, ② 청소년 건전육성시설과 체육시설 등을 확충하며, ③ 근로청소년의 직업훈련과 교육기회를 확대하고, ④ 불우청소년의 보호와 심신장애 청소년의 재활사업을 실시하고, ⑤ 청소년 유해환경을 정화하며, ⑥ 청소년 국제교류를 확대하고, ⑦ 비행청소년의 예방과 교정 등이 제공되어야 한다.

### 4) 봉사활동의 기회제공

청소년은 사회복지의 공동체에서 공익에 대한 책임성과 사회연대감을 갖고 활동하도록 하는 것이 중요하다. 이에 각종 사회적 조직활동에 청소년을 참가시킴으로써 사회성을 기르고 사회봉사활동의 기회를 갖게 하는 것이 필요하다. 청소년들이 참여해야 할 프로그램으로 '백만인걷기모금운동' '불우이웃돕기운동' '의식개혁운동' '자매결연운동' '새마음갖기운동' '자연환경보호운동' '저축운동' '절약운동' '농어촌봉사활동' '헌혈운동' 등이 전개되어야 한다.

### 5) 유해환경의 정화

청소년문제의 원인은 유해한 사회환경에 기인하고 있다. 청소년에게 유해한 환경의 내용은 다음과 같다. ① 성인을 위한 유흥식품 접객업소와 숙박업소 등이고, ② 퇴폐적인 비디오방과 PC방 및 음란출판물 등이고, ③ 사설강습소와 독서실의 풍기문란 등이고, ④ 성인 위주의 방송프로그램과 자극적인 과잉노출 방영 등이고, ⑤ 공연장의 미설비와 퇴폐분위기 등이며, ⑥ 청

---

7) 김상규 외, 전게서, p. 245.

소년의 발육에 유해한 완구 등이고, ⑦ 무분별한 인터넷사용 등이다. 이러한 유해환경은 청소년의 일탈과 비행의 유발요인이 되기 때문에, 정부와 사회단체는 청소년에게 해로운 제반 환경을 정화하기 위해 적극적이고 철저한 노력이 필요하다.

## 4. 청소년복지의 과제

청소년복지는 역사적, 문화적 산물이고 산업화와 밀접한 관계가 있다. 전통적으로 청소년을 돌보는 것은 가정의 역할로 인식되었기 때문에 국가의 개입은 매우 한정적인 것이 사실이다. 최근에 청소년이 부모의 부속물이라는 시각에서 벗어나 청소년의 욕구와 부모의 생각이 다르다는 인식이 새롭게 등장하고 있다. 이에 따라 청소년복지를 위한 몇 가지 과제를 제시하면 다음과 같다.

첫째, 지방자치단체 단위로 청소년 전담부서를 설치하고 청소년 전문인력을 배치해야 한다. 현재 실시하고 있는 사회복지전담공무원은 사회복지업무와 생활보호업무 등을 담당하는 것이 바람직하고, 청소년담당공무원에게는 청소년지도자 교육을 직무교육으로 포함시켜 전문적인 서비스를 제공할 수 있도록 해야 한다.

둘째, 비행청소년에 대한 체계적인 서비스가 제공되어야 한다. 현재 시범적으로 실시하고 있는 '청소년쉼터'를 전국적으로 확대하여 설치하고, 법적 기능을 부여하여 체계적인 서비스가 제공되어야 한다. 또한 청소년의 약물 오·남용을 예방하기 위한 계획적인 예방사업과 이들을 치료하기 위한 치료센터의 설립이 이루어져야 한다.

셋째, 청소년을 위한 정보제공의 서비스가 확충되어야 한다. 현재 공공도서관은 대부분 수험생들의 학습실로 변하고 있다. 이에 청소년에게 미래사

회를 대비한 진로정보, 직업훈련 등의 안내를 제공하고 이들이 쉽게 접근할
수 있도록 청소년정보센터를 설립해야 한다.

# 제3절 가족복지

## 1. 가족복지의 정의

가족(family)은 사회의 기본적 단위로 인간의 성장과 발달은 물론, 문화전
달에 필요한 모든 것을 전수하고 양육하는 일차적인 집단이다. 즉, 혈연을
기초로 하여 성립된 자연발생적인 원초적 집단으로서 그 사회의 전통과 관
습 등을 지속 유지시키는 데 영향을 미친다. 과거의 가족기능은 생산과 소비
가 모두 가정에서 이루어지는 가족 자체의 사회복지기능을 담당해 왔으나,
오늘날 가족기능은 많은 의미에서 그 활동과 내용이 달라지고 있다. 즉, 가
족에 대한 현재와 미래의 의미는 많은 차이가 있다는 것이다.

가족의 본질적인 기능은 자녀를 생산하고 양육하여 일생 동안 가족구성원
에게 정서적 지지를 해 주며, 자녀들이 가족으로부터 사랑, 안정감, 소속감,
동료감, 정체감 등을 찾을 수 있게 한다.[8] 따라서 가족복지(social work with
families)란 가족생활을 보호하고 강화할 뿐만 아니라 가족구성원이 사회인
으로서 기능을 높이기 위해서 행하는 서비스활동을 말한다.[9] 다시 말해서,
가족복지는 사회복지의 한 분야로, 가족의 문제를 다양한 측면에서 검토하
고 파악하여 가족생활의 향상과 문제해결을 통한 사회복지증진을 모색하는
데 그 목적이 있다.

---

8) 송성자, 『가족관계와 가족치료』(서울: 홍익재, 1987), p. 20.
9) C. Blackburn, "Family Social Work", *Encyclopedia of Social Work* (15) (New York: NASW,
   1965), p. 309.

## 2. 현대사회의 가족문제

현대사회에서 가족문제에 접근하는 방법은 가족 내적인 인간관계에서 제기되는 문제를 중요시하는 것과 사회체계와 관련하여 야기되는 모순 때문에 직면하는 문제를 대상으로 하고 있다.[10] 이에 따라 가족문제의 발생적 원인을 규명하기 위한 접근방법을 몇 가지 제시하고자 한다.

### 1) 구조적인 가족문제

가족의 구조적 문제는 가족구조의 변화와 관련이 있다. 혼인율의 감소와 출산율의 감소, 그리고 이혼율의 증가는 가족구조의 변화를 가져왔다. 한부모가족, 무자녀가족, 독신 및 비혼가족의 뚜렷한 증가가 가족구조의 대표적인 변화다. 전통적으로 중장년의 부모가 가족의 중심에 있고, 자녀와 부양할 부모로 구성되어 있는 가족구조가 보편적인 가족구조라 여겼다. 하지만 현대사회의 가족구조는 다양한 형태의 가족구조의 모습을 보인다. 이러한 가족구조의 변화는 가족구성원들이 담당하던 역할과 기능이 변화되고 있다는 것을 의미한다. 가족구조의 변화는 사회가 가족의 기능에 보조적인 역할을 수행해야 함을 의미하는 것으로, 가족복지의 필요성이 대두되고 있다.

### 2) 기능적인 가족문제

가족의 기능은 생물학적으로 종족을 유지하고, 심리학적으로 상호의존하여 애정적 욕구를 충족하고, 경제적으로 물질적 욕구를 해결하며, 사회문화적으로 도덕이나 관습에 적응하는 일이다.[11] 가족의 기능적 장애는 가족의

---

10) 이효재, 『가족과 사회학』 (서울: 경문사, 1988), pp. 379-380.

11) N. Ackerman, *The Psychodynamics of Family Life* (New York: Basic Books, 1960), p. 17.

문제를 일으키는 주요 원인이 된다. 즉, 가족 내 하위체계의 기능으로서 핵가족인 경우다. 이는 부부관계기능, 부모자녀관계기능, 형제자매관계기능 등으로 구성되어 있다. 그리고 가족구성원의 역할기능으로서 가족형태가 급격히 변하는 상황하에 새로운 가족문제를 파생시키는 경우다. 아동양육 면에서는 부의 권위적 역할과 모의 지배적 역할, 조부모의 과보호적 역할 등이 문제를 발생시키고 있다.

### 3) 사회경제적인 가족문제

가족의 사회경제적 영향은 부부관계에도 문제발생의 소지가 있다. 특히 여성의 사회진출은 부의 전통적 권위약화, 성별 역할의 혼돈, 육아분담의 보호지도 등의 변화를 가져오고 있다. 사회경제적인 문제로서 개인의 역기능을 가족의 문제로만 파악하기보다는 경제, 사회, 문화적 요인 등과 관련하여 원인을 파악하는 것이 중요하다. 즉, 가족이 처해 있는 다양한 역기능적 상황이나 위기상황이 개인의 사회적 기능장애나 결여로 나타나기도 한다. 가족의 역기능 중 대표적인 것이 사회경제적 어려움이다. 이는 가족의 기능을 제대로 수행하기 어렵게 한다. 아동의 양육과 보호 및 교육, 부모의 부양, 문화와 오락의 기능유지, 심리적 · 정서적 안정유지에 부정적인 영향을 미치며, 가족갈등으로 이어지고 있다.

### 4) 역동적인 가족문제

가족문제를 역동적 입장에서 분석하는 것은 구조적, 기능적, 관계적 또는 사회경제적 조건 등의 상호역동성에 의해 문제가 발생한다고 보는 관점이다. 이는 가족의 구조적 결함으로 인한 결손가정, 기능적 장애로 인한 경제적 부양 기능의 결여, 가족의 감정관계의 영향으로 인한 부부관계의 혼란,

부모자녀관계의 혼란, 형제자매관계의 혼란 등 상호역동적인 문제가 발생한다는 것이다. 그러므로 가족복지의 관점에서 가족의 집단역할이나 힘의 파장을 조절할 수 있는 전문적 개입이 필요하다. 이러한 가족의 역동적 분석과 적절한 개입은 가족문제가 확대되기 전에 예방하고 조기해결을 가능하게 할 수 있다.

## 3. 가족치료의 모델

### 1) 구조적 가족치료모델

구조적 가족치료(structural family therapy)는 미누친(Minuchin) 등을 중심으로 발달한 가족구조의 중요성을 강조하는 이론이다. 미누친은 가족을 하나의 체계로 보고 개인의 문제를 심리적인 요인보다 사회체계와의 관련성에 두고 있다. 구조적 가족치료는 역기능적인 가족구조를 제도화하는 구조변화에 목적을 두고 그 과정에 치료자가 적극적으로 개입하는 것이다.[12] 이 모델은 소년비행이 있는 가족, 거식증이 있는 가족, 약물을 남용하는 가족, 사회경제적 수준이 낮은 가족, 알코올중독자가 있는 가족 등에게 주로 활용되고 있다.

### 2) 전략적 가족치료모델

전략적 가족치료(strategic family therapy)는 할리(Haley) 등을 중심으로 발달한 이론으로서 가족의 문제해결에 초점을 두고 있다. 이에 전략적 가족치료에서 사용하는 기법을 몇 가지 제시하면 다음과 같다.[13] ① 역설적 기법

---

12) D. Becvar & R. Becvar, *Family Therapy: A Systemic Intergration* (Boston: Allyn and Bacon Inc., 1988), p. 172.
13) 조흥식 외, 『가족복지학』(서울: 학지사, 1998), pp. 123-129, 원용.

(paradoxical technique)으로 가족이 치료자의 지시에 저항하도록 하여 변화를 일으키게 하는 것이고, ② 시련적 기법(ordeal technique)으로 클라이언트에게 힘든 시련을 체험하도록 하여 그 증상을 포기하게 하는 것이고, ③ 가장적 기법(pretend technique)으로 클라이언트에게 문제증상이 있는 것처럼 가장하도록 지시하여 그 증상을 포기하도록 하는 것이며, ④ 순환적 기법(circular technique)으로 치료자의 일방적인 지시보다는 가족의 의견을 이끌어 내는 것 등이 있다.

### 3) 심리역동적 가족치료모델

심리역동적 치료(psychodynamic family therapy)는 애커먼(Ackerman)이 제시한 이론으로서 정신분석적 치료방법을 사용하여 필요에 따라 개별치료와 집단치료를 병행한다. 즉, 가족구성원의 심리적 갈등의 해결, 가족구성원 간의 관계개선, 합리적 역할배분, 가족의 투사과정에 대한 이해, 통찰, 전이현상의 인정 등을 강조한다. 이에 심리역동적 가족치료의 특징을 제시하면 다음과 같다.[14] ① 가족치료는 역할개념이 치료의 근간이 되고, ② 가족치료는 자유목적에 치료의 기반을 두면서 균형과 가족향상성을 강조하고 있다.

### 4) 보웬의 가족치료모델

보웬의 가족치료(Bowen's family therapy)는 보웬(Bowen)이 제시한 모델로서 정신역동적인 관점과 체계적인 관점을 연결시킨 가족체계이론이다. 보웬은 가족을 일련의 정서적 관련 체계로 이루어진 복합적 총체로서 생물학적 본성에 근원을 두고 있다고 보았다. 따라서 보웬의 가족치료는 클라이언

---

14) 김기태 외, 『사회복지의 이해』 (서울: 박영사, 1999), p. 371.

트의 불안을 감소시키고 자기분화의 수준을 높이는 데 그 목적이 있다. 특히 가족체계에서 진정한 변화는 가족구성원의 자율성을 조장하는 것이며, 개인의 성장을 촉진하기 위해 폐쇄적인 가족관계를 개방하고 삼각관계에서 벗어나도록 해야 한다고 강조하고 있다.[15]

### 5) 경험적 가족치료모델

경험적 가족치료(experimental family therapy)는 사티어와 휘태커(Satir & Whitaker)를 중심으로 한 이론으로서 의사소통의 증진을 통한 성장에 초점을 두고 있다. 즉, 의사소통의 방법을 통해 대인관계의 상호작용으로써 클라이언트가 상호존중과 신뢰할 수 있는 경험을 직접 체험하도록 한다. 경험적 가족치료는 가족구성원이 각자 자신의 감정과 욕구에 민감하므로 가족의 기쁨뿐만 아니라, 실망, 두려움, 분노 등에 대해서 대화하고 수용할 수 있도록 돕는 데 그 목적이 있다. 이는 가족구성원 간의 결속과 바람직한 의사소통으로써 치료자가 서로 배려하고 수용하는 방법을 가족에게 제시하여 서로 간의 두려움을 극복하고 자신의 마음과 경험을 개방하도록 유도하고 있다.[16]

## 4. 가족복지의 과제

현대사회의 가족은 각 가족구성원들이 가족 내에서 그 기능과 역할을 수행하고, 이를 지역사회와 전체 사회에 이전하는 역할을 수행하지 못하고 있다. 즉, 전통적인 가족의 기능이 상실되어 가고 있으며, 가족의 기능이 허약해지고 있다. 최근 급격한 사회변화와 가족의 변화를 겪은 우리나라는 가족

---

15) M. Bowen, *Family Therapy in Clinical Practice* (New York: Jason Aronson, 1978), pp. 362-387.

16) 조흥식 외, 전게서, pp. 136-137.

복지에 대한 관심이 증대되면서 가족복지정책에도 많은 관심을 기울이고 있다. 이에 가족복지의 과제를 몇 가지 제시하면 다음과 같다.

첫째, 아동의 양육과 보호, 노인부양과 장애인보호의 역할을 국가와 사회의 책임으로 인식하는 정책을 마련하고, 다양한 가족구조에 대한 대응책이 요구되고 있다.

둘째, 가정에서 가족구성원 각자의 책임과 역할에 대한 인식제고와 가족 상호간의 역할에 대한 이해를 증진시키기 위한 가정교육 프로그램을 개발하여 보급하는 정책방향을 모색해야 한다.

셋째, 가정교육의 제도적 기반을 마련하는 일이다. 현대 가족의 기능이 축소되고 있다 하더라도 자녀는 가정에서 태어나 제반 예절이나 가정교육을 통해 건전한 사회인으로 성장·발전하도록 배려해야 한다.

넷째, 일반 학교교육과 사회교육을 통한 가정생활교육이나 부모교육이 활성화될 수 있는 제도적 방안이 모색되어야 한다. 전통적인 가족의 기능에 머물러 있지 않고, 아동의 양육과 교육, 청소년의 사회화교육, 부모의 부양과 장애인의 보호가 모든 사회의 책임임을 인식하여 지역사회와 국가가 함께해야 한다는 인식전환을 위한 노력이 필요하다.

생각해 볼 문제

1. 아동과 관련된 문제영역을 설명하시오.

2. 아동복지 프로그램 세 가지를 제시하시오.

3. 청소년과 관련한 문제영역을 설명하시오.

4. 청소년복지의 프로그램 다섯 가지를 제시하시오.

5. 현대사회에서 가족의 문제영역을 설명하시오.

6. 가족치료의 다섯 가지 모델을 제시하시오.

# 제12장

# 사회복지분야 II

　　사회복지분야 II는 여성복지, 노인복지, 장애인복지로 구성되었다. 여성복지는 여성에게 한 사회의 구성원으로서 건강하게 생활하게 하고 그들의 생활안정과 복지증진을 도모하는 데 있다. 노인복지는 고령화사회에서 노인문제를 해결하고 노인에게 편안하며 안정적인 삶을 지원하는 데 있다. 장애인복지는 장애인이 갖는 핸디캡을 경감하고 그들에 대한 편견이나 차별을 개선하는 데 있다. 따라서 이 장에서는, 첫째, 여성복지의 정의, 현대사회의 여성문제, 여성복지 프로그램, 여성복지의 과제, 둘째, 노인복지의 정의, 현대사회와 노인문제, 노인복지 프로그램, 노인복지의 과제, 셋째, 장애인복지의 정의, 현대사회와 장애인문제, 장애인복지의 이념, 장애인복지의 과제 등을 중심으로 살펴보고자 한다.

제1절 여성복지

## 1. 여성복지의 정의

여성문제(woman problem)는 사회적 자원의 부족과 여성역할이 남성역할로 이전됨에 따른 기존의 보수적 성향에서 나타나며, 특히 가부장제 이념(ideology)의 반발 등에서 발생하는 불평등과 성차별의 문제영역이라고 볼 수 있다. 한편, 요보호여성(dependant woman)의 문제는 세대주 가족을 구성하고 있는 미망인, 이혼녀, 미혼모, 윤락여성, 근로여성 등의 문제가 포함된다.[1] 그들의 문제는 최저생활의 보장이라는 경제적 욕구와 그에 따른 정서적 욕구 등의 문제영역으로 범주화될 수 있다.

따라서 여성복지(social welfare with the woman)란 모든 여성이 한 사회의 구성원으로서 건강하고 문화적인 생활을 영위할 수 있도록 여성의 욕구나 문제를 해결하고, 생활안정과 복지증진을 도모하는 공 · 사적 차원의 사회적인 노력활동을 말한다. 지금까지 여성복지는 요구호자 또는 그들로부터 야기된 문제만을 다루는 치료적 성격의 사회복지서비스로 다루어져 왔다. 그 대상은 주로「모자복지법」제4조에 규정된 여성으로서 저소득모자가정, 미혼모, 가출여성, 요보호여성 등으로 간주되었으나, 최근에는 여성복지의 대상범위가 보다 포괄적인 의미로 확대되고 있다.

## 2. 현대사회의 여성문제

오늘날 여성문제는 일반 사회문제의 한 측면에 해당하는 것으로 인식되면

---

1) 김영모 외,『현대사회복지론』(서울: 한국복지정책연구소출판부, 1982), p. 210.

서 여성에 대한 복지문제도 달라지고 있다. 이러한 맥락에서 여성들이 가장 심각하게 직면하는 복잡한 문제들이 속출되고 있는데, 그중에서 불평등 문제, 생활보장 문제, 삶의 질 문제 등을 제시하면 다음과 같다.

### 1) 불평등 문제

산업사회에서 남녀 차이에 대한 경향은 남성이 처한 상황이 객관적이고 여성의 경우 주관적이라는 것이 일반적인 견해다. 대부분 남편이 직접적인 경제활동에 참여하고 있는 반면, 아내는 가정에서 간접적인 경제활동에 머물고 있다. 역사적으로 남성의 역할은 사회현실을 대변하는 것으로 다루어져 왔으며, 여성의 역할은 남성의 역할과 어떻게 다른지에 대한 설명 없이 일반화된 남성의 역할 속에 당연히 포함되는 것으로 간주되어 왔다. 이와 같이 남녀의 역할분담은 사람들의 인격과 내면적 생활에 불평등을 조장해 왔다.

따라서 여성의 불평등문제는 사회적으로 내면화되어 있는 인습화된 전통적인 관념으로 인해 여성의 취업기회가 불리하고, 남성과의 동일 임금이 보장되지 않으면서 승진기회의 제한, 여성경시풍조 등 여성이 사회에 당면하는 차별적 상황이 계속되고 있다.

### 2) 생활보장 문제

최근 핵가족 중심의 가족에서 생산적 기능을 하는 중심인물인 가장이 사망하였거나 제대로 기능을 발휘하지 못할 시 저소득계층으로 전락하게 되는 경우가 많다. 여성이 실질적인 세대원의 생계를 책임지고 대표해야 하는 저소득모자가족은 경제적, 사회적, 정신적으로 여러 가지 문제에 봉착하게 된다.

따라서 여성문제는 열악한 환경 속에서 저임금에 시달리는 여성근로자의 수적 증가, 법적·문화적 보호를 받지 못하는 '미혼모'와 '윤락여성' 등의 문제로서 더욱 심각해져 가고 있다. 이러한 가정에 제공하는 사회복지서비스는 대부분 최저수준의 생계를 유지하도록 하는 경제적 지원에 한정되어 있으므로 실질적인 생활을 위한 복지욕구에 비해 몹시 미흡한 상태다.

### 3) 삶의 질 문제

전통적인 가부장적 사회에서 산업사회로 변화됨에 따라 여성에 대한 기대와 가치관이 바뀌게 되어 여성에게 변화된 다양한 역할을 요구하고 있다. 민주주의 사상인 남녀평등, 인권존중, 자유 등이 보급되어 여성들이 고등교육의 기회에 참여하고, 권리주장과 여성의 의식화가 이루어짐으로써 여성해방운동이 가능하게 되었다.

따라서 현대여성은 비교적 짧은 육아기를 갖는 생활주기에서 분만, 육아기를 결혼생활의 전부로 인식하고 있다. 이와 같은 생각은 남성에게 값비싼 대가를 지불하고 있다는 사고로 오인되어 남성은 여성을 부양하는 입장이고, 여성은 부양받는 입장이라고 하는 사회적 형태를 만들고 있다. 이에 대부분의 여성은 삶의 질을 강조하면서 사회에 참여하기를 원하고 주체적인 자아실현의 욕구충족을 원하므로, 다양한 사회참여의 기회를 제공하여 그들의 욕구를 충족시키는 것이 바람직하다.

## 3. 여성복지 프로그램

### 1) 요보호여성을 위한 프로그램

• 부녀상담소: 요보호여성의 발생예방을 위한 상담사업을 전개하기 위하여 전국에 부녀상담소를 설치하고 있다. 특히 취약지역에 간이부녀상담소

를 설치하여 상담원을 배치하고 순회상담을 실시하고 있으며, 전문인력이 부족한 지역에는 자원봉사를 적극적으로 활용하여 상담을 강화하고 있다.

- 시설보호소: 요보호여성을 위한 시설보호소는 여섯 가지로 구분하여 제시할 수 있다. ① 모자보호시설로서 모자가족을 일정 기간 동안 입소시켜 기본생계보조와 사회적응능력, 자립기반조성에 힘쓰게 하고, ② 부녀직업보도소로서 저소득여성, 가출여성, 미혼모, 윤락여성 등에게 부녀상담원이 상담을 실시하고, ③ 모자자립시설로서 자립이 어려운 모자가족에 대한 주택편의를 제공하고, ④ 미혼모시설로서 미혼여성이 임신 혹은 출산하였을 때 안전하게 분만하고 심신의 건강이 회복되도록 보호하고, ⑤ 일반보호시설로서 배우자의 물리적, 정신적 학대에 의한 아동의 건전양육이나 모의 건강을 위해 일시적으로 보호하며, ⑥ 부녀복지관은 종합적인 시설로서 모자가족에 대해 각종 상담서비스, 생활지도, 탁아사업, 직업보도 등을 실시하고 있다.

- 재가보호시설: 요보호여성에게 대체적이고 보완적인 욕구에 대응하는 대인적 서비스를 제공하는 시설이다. 그리고 요보호모자가정에 대한 서비스로 생활보호법 중심의 생활부조, 생업자금의 저리대부, 매점설치허가, 전매품허가, 직장알선, 문제가정에 대한 상담서비스 등을 제공하고 있다.

## 2) 일반여성을 위한 프로그램

- 한국여성개발원: 여성과 관련된 문제에 대한 조사연구와 능력개발을 위한 교육훈련을 실시하며, 여성 관련 정보자료의 출판 및 홍보사업 등을 수

행하고 있다. 특히 여성의 지위향상, 사회참여확대, 복지증진 등에 기여할 목적으로 다양하게 활동을 펼치고 있다. 예컨대, 고용기회의 균등실현, 취업여성의 근로조건 개선, 육아보육기관의 확대 등이 있다.

• 부녀지도사업: 마을단위의 부녀회원을 중심으로 보건복지부, 행정자치부, 농촌진흥청, 농업협동조합 등이 역할을 분담하여 유기적으로 전개하고 있다. 특히 부녀지도 사업은 여성의 자질향상과 가정관리의 적정화를 도모함으로써 가정의 경제적, 문화적 생활의 질을 향상시키고 있다. 예컨대, 교양지도사업, 가족계획사업, 농촌환경개선사업, 저축 및 소득증대사업 등이 있다.

• 여성능력개발: 여성의 능력개발을 위해서 학교교육의 평등화와 남녀역할의 편견에 대한 개편안이 마련되고 있다. 특히 여성 사회교육기회의 확대를 위해 학교시설의 개방이 필요하다. 예컨대, 여성회관, 부녀복지관 등을 통한 사회교육 기능육성의 지원을 강화하고, 대학의 여성강좌 등 여성의 사회교육의 기능강화가 이루어져야 한다. 그리고 가정지원을 위한 건전한 가족규범의 정착, 요보호여성의 사회복지증진과 여성개발지원체계의 강화가 요구되고 있다.

• 여성단체활동서비스: 여성단체에서 여성의 자질개발과 지위향상, 권익보호, 소비절약과 생활의 합리화를 위한 계몽사업이 확대되고 있다. 특히 여성단체는 자원봉사를 통한 사회참여와 요보호여성의 사회복지증진, 회원의 선도도모, 국제교류 등을 통해 주요 활동영역으로 활용하고 있다.

## 4. 여성복지의 과제

오늘날 여성복지는 저소득에 대한 물질적 지원은 물론, 기타 다양한 욕구에 대한 정책대안이 마련되어야 한다. 그리고 일반여성의 문제도 여성복지의 장기적인 대책으로써 함께 고려되어야 한다. 따라서 여성을 위한 사회복지적 접근은 우리 사회의 기본구조와 제도가 남성위주로 되어 있다는 것을 인정하고, 여성평등을 위한 근본적인 제도적 보완으로써 장기적 대책수립이 요청되고 있다. 이에 여성복지의 과제를 몇 가지 제시하면 다음과 같다.

첫째, 여성의 빈곤을 해소하기 위한 소득지원이 요구된다. 생활보호제도의 한계로 인하여 빈곤여성의 경우 생활보호만으로 최저생활을 유지할 수 없는 경우가 많으므로, 국민기초생활보장제도의 실시와 더불어 최저생계비 수준의 향상과 수급대상의 확대가 바람직하다.

둘째, 미시적 접근으로서 여성상담이 요구된다. 여성들이 겪는 개인문제나 적응상의 어려움은 남성 중심적인 사회에서 여성에게 부과된 제한이나 억압에 기초해 있다는 것을 인식해야 한다. 이에 여성상담을 통해 여성들이 자율적인 삶을 영위해 나갈 수 있도록 배려해야 한다.

셋째, 보육예산의 지속적인 확충이 요구된다. 모든 보육시설의 교사인건비 지원, 합리적 보육비용 개선, 차등보육료제 실시 등을 위한 예산이 확보되어야 한다. 그리고 보육예산을 통해 다양한 보육프로그램의 개발, 보육서비스의 질적 향상이 이루어져야 한다.

넷째, 저소득모자가정의 지원사업이 요구된다. 최근 한부모가정은 증가하는 반면에, 이들에 대한 정부의 지원은 감소하는 실정이다. 그러므로 저소득모자가정의 세습화를 방지하기 위해 그들의 자녀교육비를 지원하여 인문고등학교와 전문대학까지 교육기회를 확대해야 한다.

제2절 노인복지

## 1. 노인복지의 정의

노인(the aged)이란 노령화 과정에서 나타나는 육체적, 정신적, 심리적, 환경적 및 행동의 변화가 상호작용하는 복합적 형태의 과정에 있는 사람을 의미한다. 다시 말해서, 노인은 육체적 · 정신적으로 그 기능과 능력이 감퇴되어 가는 시기에 도달한 사람을 의미한다.

오늘날 사회변화와 다양화를 추구하는 산업화 · 정보화 시대에서 노인은 젊은 세대에 비해 생활의 적응이 어렵고 생산활동에서 소외되어 있으며, 이와 같은 노인의 생활을 둘러싸고 있는 제반 여건이 불가피하게 노인문제를 야기하고 있다. 노인복지(social work with the aged)는 많은 사회문제 중에서 노인에게 일어나는 문제를 예방 · 해결하고 노인이 편안하며 안녕적인 삶을 지원하는 사회적 노력이라고 할 수 있다.[2] 따라서 노인복지란 노인이 인간다운 생활을 영위하면서 자신이 속한 가족과 사회에 적응하고 통합될 수 있도록 필요한 자원과 서비스를 제공하는 데 관련된 공적, 사적 차원에서의 조직적 제반 활동이다.

## 2. 현대사회와 노인문제

현대사회에서 노인이 직면한 사회생활상의 문제는 매우 다양하다. 이러한 노인문제는 개인적 차원과 사회구조적 차원에서 다양하게 발생하고 있다. 여기서는 우리나라 노인들의 4고(四苦), 즉 '빈곤문제' '질병문제' '상실문제'

---

2) 김정순, 『노인복지학』 (서울: 이우출판사, 1981), p. 62.

'고독문제' 등을 살펴보고자 한다.

## 1) 빈곤문제

노년기의 어려움 중 경제적 궁핍은 다른 어려움을 수반하기도 하고, 인간의 생존에 부정적 영향을 미치는 가장 큰 어려움이다. 노년기에는 다양한 요인에 의해 소득상실을 경험하게 된다. 사회구조적으로 정년제도는 경제활동을 중단하게 하고, 신체적 어려움은 더 이상의 경제활동의 제약요건이 된다. 노후의 소득상실을 예견하고 공적연금이나 사적연금에 가입한 노인의 수가 절대적으로 적은 우리나라는 OECD국가 중 노년빈곤율 1위라는 불명예를 안고 있다. 공적연금의 미성숙과 개인적 노후소득의 준비 불충분은 노인의 빈곤문제를 더욱 가속화시키는 요인이 되고 있다.

## 2) 질병문제

노년기의 특징 중 하나가 신체적, 정서적, 심리적 노화과정이 확연하게 드러난다는 것이다. 신체적 노화는 정서적, 심리적 노화로 이어지고, 이는 노인기의 만성질병 유병률로 이어진다. 수명의 연장과 장수는 노년기 만성질환과 의존수명과 상관성을 가진다. 이에 우리나라의 인구고령화 속도는 세계에서 유례가 없을 정도로 빠르게 진행되어 65세 이상 노인인구의 비율이 7.2%로 2000년에 고령화사회가 되었다. 고령인구는 증가는 의존수명의 연장과 노인의 질병문제와 관련이 있는데, 질병과 장애는 연령이 증가할수록 발생가능성도 높아진다. 즉, 치매, 뇌졸중 등이 대표적 노인성 질환으로 이는 간병의 문제와 수발비용으로 인한 어려움이 예상되는 질병이 되고 있다.

### 3) 상실문제

현대산업사회에서는 노인의 능력을 과소평가하는 경향으로 노인의 역할을 상실하게 한다. 이제는 노인을 사회적 역할로부터 배제하여 더 이상 노인들이 주류사회의 구성원으로서의 역할수행에 관용적이지 않다. 전통사회에서는 노인이 어른으로서 경험과 지식을 전수하는 역할을 수행하였으나, 기술의 급속한 발달과 변화, 정보화사회는 노인의 지식과 기술을 필요로 하지 않는다. 도시화의 발달은 노인과 다른 세대를 분리하고 있다. 즉, 직업에서의 은퇴, 어른으로서의 역할상실, 공간적 분리는 노인의 사회적 역할을 박탈하고 노인은 더 이상의 사회적 역할을 수행하지 못하게 되었다.

### 4) 고독문제

우리나라의 전체 노인인구 중 독거노인가구의 비율은 약 20%를 차지하고 있다(보건복지부, 2014). 특히 노인부부가구는 미래의 독거노인가구다. 노인은 장수하게 되면서 배우자와의 사별을 경험하게 되고, 사별 이후 혼자의 삶을 살게 된다. 급속한 사회변화, 가족구조의 변화, 부모부양에 대한 인식변화는 노인의 독거와 고독의 문제와 상당한 관련이 있다. 또한 OECD국가 중 노인자살률 1위라는 불명예는 고독의 문제와는 관련성이 있다.

## 3. 노인복지 프로그램

### 1) 소득보장

우리나라 노인들의 빈곤율이 최근 몇년간 OECD가입국가 중 가장 빈곤하고, 절대빈곤한 상태가 절반을 차지하는 등 소득보장의 미비로 고령사회의 한국노인의 모습은 그리 밝지 않다. 따라서 정부는 노인의 소득보장의 기반을 위한 각종 조처를 취해야 하며, 경제적으로 곤란을 겪고 있는 노인의 경제적 기반을 위한 지원책은 다음과 같다.

첫째, 소득보장제도로서 대표적인 것이 연금제도와 퇴직연금제도 등이 있다. 연금제도는 국민연금제도와 특수직역연금제도가 있으며, 퇴직연금제도를 통해 길어진 노후에 대한 대책을 마련하고 있다.

둘째, 기초연금제도는 생활상의 곤궁한 노인의 경제적 지원책이다. 노령수당제도에서 시작하여 기초노령연금에서 2014년 7월 「기초연금법」으로 개정한 이후 소득계층별로 자산조사를 통해 지급되는 등 공공부조나 국민연금제도의 보완적 성격을 가지고 있다.

셋째, 「국민기초생활보장법」에 의해 생계급여 등을 지원하고 있다. 노인이 수급자로서 공공부조의 급여를 받기 위해서는 자산조사에 의해 개별적인 욕구측정과 확인을 통해 급여자격이 주어진다. 급여는 개별급여로 제공된다.

넷째, 기타 소득보장제도로는 노인사회활동지원사업이다. 2004년부터 노인일자리사업으로 운영되는 이 사업은 일하기 원하는 노인에게 일자리를 통해 사회참여와 경제적 지원의 효과를 보고자 하였다.

## 2) 의료보장

노년기에는 신체적 노화로 인해 질병에 걸릴 확률이 높고, 질병이 만성적으로 발전할 가능성도 높다. 노년기는 특징상 급성질병보다 만성질병으로 인해 치료와 회복기가 길어지고 장기간 남의 도움을 받아야 할 의존기간이 길어진다. 이를 해결하기 위한 의료보장제도로는 건강보험제도와 노인장기요양보험제도가 대표적이다.

첫째, 건강보험제도와 의료급여제도는 보편적인 제도와 선별적인 제도로서의 차이점이 있다. 전국민 의료보장으로서의 건강보험과 국민기초생활수급자와 차상위계층을 위한 의료서비스로서 급여를 제공하고 있다.

둘째, 노인장기요양보험제도는 노인성 질환을 가진 자를 국가와 사회가 간병하는 제도다. 2008년 7월부터 건강보험제도에서 분리하여 운영하는 제도로 65세 이상자와 45세 이상 64세 미만이라도 치매나 뇌졸중(중풍) 등의 질환으로 요양등급을 받으면 요양시설에서 보호를 받을 수 있다.

셋째, 노인건강진단 및 보건교육, 노인보건서비스는 질병의 조기발견 및 치료로 건강한 노인을 건강하게 관리하도록 지원하는 제도다. 건강검진 및 생애전환기건강검진의 실시, 보건교육의 실시, 노인보건센터의 설치 운영 및 치매상담센터의 운영 등이 있다.

넷째, 지역사회보호서비스는 지역사회의 보호가 필요한 노인을 보호하기 위한 다양한 재가서비스를 말한다. 독거노인관리서비스, 노인돌보미사업, 저소득노인을 위한 경로식당운영 및 밑반찬배달서비스 등을 통해 지역사회 독거노인과 요보호노인을 보호하고 있다.

### 3) 주거보장

노인을 위한 주거보장은 주거생활의 욕구와 밀접한 관련이 있으며 생활안정의 필수적인 조건이 되고 있다. 사회적, 구조적 변화는 노인에게 주거의 문제 또한 많은 변화를 가져왔다. 부모부양의식의 희석과 수명의 연장은 노인에게 주택이란 무엇보다 소중한 요소가 되었다. 특히 노년기에는 외부활동보다 주거공간에서의 생활이 훨씬 많고 중요하다. 또한 신체적 특징상 안전의 욕구를 충족하기 위해서는 안전한 주거공간이 확보되어야 한다.

우리나라의 주택정책은 젊은 층을 위한 주택정책에 초점이 맞추어져 있으며, 노인을 위한 주택정책은 미흡하다. 주택정책과 노후소득보장을 합한 결과물로서 주택연금제도를 들 수 있다. 만 60세 이상자가 소유주택을 담보로 하여 일정 기간이나 평생 동안 매월 연금방식으로 노후생활자금을 지급받는 국가보증의 금융상품으로 역모기지론이다. 즉, 경제적 어려움으로 평생 살던 집을 처분하게 되면 또 다른 어려움에 처하게 되는 노인을 위한 소득보장 및 주택보장제도라 할 수 있다.

## 4. 노인복지의 과제

오늘날 노인문제와 관련하여 해결해야 할 많은 과제는 노부모의 부양문제, 노인의 지위약화, 여가활용문제, 사회참여의 기회박탈, 생계비와 용돈부족, 치매 및 건강문제 등으로 산적해 있다. 이에 대한 근본적인 대책은 아직도 미흡한 실정이고 구호적 서비스에 머물고 있는 실정이다. 특히 수용시설이 부족하여 늘어나는 노인의 욕구를 충족시키기엔 절대적으로 부족한 현실이다. 그러므로 노인복지의 정책방향이 국가의 주도적인 역할에 의해 노인문제에 대처하기보다는 가정의 책임을 바탕으로 적극적인 방안이 요구되고 있다.

첫째, 노인복지는 전문적 지식과 기술을 바탕으로 노인복지프로그램이 실시되어야 하고, 노인복지가 그 목표를 달성하기 위해서는 전문적인 사회복지조직과 아울러 전문적인 훈련을 받은 인적자원을 활용할 필요가 있다.

둘째, 근본적인 노인문제의 해결을 위해서 국가는 물론 가족과 지역사회가 공동으로 노력해야 하며, 무엇보다도 국가의 적극적인 개입으로 노인복지의 획기적인 발전을 유도해야 한다. 즉, 국가의 역할과 책임확대의 토대로 노인에 대한 서비스의 적용대상을 확대하며 다양한 프로그램을 개발하고 전문인력을 양성하는 것이 중요하다.

셋째, 정부는 보다 적극적으로 가족제도의 유지·발전을 위한 연구와 노력을 뒷받침하며 분위기를 조성해야 한다. 그리고 노인자율복지사업의 개발 지원, 사회적 부조 및 서비스 확대, 사회보장적 보호조치의 확대발전, 사회적 서비스의 전문성 고양, 위약층 노인에 대한 특별대책, 정부재원의 확대와 민간재원의 활용을 위한 적극적 대책을 모색해야 한다.

## 제3절 장애인복지

### 1. 장애인복지의 정의

장애인(the disabled)이란 협의의 개념으로는 생물학적, 해부학적 차원에서 신체상 또는 정신상의 결함과 손상(impairments)에 한정하여 보는 것이고, 광의의 개념으로는 신체적, 정신적 손상이나 결함에 따라 자신의 능력발휘에서 장애(disabilities)를 당하는 경우와 이에 따른 사회적 불리(handicaps)를 포함하여 보는 것이 지배적이다. 우리나라 「장애인복지법」에서는 장애인을 '지체부자유, 시각장애, 청각장애, 평형기능장애, 음성 또는 언어기능장애, 정신박약 또는 정신장애 등 심신의 지속적인 장애로 인하여 개인생활 또는 사회생활에 제약을 받는 자'라고 규정하고 있다. 1999년 개정법에서는 내부장기장애나 정신장애도 장애인의 범주에 포함하고 있다.

따라서 장애인복지(social welfare for people with disabilities)란 장애인이 갖는 핸디캡을 인적, 물리적, 사회적 제 자원의 활용과 협력을 통해서 가능한 한 경감, 해소하고 일반사람과 동등한 생활조건과 생활의 안정을 확보하는 것을 의미한다. 그리고 그들의 핸디캡 때문에 갖게 되는 사회적, 심리적, 물리적 장애와 사회적 상황을 만들어 내고 있는 사람들의 장애인에 대한 편견이나 차별의 극복과 개선에 깊은 관련을 갖고 있는 활동을 말한다. 즉, 장애인복지는 재활(rehabilitation)의 개념으로 볼 수 있다. 재활은 단순히 장애인의 손상된 능력을 회복하는 데 있지만 더욱 중요한 것은 잔존능력을 개발하는 것이다.

## 2. 현대사회와 장애인문제

장애인은 역사적으로 비정상적인 존재로서 사회에서 거부당해 왔다. 일반적으로 장애인이라고 하면 즉각 반사회성과 결부시키려는 경향이 있다. 그러나 실제로는 장애로 인하여 심적 갈등이나 고뇌, 불안이 고조되거나 소극적이고 무기력에 빠져서 올바른 생활이 제한되고 있는 사람들을 말한다. 따라서 장애인과 관련된 몇 가지 문제영역을 제시하면 다음과 같다.

### 1) 장애인구의 증가

우리나라 장애인의 실태조사에서 나타난 장애인 수는 최근 3년간 매년 증가하고 있다. 최근 통계청의 자료에 의하면, 장애인 인구비율은 4.89%로 외국에 비해 여전히 낮다. 국가별로 장애인에 대한 범주 및 정의가 다르기 때문에 장애인 출현율로 단순비교는 무리가 있지만, UN이 세계인구의 약 10%로 추정하는 것으로 비춰 볼 때 낮음을 알 수 있다. 또한 장애인의 연령구조에서 고령화현상이 나타나고 있다. 이는 노인문제와 장애인문제를 함께 보면서 보호에 대한 욕구가 증가함을 알 수 있다.

### 2) 장애인의 교육문제

모든 국민은 능력에 따라 균등하게 교육받을 권리를 갖는다고 헌법에서 규정하고 있으며, 장애아동도 국민으로서 마땅히 교육받을 권리를 갖는다. 장애아동은 개인의 능력이나 정도, 장애의 심각성을 문제 삼지 않고 스스로 행복한 삶을 살 수 있도록 교육받을 권리를 보장받아야 한다. 이를 실현하기 위해서 특수한 시설과 교육자재, 환경을 갖추고 전문가에 의해 실시되어야 한다. 그러나 우리나라는 아직도 관련 교육시설 등의 인프라가 부족하며, 교육을 위한 전문가들이 부족한 것이 사실이다. 또한 장애아동뿐만 아니라, 성인장애인들을 위한 교육욕구도 충족하지 못하는 것도 현실이다.

### 3) 장애인의 의료문제

최근 장애인구는 지속적으로 증가하고 있는 상황에서 장애인의 의료문제는 더욱 심각하게 나타나고 있다. 장애인들의 욕구를 보면 의료보장의 욕구가 전체의 30.1%를 차지하여 다른 부문의 욕구보다 우선의 욕구로 나타나고 있지만, 우리나라의 장애인복지정책은 주로 소득보장 및 사회복지서비스에 치중하고 있다. 제3차 장애인정책발전 5개년 계획(2008-2012)을 통해 장애인을 위한 의료서비스 확충 및 접근성 강화 등 장애인의 건강권 확보를 위한 보건의료체계구축에 관심을 기울이고 있었지만, 장애인이 느끼는 의료서비스에 대한 체감온도는 여전히 낮은 것이 문제다.[3]

### 4) 장애인의 직업재활문제

장애인복지의 궁극적 목표는 모든 장애인이 자기능력을 최대한으로 개발하여 적성에 맞는 직업을 가지고 사회적, 경제적 활동에 참여하여 자립을 도모하는 것이라 할 수 있다. 우리나라의 직업재활정책은 주로 할당고용제도와 보호고용정책 위주로서 장애인고용사업주 지원, 근로장애인 지원, 장애인관련단체 및 기관의 지원이 할당고용제도이며, 보호고용정책으로는 보호

---

3) 장애인의 보건의료실태. 보건복지포럼 통권 제153호(2009.7월호). pp. 46-63.

작업장의 설치와 운영에 두고 있다. 장애인직업재활관련법에는 「장애인 등에 대한 특수교육법」「장애인복지법」「장애인고용촉진 및 직업재활법」과 「직업안정법」「직업교육훈련 촉진법」등을 통해 장애인의 직업재활을 위한 다양한 정책과 제도를 마련하고 있지만, 정부와 기업, 장애인 당사자들의 연계부족으로 직업재활의 문제해결을 어렵게 하고 있다.

### 5) 장애인의 가족문제

장애인도 비장애인과 마찬가지의 가족생활주기에서 나타나는 다양한 위기와 문제에 직면하고 있다. 하지만 비장애인보다 더욱 열악한 조건으로 위해 가족의 문제에 대한 대처와 해결능력이 부족하다. 특히 후천적 장애가 약 90%를 차지하고 있는 것을 볼 때, 가족구성원 중 누군가가 장애인이 되거나 장애당사자가 된다면 가족구성원이나 당사자가 겪게 될 정서적 위기나 갈등이 나타난다. 가족은 일정한 주기로 변화와 발전을 거듭하게 되고, 그 시기마다 가족구성원들의 역할이 정해져 있다. 그런데 가족 중 누군가가 그 역할을 수행하지 못하게 되거나 하지 못할 때 가족은 위기를 겪게 된다.

## 3. 장애인복지의 이념

### 1) 자립성

자립성(self-reliance)은 타인에게 매이지도 않고 의지하지도 않으며 스스로 독립하여 정당한 지위에 서는 것을 말한다. 특히 장애인의 자립성은 의존성의 개념과 상반되는 의미로서 장애인의 성취 정도와 일맥상통하는 개념이다. 장애인도 자기 스스로의 의사결정과 자신의 활동능력 여하에 따라 자활의 실현이 가능하다.

따라서 장애인에게 자립심을 고취시키기 위한 기본적인 요건을 몇 가지 제시하면 다음과 같다.[4] ① 장애인은 격리와 차별로부터 자유로워야 한다. ② 장애인은 전체성에 안목이 향하도록 배려해야 한다. ③ 장애인은 자신이 주체적이고 자기결정적이어야 한다. ④ 장애인은 자기실현을 향한 활동이 추구되어야 한다. ⑤ 장애인은 사회복지의 주체적인 활용이 되도록 해야 한다.

### 2) 정상화

정상화(nomalization)는 도덕적이고 철학적인 관점에서 접근하는 중요한 개념이다. 장애인은 가능한 한 자연스러운 환경에서 생활하도록 사회화할 권리가 있다. 즉, 그들은 비장애인의 일상생활과 동일한 수준의 기본적인 시민권리를 가지고 있다. 장애인복지를 정상화하는 일차적인 근거는 장애인도 인간으로서 지니는 모든 권리를 가지며, 그 권리의 양과 질은 비장애인과 동일하다.

따라서 장애인의 권리는 그 본질상 동등성과 일반성을 동시에 지니고 있다. 장애인복지의 이념에서 정상화는 인간으로서 누릴 수 있는 정상적인 생활의 보장, 권리의 보장 등을 의미하는 것이다. 즉, 장애인이 오직 기회의 평등과 평등한 처우만을 통해 획득되는 것이 아니라, 사회변화를 통한 정상적인 삶의 보장을 담보하는 것을 말한다.[5]

### 3) 사회통합

사회통합(social integration)은 사회적 약자들의 어려움을 해결하고 사회질

---

4) 三ッ本任一, "自立生活の基本理念", 『自立生活への道』(東京: 全國社會福祉社協議會, 昭和 63), p. 5.
5) 이준우 편, 『장애인과 지역사회』(서울: 한국밀알선교단출판부, 1999), p. 400.

서와 사회안정을 도모하는 데 있다. 장애인복지의 기본이념은 가시적인 사회통합에 두고 있다. 장애인의 사회통합은 사회로부터 장애인을 구분할 수 없는 상태며, 비장애인과 모든 면에서 연대감을 형성한다는 의미다. 장애인의 통합된 삶은 사회생활을 정당화하는 가장 기초적인 가치며 삶의 결과이자 완성이라 할 수 있다.

따라서 장애인 권리와 통합을 연결하는 현실적 과정이 필요하다. 이에 장애인의 사회통합을 이루어 내기 위해서는,[6] ① 장애인에 대한 효과적이고 효율적인 배려가 있어야 한다. ② 사회구성원으로서 의미 있고 가치 있는 사회적 역할을 수행하도록 해야 한다. ③ 장애인 총체적 삶이 더불어 사는 사회에로 복귀하도록 해야 한다.


## 4. 장애인복지의 과제

장애인복지의 기본목표는 장애인의 완전한 사회참여와 평등을 보장하는데 있다. 이러한 기본목표를 달성하기 위해서는 생활능력이 없는 중증장애인에 대해서는 국가가 적극적인 보호를 실시하고, 자활자립이 가능한 장애인에 대하여 치료, 교육, 취업 등 장애유형에 적합한 재활시책과 자립기반을 확충해 나가야 한다. 이에 장애인복지의 과제를 몇 가지 제시하면 다음과 같다.

첫째, 의료재활서비스가 요구된다. 장애인의 실태조사에서 약 30%가 넘는 장애인들이 의료서비스에 대한 욕구를 가지고 있다. 또한 의료비부담으로 치료가 적절하게 이루어지지 못하는 것으로 나타났다. 따라서 의료비부담을 최소화하기 위한 국립전문재활의료센터의 건립이 시급하다.

둘째, 직업재활서비스가 요구된다. 장애인이 자기능력을 최대한 개발하여

---

6) 이준우 편, 전게서, p. 400, 참조.

적성에 알맞은 직업을 가지고 사회적, 경제적 활동에 참여하여 재활자립을 도모하게 해야 한다. 직업재활서비스를 위해서는 장애유형별 장애정도에 적절한 직업훈련의 실시와 취업직종의 개발이 선행되어야 한다. 또한 정부는 1990년에 「장애인고용촉진법」을 제정하였지만 장애인의무고용제를 더욱 확대하여 시행해야 한다.

셋째, 소득보장이 요구된다. 장애인들의 생활안정과 삶의 의욕을 고취시키게 하는 서비스를 제공해야 한다. 장애인들이 일상생활에 필요한 소득을 보충시켜 주거나 금전적 지출을 감면해 주기 위해서는 저소득 중증장애인의 생계적 안정을 위해 일정한 생계보조수당을 지급해야 한다. 또한 정부는 저소득 장애인의 중·고등학생 자녀에게 수업료, 입학금 전액을 보조해야 한다. 공공기관이나 시설 내 매점, 자판기설치, 기타 전매품 판매점 등을 장애인에게 우선 허용하여 경제적 자립을 기하도록 배려해야 한다.

넷째, 재가장애인시설의 확충이 요구된다. 가정생활과 함께 치료와 교육, 직업훈련서비스 등을 받도록 통원시설을 다양하게 설치하여 이용시설의 기회를 확대해야 한다. 장애인의 대표적인 이용시설은 장애인복지관으로서 재가장애인에 대한 상담, 치료 및 교육훈련, 사회와의 교류촉진, 여가활용 등의 종합적인 사회복지서비스를 제공하고 있다. 이에 따라 장애인문제를 더욱 계몽하고 홍보하며 조사연구를 통해서 재가장애인의 자활자립과 복지증진을 위해 활발한 운영이 필요하다.

생각해 볼 문제

1. 현대사회에서 여성과 관련한 문제영역을 설명하시오.

2. 여성복지 프로그램을 두 가지로 구분하여 제시하시오.

3. 노인과 관련한 4고(苦)를 설명하시오.

4. 노인복지 프로그램 네 가지를 제시하시오.

5. 장애인복지의 세 가지 이념을 제시하시오.

6. 장애인복지의 과제를 설명하시오.

# 제13장

# 사회복지분야 III

　사회복지분야 III은 학교사회복지, 교정복지, 정신보건사회복지로 구성되었다. 학교사회복지는 학생 개개인의 지적, 사회적, 정서적 욕구의 문제해결 및 공평한 교육기회와 성취감을 갖게 하는 데 있다. 교정복지는 비행청소년이 심리적, 사회적으로 편안한 상태를 유지하고 갱생과 사회에 적응할 수 있도록 원조하는 데 있다. 정신보건사회복지는 정신적 장애로 어려움을 겪고 있는 자들의 전문적 상담과 치료를 통해 국민건강을 증진하는 데 있다. 따라서 이 장에서는, 첫째, 학교사회복지의 정의, 부적응문제와 학교사회복지, 학교사회복지의 모델, 학교사회복지의 과제, 둘째, 교정복지의 정의, 청소년비행과 교정복지, 교정시설의 종류, 교정복지의 과제, 셋째, 정신보건사회복지의 정의, 정신보건사회복지의 기능, 정신보건사회복지의 접근방법, 정신보건사회복지의 과제 등을 중심으로 살펴보고자 한다.

제1절 학교사회복지

## 1. 학교사회복지의 정의

학교사회복지(school social work)에 대한 정의는 시대의 변화와 학자들의 관점에 따라 다양하게 제시되고 있다. 미국의『사회사업연감』(1960)에서는 학교사회복지를 '학교활동계획의 일부로서 학교생활에 적응하는 데 곤란을 초래하게 되는 사회적, 정서적 문제를 지닌 학생을 돕는 것'이라고 정의하였다.[1] 코스틴(L. Costin)은 학교사회복지를 '학교가 학생 개개인의 지적, 사회적, 정서적 욕구와 문제해결에 관심을 갖도록 도와주며, 모든 학생이 학교에서 공평한 교육기회와 성취감을 제공받을 수 있도록 학교현장에서 활동하는 전문적인 사회복지의 분야'라고 정의하였다.[2]

따라서 학교사회복지란 개별학생이 학교에서 정상적 기능과 기대되는 목표에 도달하지 못할 정도로 사회적, 정서적 문제를 가지고 있을 경우 그것을 도와주는 노력이라 할 수 있다. 즉, 학교사회복지는 다른 사회복지분야와 같이 사회적 기능의 회복을 목적으로 개인이나 지역사회 내에서 동원할 수 있는 자원을 제공해 주며, 사회적 장애의 문제를 예방하는 것이라 할 수 있다.

---

1) R. Kurtz, *Social Work Year Book* (New York: NASW. 1960), p. 521.
2) L. Costin, "School Social Work Practice: A New Model", *Social Work*, Vol.20 (1975), pp. 135-139.

## 2. 부적응문제와 학교사회복지

### 1) 개인적 부적응

청소년기는 심리적 발달단계에서 사춘기를 기점으로 하여 대략 12~20세 사이의 연령층에 속하는 시기를 말한다. 이들은 이미 아동기를 벗어나서 신체적, 심리적으로 성인이 갖는 특징을 지니고 있다. 청소년들은 심리적으로 아동기에서 성인기로 넘어가는 중간적 위치에서 과도기적 성격을 띠며, 사회적으로 기존의 사회구조에 편입되지 못하는 관계로 주변적 성격을 나타내고 있다.

청소년기의 특징인 과도기적 시기와 주변적 시기에 있는 중·고등학생은 신체적 발달에 비해 정서적 발달이 안정되지 못하여 감정이 격하고 기복이 심한 시기다.[3] 이 시기는 낙관적, 비관적 감정이 교차하기도 하고 자부심과 수치심을 강하게 경험하기도 한다. 또한 부모나 형제, 친구들과 공유할 수 없는 감정의 경험을 통해서 고립감을 느끼기도 한다.

### 2) 가정적 부적응

가정은 인간에게 기본적인 장(setting)이며 최초의 인간적 접촉의 공간이라 할 수 있다. 정상적인 가족은 부적응행동을 예방하는 가장 완전한 곳으로 간주되어 왔으나, 반대로 가정의 기능이 충분히 수행되지 못하였을 경우 부적응행동을 예방하는 책임을 수행하는 데 어려움이 예상된다. 이러한 가정적 부적응문제를 몇 가지 제시하면 다음과 같다.

첫째, 가정불화로서 청소년의 교육에 미치는 영향이 어떤 요인보다 크다.

---

3) 이인정·최해경,『인간행동과 사회환경』(파주: 나남출판사, 1995), p. 82.

가정에서 감정의 기복이 심하고 조절능력이 안정되지 못한 중·고등학생들은 불안과 초조감, 열등감이 생겨 부적응행동으로 나타나게 된다.

둘째, 결손가정으로서 부모의 사망, 이혼, 별거, 유기, 실종, 수형, 장기부재 등에 기인하고 있다. 결손가정은 양호한 훈육적 기능을 상실하여 청소년을 부적응행동에 빠지게 하는 주요 원인이 된다.[4]

셋째, 빈곤가정으로서 그 자체가 부적응행동을 일으키는 직접적인 원인이 되지는 않는다. 그러나 청소년은 가정의 빈곤에 따르는 갈등과 욕구불만 그리고 부모의 무능에 대한 불신 등이 부적응행동을 유발하는 계기가 되고 있다.

### 3) 환경적 부적응

현행 학교교육의 형태는 입신출세를 위한 지적 교육에 치중하고 있으며, 과도한 경쟁풍토 속에서 학생들이 모든 정력과 시간을 바쳐 상급학교 입시준비에 몰두하고 있는 실정이다. 이에 따라 성장하는 학생들에게 명랑하고 따뜻한 공동체 중심의 생활태도를 기대하기는 어렵게 되었다. 이러한 환경적 부적응의 문제를 몇 가지 제시하면 다음과 같다.

첫째, 학교의 환경문제로서 청소년을 건전하게 육성하려는 학교환경과 사회적 분위기가 퇴보되고 있다. 그리고 교사들의 과중한 업무에 의한 탈진상태에서 오는 교육에 대한 관심결여와 대화부족이 학생들의 소외감을 일으킬수 있다.

둘째, 교사의 태도문제로서 한 학급에 수용된 학생 수가 많으므로 개별적 학생의 성장을 돌보기에는 한계가 있다. 특히 학습내용을 이해하지 못하고 학교생활에 흥미를 느끼지 못하여 학습부진과 부적응한 학생들을 전문적으

---

4) 정영석, "한국소년 비행의 현황과 그 대책",『연세논총』(서울: 연세대학교, 1971), p. 157.

로 해결하는 데 한계가 있다.

셋째, 교육의 과정문제로서 성적이 좋지 못해 상급학교에 진학이 어려운 학생들은 심한 좌절을 겪게 되고 삶의 의미를 잃게 된다. 특히 이들 학생들은 탈선하기도 하고 심할 때는 적응장애를 일으키기도 한다.

### 4) 사회적 부적응

인간의 교육은 학교와 가정 외에 사회환경 속에서도 이루어진다. 즉, 사회를 통해서 인간이 된다는 말은 사회의 교육적 기능이 얼마나 중요한가를 말해 주고 있다. 우리 사회가 안고 있는 문제는 너무나 복잡하고 다양하다. 그 중에서도 도시화의 물결, 기계문명의 발달, 가치관의 변화 등이 가장 큰 문제요인이라 할 수 있다. 그리고 매스컴의 무서운 영향력도 부적응행동에 간과할 수 없는 요인으로 볼 수 있다.

오늘날 산업사회의 현실에서 중·고등학생들은 도시의 우범지역, 빈민지역, 환락가 등 유해한 거주환경에 접하고 있다. 이와 같은 주변환경은 학생들에게 나쁜 영향을 미칠 수 있는 반교육적 형태와 도시 슬럼지역에 산재해 있는 하층민의 생활에 영향을 미치고 있다. 예컨대, 청소년의 부적응행동인 싸움, 음주, 폭력, 나태 등이 유해한 환경의 요인에 의해 나타나고 있다. 또한 경제발전에 따른 산업화, 근대화, 도시화는 물질만능주의, 능률주의, 기계주의 등으로 비인간화 현상을 초래하고 있다.[5]

## 3. 학교사회복지의 모델

학교사회복지의 모델은 학생들이 직면한 문제의 성격을 규명하는 시각

5) 정우식, 『청소년 문제, 그 실상과 대책』(서울: 삼성출판사, 1986), p. 152.

차이에 따라 다양한 개입목적과 기술, 사회복지사의 활동, 접근방법 등을 포함하고 있다. 이에 따라 학교사회복지의 모델을 몇 가지 제시하면 다음과 같다.[6]

### 1) 전통개입모델

전통개입모델은 정신분석학, 자아심리학, 개별사회사업 등에 그 이론적 근거를 두고 있다. 이 모델의 기본가정은 학생이나 가족은 역기능적이며 어려움을 겪고 있다는 것이다. 학생의 정서적, 정신적 문제들의 원인은 다른 사회환경적 요소보다는 가족에게 있다고 보며, 즉, 부모-자녀 사이의 갈등에서 기인한다고 보고 있다. 특히 학교에서의 적응과 학업성취에 장애가 되는 사회적, 정서적 문제를 가지고 있다고 확인된 개별학생에게 초점을 두며, 학업장애의 원인이 되는 학생과 가족의 사회적, 정서적 특성에 관심을 두고 있다.

이 모델은 학생의 행동을 수정하거나 학생이나 부모의 특성을 변화시킴으로써 학생이 학교에 적응하고 학습기회를 효과적으로 활용할 수 있도록 돕고 있다. 따라서 학교사회복지사는 주로 학생과 가족에게 개별사회사업을 제공하는 동시에 집단적으로 개입하기도 한다. 또한 이들은 주로 학생이나 가족에 대해 가능자(enabler), 지지자(supporter), 자문가(consultant) 등의 역할을 수행하고 있다.

### 2) 학교변화모델

학교변화모델은 일탈이론과 조직이론에 그 이론적 바탕을 두고 있다. 이 모델은 학교제도 자체가 학생의 학교부적응과 학업미성취의 원인이 된다고

---

6) 한인영 외, 『학교와 사회복지』(서울: 학문사, 1997), pp. 132-145, 요약정리.

보는 관점이다. 이는 학교에 관련된 모든 사람과 하위집단을 포함한 총체로 서의 학교를 표적집단으로 보고 있다. 예컨대, 학생, 교사, 교장, 교감, 서무 직원 등을 비롯한 모든 사람이 표적이 될 수 있다.

이 모델은 역기능적인 학교의 규범과 상태를 변화시키는 데 개입의 목적을 두며, 역기능적인 학교의 규범과 조건을 확인하여 학생의 학업미성취의 원인이 되는 제도를 변화시킨다. 이 모델을 '제도적 변화모델'이라고도 부른다. 따라서 학교사회복지사는 교장, 교감, 교사 등이 학생의 학습과 학교적응을 저해하는 학교의 조건을 변화시키도록 돕고, 학생과 가족이 역기능적 역할을 제거할 수 있도록 학생과 가족에게 집단지도를 실시하고 있다. 이들은 주로 대변자(advocator), 협상자(negotiator), 자문가(consultant), 중재자 (broker) 등의 역할을 수행하고 있다.

### 3) 지역사회모델

지역사회모델은 지역사회조직이론, 일반조직이론, 체계이론, 의사소통이론 등에 근거를 두고 있다. 이 모델은 학생의 문제원인이 빈곤을 포함한 지역사회의 사회적 조건과 문화적 차이에 대한 학교의 이해부족에 기인한다고 본다. 특히 지역사회모델은 학교의 목표와 규범의 측면에서 볼 때, 학교에 대한 이해와 신뢰가 적은 취약지역에 대해 지역사회에서의 학교역할을 설명하고, 학교직원들에게 지역사회의 역동성과 학교에 영향을 미치는 사회적 요소를 설명하는 데 초점을 두고 있다.

이 모델은 지역사회가 학교의 역할을 이해하고 지지하며, 학교가 이런 취약지역의 학생을 위한 프로그램을 개발할 수 있도록 돕는 것을 목적으로 한다. 따라서 학교사회복지사는 학교직원들에게 지역사회의 역동성과 사회적 요소를 설명하고, 혜택받지 못한 학생을 돕는 학교 프로그램을 개발한다. 특히 학생의 어려움을 야기하는 결핍환경을 시정하는 등 주로 중재자(broker),

대변자(advocater), 원외원조자(outreach worker) 등의 역할을 수행하고 있다.

### 4) 상호작용모델

상호작용모델은 체계이론, 집단사회사업이론, 의사소통이론 등에 기초를 두고 있다. 이는 문제의 원인이 개인과 다양한 체계가 서로 의사소통하고 상호작용하기 위해 행하는 사회적 상호작용에 어려움이 있다고 본다. 상호작용모델은 학교, 학생, 지역사회 간의 상호작용, 특히 역기능적 관계성과 이들 사이에서 일어나는 상호교류의 종류와 질에 관심을 갖고 있다. 이는 대상체계에 대한 옹호보다 조정에 더 초점을 두고 있다.

이 모델은 학교, 학생, 지역사회 간의 기능적 상호작용을 방해하는 장애를 확인하고 체계들 간의 역기능적인 상호작용 유형에 변화를 준다. 따라서 학교사회복지사는 학교, 학생, 지역사회가 공통적인 근거를 확인하고 인식하도록 도우며, 서로의 의사소통을 향상시키고 상호협조체계를 형성할 수 있도록 돕는다. 이 과정에서 학교사회복지사는 개인, 집단, 지역사회 등과 직접적인 활동으로서 중재자(broker), 자문가(consultant), 조력자(helper) 등의 역할을 수행하고 있다.

### 5) 삼자관계모델

삼자관계모델은 학생집단 성원의 사회적 행동이 학교와 지역사회의 상황에서 역기능적인 상호작용에 접근하는 통합적 이론에 근거를 두고 있다. 이는 미국 일리노이 대학교의 애덤스(Jane Addams)가 1970년대 초 학생서비스에 변화를 초래하기 위해 사회사업대학에서 수행하였던 3년 동안의 시범훈련 프로젝트를 개발한 실천모델이다. 이 모델은 '학교-지역사회-학생' 관계로서 학교와 지역사회의 결함과 학생들이 생활주기상의 다양한 스트레스 시점에 있을 때, 학생집단의 특성과 상호작용하는 특정체계의 특성에 초점을 둔다.

이 모델은 표적학생집단이 갖는 스트레스를 완화시킬 수 있도록 '학교-지역사회-학생' 관계체계에 변화를 주면서 학생집단이 학습기회를 더 효과적으로 활용할 수 있도록 원조하는 데 있다. 따라서 학교사회복지사는 여러 분야에 걸친 학생에 관한 전문가들의 팀을 구성하는 것이 중요하다. 그리고 전문적 정보를 제공하거나 특정 과업을 수행하는 성원을 협력시킬 수 있어야 한다. 특히 학교사회복지사는 전반적인 서비스계획을 책임지며, 팀의 활동에 대한 공식적 책임을 갖고 솔선하는 전문가(expert)의 역할을 수행하고 있다.

## 4. 학교사회복지의 과제

현존 교육현장은 과밀학급, 열악한 환경, 획일화된 입시위주의 교육 등에 의해 학생 개인의 가치가 존중받지 못하고 있는 실정이다. 즉, 학교생활에 적응하지 못한 일부 학생은 학습부진, 일탈행동, 학업중단 등과 같은 심각한 학교부적응현상을 나타내고 있다. 이에 대한 일선학교의 대책은 매우 미흡하며 효과적이지 못한 것이 사실이다.

우리나라 학교사회복지제도는 피교육자인 학교와 학생 중심이 아닌 교육자 중심의 발상과 제도 자체에 대한 이해부족으로 올바른 학교사회복지의 첫발을 내딛지 못하고 있는 형편이다. 이에 따라 현실적으로 요구되는 학교사회복지의 과제를 몇 가지 제시하면 다음과 같다.

첫째, 학교사회복지는 제도적 측면에서 학교사회복지의 정의가 정확히 확립되어야 하고, 학교사회복지사의 신분과 자격이 명확히 규정되어야 한다. 따라서 학교사회복지사를 통해 학생들이 양질의 사회복지서비스를 제공받을 수 있도록 하여야 하고, 학교사회복지사는 학교라는 장(setting) 안에서 그들과 팀원으로 활동하여야 한다.

둘째, 학교사회복지는 서비스 대상을 전 학생으로 확대해야 한다. 즉, 이들에 대한 학교생활 부적응의 원인을 발견하고 근본적인 해결을 모색해야 한다. 그리고 잠재적 부적응의 가능성을 지니고 있는 학생들을 대상으로 예방과 치료의 역할을 모두 담당할 수 있어야 한다.

셋째, 학교사회복지는 실천활동을 위해서 절대적으로 부족한 학교사회복지사의 양성이 필요하다. 이를 위해 사회복지계는 전문가 확보와 교육훈련에 총력을 기울여야 한다. 그리고 학교사회복지의 기본개념이 적용되는 올바른 제도가 단기간에 정착될 수 있도록 해야 한다.

## 제2절 교정복지

### 1. 교정복지의 정의

교정복지(correctional welfare)는 사회복지의 실천으로서 범죄인의 교화를 위한 전문분야의 개입을 말한다. 이것은 범죄인의 교정과 교화를 위한 특정적인 한 분야의 활동뿐만 아니라 범죄예방의 차원에서 각 분야의 전문인력이 협력하여 이루어지는 포괄적인 활동이라 할 수 있다. 그리고 교정복지는 사회적응에 실패한 범죄자의 갱생을 위해 도와주는 서비스다. 즉, 범법행위로 교정시설에 수용되어 있거나 퇴원 및 퇴소된 수형자의 반도덕성, 반사회성을 자주적으로 극복하고, 사회적 적응능력을 배양시켜 재범을 방지하며, 원만한 사회복귀를 돕는 사회복지적 처우와 조직적 서비스의 지원활동을 의미한다.

따라서 교정복지란 개별사회사업, 집단사회사업, 지역사회사업 등과 같은 기존의 사회복지방법론을 활용하여 범죄인이나 비행청소년이 심리적, 사회적으로 가장 편안한 상태를 유지하면서 사회에 적응할 수 있도록 원조하는 것을 의미한다. 즉, 교정복지는 사회를 범죄자들로부터 보호하는 동시에 범죄자들의 사회재활을 도와주는 것을 목적으로 하고 있다. 이에 교정사회복지사는 사회복지에 관한 전문적인 지식과 기술을 익혀야 하고, 특히 범죄인과 비행청소년에 대한 일반적인 상황과 국가정책 등을 필수적으로 이해하고 있어야 한다.

## 2. 청소년비행과 교정복지

### 1) 청소년비행의 의미

청소년비행은 형벌법령에 저촉되는 행위를 하였거나 형벌법령에 저촉될 행위를 할 우려가 있는 12세 이상 20세 미만인 범죄소년, 촉법소년, 우범소년 등의 비행을 말한다. 따라서 비행소년을 구분하여 제시하면 다음과 같다.

첫째, 범죄소년은 14세 이상 20세 미만의 소년으로서 형벌법령에 저촉되는 행위를 한 자를 말한다.

둘째, 촉법소년은 12세 이상 14세 미만의 소년으로서 소년법에 저촉되는 행위를 한 자를 말한다.

셋째, 우범소년은 12세 이상 20세 미만의 소년으로 정당한 이유 없이 가정에서 이탈하거나 장래 범법할 우려가 있는 자를 말한다.

넷째, 불량소년은 20세 미만의 소년으로서 음주, 흡연, 흉기소지, 폭력성 등으로 타인에게 해를 가하는 풍기문란 행위자를 말한다.

### 2) 청소년비행의 특징

청소년비행의 특징은 사전계획이 없는 즉흥적 성격을 띠고 있으며, 집단성을 나타내고 있다. 특히 기성세대의 권위에 대한 반항심으로 노골적인 공격성을 나타내며, 폭력을 행사하는 범행으로 최소한의 목적달성 이상으로 살상까지 행하는 과잉성을 띠고 있다. 청소년비행의 특징을 재산범, 조폭범, 강력범, 과실범 등으로 구분하여 제시하면 다음과 같다.[7]

첫째, 재산범은 절도, 사기, 횡령, 장물 등의 범법행위로서 재산법의 범주에 속하는 법률위반자를 말한다.

둘째, 조폭범은 폭행, 상해, 공갈, 협박 등과 특별법 중 폭력행위 등의 처벌에 관한 법률위반자를 말한다.

셋째, 강력범은 살인, 강도, 방화, 강간과 미성년자 약취유인 등 강력범의 범주에 속하는 법률위반자를 말한다.

넷째, 과실범은 고의 없는 부주의에서 기인된 범법행위로 과실치사상과 업무상 과실치사상 등의 법률위반자를 말한다.

### 3) 청소년비행의 원인

청소년비행의 발생원인으로 사회와 가족구조의 급격한 변화, 가치관의 변화, 교육제도의 부재 등을 들 수 있다. 특히 물질만능주의, 성공제일주의, 인명경시풍조, 입시위주의 학교교육및 가족교육의 부재 등이 청소년비행의 원인이 되고 있다. 이에 청소년비행의 원인을 몇 가지 제시하면 다음과 같다.

첫째, 가치관 문제로서 청소년 자신이 삶의 과정을 통해 국가발전에 기여하는 훌륭한 사람이 되겠다는 이상과 가치관을 가지고 있는 것이 아니라, 스스로 자기혐오와 무력감에 사로잡혀 비하적인 자아상을 가질수록 비행의 가

---

7) 전재일 외, 『사회복지론』(서울: 형성출판사, 1996), p. 312.

능성이 높아진다.

둘째, 정서적 문제로서 청소년기에는 동년배와의 긴밀한 교류를 통해 심리적·정서적 안정을 취하기를 원한다. 이 시기에 비행문화를 가진 동년배와의 교류는 미성숙한 정서적 문제를 가진 청소년에게 비행의 가능성을 내재시킨다.

셋째, 불안정 문제로서 청소년들은 다양한 요인으로 학업을 중단·포기하거나 가출하게 된다. 청소년기의 과업을 달성하지 못한 청소년들은 다양한 요인에 의해 불안정한 상태에 놓이게 되는 불안정한 상황이 비행을 촉발하게 된다.

## 3. 교정시설의 종류

### 1) 소년분류심사원

소년분류심사원(juvenile classification home)은 법무부 소속기관으로 각 분야의 전문지식과 기술에 근거하여 비행소년을 분류하고 심사하는 교정시설이다. 주요역할은 소년비행의 개별적인 요인을 해명하고 소년비행을 조기 발견하여 치료하며, 그들의 동향에 관한 실증적 자료를 제공해 주는 것이다. 특히 비행소년의 재비행 위험성과 요보호성 여부를 판별하여 법원소년부에 소년보호사건 심사자료를 제공하고 있다.

소년분류심사원의 감별은 「소년법」 및 「보호소년 등의 처우에 관한 법률」에 따라 ① 법원소년부로부터 위탁된 소년을 수용하여 그 자질을 감별하는 '수용감별', ② 가정, 학교, 사회단체 등에서 의뢰한 문제소년을 대상으로 감별하는 '외래감별' 등이 있다. 그리고 감별의 방법은 '일반감별'과 '특수감별'로 구분하고 있다.

### 2) 소년원

소년원(reform school)은 법무부 소속의 특별 교육시설로 분류되고 있다. 소년원은 가정법원과 각 지방법원 소년부의 보호처분에 의하여 송치된 범죄소년, 촉법소년, 우범소년 등 비행소년을 수용하여 교정교육을 실시하는 교정시설이다. 소년원은 사법적 기능보다 교육적 기능을 중시하며 기초적인 교육훈련과 의료 및 직업보도를 행하여 비행소년의 성격과 품행의 건전한 발달을 도모하고 있다. 특히 이들에게 자주적인 생활능력과 민주시민으로서의 자질을 갖추도록 하는 데 초점을 두고 있다.

소년원을 통해 실시하는 교육내용은 입원자교육, 기본교육, 사회복귀교육의 세 단계로 이루어지고 있다. 소년원생들의 수용기간은 1회 입원소년이 6개월에서 8개월이고, 2회 입원소년이 10개월 이상으로 되어 있다. 소년원생은 23세까지 수용되지만, 개전의 정이 현저하여 충분히 교정되었다고 인정되면 소년원장이 법무부 장관의 허가를 얻어 가퇴원시킬 수 있다.

### 3) 소년교도소

소년교도소(juvenile prison)는 형사처분을 받은 소년범죄자와 성인범죄자를 분리하고 처분하기 위해 설립된 교정시설을 말한다. 소년교도소에 수용된 자는 성년이 되면 일반교도소로 이송하여 수용하고 있다. 여자수형자는 별도의 시설이 없으므로 일반교도소에서 분리 수용하고 있다. 이에 소년교도소에서 실시하는 교정교육의 내용은 학과교육, 직업훈련, 정서교육, 소년단활동 등이 있다.[8] 그리고 비행소년의 선도를 위한 두 종류의 위원제도는 다음과 같다.

---

8) 전재일 외, 전게서, pp. 319-320, 요약정리.

첫째, 교화위원제도는 비행소년의 교화를 위해 외부인사 중 사회복지사, 교육자, 종교인, 법조인, 언론인, 실업가 등을 교화위원으로 위촉하고, 수형자의 상담, 고충처리, 생활계획의 지도, 각종 교화활동 등을 지원하고 있다.

둘째, 종교위원제도는 비행소년의 재범방지를 위해 종교위원들이 종교귀의에 의한 올바른 신앙생활로 교화하고 있다. 이는 덕망 있는 종교인을 종교위원으로 위촉하여 재소자가 출소한 후에도 신앙생활이 계속 유지되도록 지도하고 있다.

## 4. 교정복지의 과제

최근 교정복지는 비행청소년의 재활을 위한 한 방안으로 범죄인의 재활을 위해 보다 과학적인 재활방안이 요구되고 있는 추세다. 특히 비행청소년의 교정사업은 미래를 위해 더욱 중요한 사회복지사업 중 하나다. 이에 교정복지의 발전을 위해 수행해야 할 몇 가지 과제를 제시하면 다음과 같다.

첫째, 교정사회복지사의 활동을 위한 제도적 개선이 필요하다. 사회복지를 전공한 전문인력이 교정현장에 근무할 수 있도록 제도적인 개선이 전제되어야 한다. 새로운 제도의 개선이나 마련은 국가적인 차원에서 결코 쉬운 일이 아니다. 법무부의 교화직이나 분류심사직 공무원과 협력할 수 있도록 사회복지전공자를 투입할 수 있으며, 이들에게 사회복지와 관련된 전문지식을 교육시켜 활동하도록 배려해야 한다.

둘째, 교정복지에 대한 교육과 연구의 활성화가 필요하다. 현재 사회복지학과를 설치한 대부분의 대학이 교정복지 과목의 개설에 미온적이다. 이는 교정복지 분야가 다른 분야에 비해 큰 매력이 없다는 판단하에 무관심한 실정이며, 이 분야의 현장활동이 소극적이다 보니 연구하는 인력이 극소수에 불과하다. 따라서 교정복지 분야의 성실한 연구와 교육이 현장과 대학의 협력으로 이루어져야 한다.

셋째, 교정복지에 대한 국민적 홍보가 필요하다. 교정복지의 발전을 위하여 지역사회의 참여가 요구되는 바, 교정당국에서 주창하는 '교정의 사회화'가 행동으로 옮겨져 모든 국민이 참여할 수 있도록 유도해야 한다. 이를 위해 교정복지에 대한 시민강좌, 시민운동 등과 사업이 전개되어야 한다. 그리고 비행청소년의 가족도 활동에 동참하도록 유도하여 그들의 사기앙양을 도모할 필요가 있다. 따라서 교정현장의 개방을 통해 청소년 범죄에 대한 사회적 관심을 높여 주고 이들의 교정재활에 우리 모두가 일조해야 한다.

# 제3절 정신보건사회복지

## 1. 정신보건사회복지의 정의

정신보건사회복지(social work in mental health)는 각국의 활동영역이나 실천기술 및 내용이 다르며, 사회문화적 여건에 따라 어느 정도 차이가 있다. 정신보건은 '개인이 주어진 환경에서 충분하고 가장 잘 적응하는 것'을 의미하고 있다.[9] 정신보건의 협의의 개념으로 볼 때 정신장애(mental disorder)가 없는 상태를 말한다. 이에 정신보건사회복지란 정신장애를 가진 사람들이 환경에 적절히 적응할 수 있도록 인간과 환경의 관계에 개입하는 모든 것을 포함한다고 볼 수 있다.

오키프(O'Keefe)는 정신보건사회복지를 '정신보건기관이나 정신위생프로그램에서 이루어지는 서비스이며, 지역사회 내의 정신위생을 향상시키는 사업과 정신적 · 정서적 장애(mental and emotional disturbance)가 있는 자에게

---

9) M. Mead, "Introduction to Optimun Mental Health", in A. Deutsch eds., *The Encyclopedia of Mental Health*, vol.1 (New York: Watts, 1963), p. 7.

봉사하는 것'이라고 하였다.[10] 그리고 핑크(A. Fink)는 정신보건사회복지를 '정서적이고 정신적인 장애가 있는 환자에 대해 직접적이고 책임성 있는 정신의학자에 의해 병원이나 진료소 등에서 실시하는 개별사회사업'이라고 정의하였다.[11] 따라서 정신보건사회복지를 정신적·정서적 장애로 어려움을 겪고 있는 사람들의 치료와 재활문제에 대한 조기개입과 예방을 위한 전반적인 사회복지 접근방법이라고 정의할 수 있다.

## 2. 정신보건사회복지의 기능

### 1) 입원환자의 서비스

병원에 입원한 정신질환자는 그 증세가 매우 심한 상태에 놓여 있다. 정신질환자를 전문적으로 치료하는 병원은 국립정신병원, 사립정신병원 등이 있으며, 이들 병원은 종합병원의 정신과, 정신과 전문병원, 정신과 의원의 세 가지로 분류할 수 있다. 따라서 병원에 입원한 클라이언트의 서비스 내용을 제시하면 다음과 같다.[12] ① 가족에게 병원시설과 프로그램을 설명해 준다. ② 병원에 입원하면서 발생하게 되는 가족문제에 도움을 준다. ③ 정신질환과 관련하여 가족이 갖는 불안을 경감시켜 준다. ④ 치료절차를 가족에게 설명하고 협력을 요청한다. ⑤ 개인력과 가족력을 세밀하게 조사한다. ⑥ 개별치료, 정신요법, 집단치료 등을 실시한다. ⑦ 치료 후 퇴원계획을 준비하고 돕는다.

---

10) D. O'Keefe, "Psychiatric Social Work", in R. Kurtz eds., *Social Work Year Book* (New York: National Association of Social Workers, 1960), pp. 451-460.

11) A. Fink, *The Field of Social Work* (New York: Holt, Rinehart & Winston Inc., 1949), p. 252.

12) 김기태 외, 『사회복지의 이해』(서울: 박영사, 1999), pp. 263-264, 참조.

## 2) 외래환자의 서비스

외래환자의 서비스 기능은 정신요법, 집단치료 등을 실시하며, 환자를 지역사회 내의 다른 자원과 연결시켜 주는 것이다. 또한 외래환자를 위하여 가족구성원, 고용주, 환자와 중요한 관계를 맺고 있는 다른 사람들의 태도를 수정하도록 원조하는 기능을 하고 있다. 외래환자의 치료를 위해 면접실에서 면접을 할 뿐만 아니라 필요한 경우 가정, 학교, 직장 등을 방문하기도 한다.

따라서 외래환자에 대한 전반적인 프로그램에 중요한 기여를 하기 위해서는 우선 환자의 사회력, 가족력, 직업력 등에 대한 정보를 수집한다. 즉, 외래환자에 속하는 사람들은 주로 정신질환자, 약물 및 알코올중독자, 신경증적 비행자, 학교부적응 학생, 행동문제자, 가족 간의 갈등자, 생활위기에 직면한 자 등이다.[13] 그리고 외래환자의 특성은 다양하므로 환자의 상황에 따라 적절한 치료방법을 사용해야 하며, 가족 간이나 동료 간의 올바른 인간관계의 형성과 지역사회의 기능력을 갖도록 원조기능을 해야 한다.

## 3) 시간제입원의 서비스

시간제입원의 서비스는 병원과 외래환자서비스의 중간에 속하는 것으로 하루에 몇 시간 정도의 치료를 받고 가정이나 직장에서 일정한 활동을 하는 것을 말한다. 즉, 환자가 낮 동안에는 병원에서 몇 시간 동안 오락요법, 작업요법, 개별치료, 집단치료 등을 받지만, 저녁에는 가족과 함께 집에서 생활을 하고 있다. 이에 따라 밤병원의 경우 낮 동안에 환자가 학교 혹은 직장에서 활동을 하고 밤에는 병원에 와서 치료프로그램에 참여하는 것을 말한다.[14]

시간제 입원서비스의 기능은 환자의 개인력조사, 프로그램에 대한 오리

---

13) 상게서, p. 464, 참조.
14) 김기태 외, 전게서, p. 465, 참조.

엔테이션, 치료목표의 설정 등을 포함한 인테이크업무, 개별치료, 집단치료, 가족치료, 퇴원계획 등을 겸한 사후서비스를 실시하는 것이다. 그러나 입원 환자에게 직접적 서비스를 제공할 경우에 주의해야 할 것은 환자가 적응력이 약하다는 사실이다. 따라서 환자에게 개별적인 서비스를 제공하고 구체적인 대처기술을 가르치며 가족구성원의 치료에 의한 환경조성에 많은 노력이 요구되고 있다.

## 3. 정신보건사회복지의 접근방법

### 1) 개별적인 접근방법[15]

#### (1) 개별적 약물치료

개별적 약물치료는 환자의 정신장애를 치료하기 위해 항정신적 약물(anti-psychotic drugs)을 이용하는 방법이다. 이러한 약물치료는 정신장애인의 뇌에 작용하여 정신기능과 행동에 영향을 미치는데, 특히 망상, 환각, 공격성, 긴장, 흥분 등 양성증상에 긍정적인 효과를 주고 있다. 따라서 약물치료를 직접 시행하면서 약물복용의 필요성과 약물의 부작용에 대해 정신장애인과 가족을 교육하고 상담도 병행해야 한다.

#### (2) 심리사회적 사정

심리사회적 사정은 개별적 면담과 마찬가지로 비밀보장과 공감적 태도로 문제해결에 접근하는 방법이다. 환자를 심리사회적으로 이해하고 돕는 계획을 세우는 과정, 즉 정신장애인에 관련된 자료를 수집하고 분석하여 해석하면서 개입계획을 세우는 것은 중요하다. 그리고 개별적인 면담을 통해 환자

---

15) 박경일 외, 『사회복지학강의』 (파주: 양서원, 2001), pp. 374-375, 참조.

의 욕구와 관련 정보를 얻는 동시에 정신장애인의 사고와 감정을 이해하고 갈등해소에 도움을 주어야 한다.

### (3) 일상적 기술훈련

일상적 기술훈련은 만성정신장애인이 장기적인 질병과 계속되는 입원, 재입원 등으로 기본적인 일상생활을 유지시키는 기술이다. 대부분 환자의 정신질환이 회복된다 하더라도 일반인에게 거부감을 주어 사회적 통합이 어려워질 수 있다. 따라서 만성정신장애인은 일상생활기술훈련에 참여하여 스스로 문제해결에 임하도록 해야 한다. 특히 행동주의 혹은 사회학습론에 입각하여 일상생활에 필요한 기술을 습득할 수 있도록 가르치고, 긍정적 행동에 강화를 주도록 접근해야 한다.

## 2) 집단적인 접근방법[16]

### (1) 집단적 자조활동

정신장애인에게 집단활동은 치료적 활동을 통해 그들의 창조성, 적극성, 자발성 등을 키워 주고, 사회적 고립으로부터 타인과 어울릴 수 있도록 도와주는 치료프로그램을 말한다. 따라서 환자는 유사한 문제를 가진 사람들끼리 자발적으로 서로를 이해하고 문제대처방식을 배우며, 변화동기를 부여하기 위해 자조활동에 참여하도록 해야 한다. 즉, 알코올중독자들이 익명금주동맹(AA)을 조직하여 스스로 금주의지를 도와주는 프로그램이 필요하다.

### (2) 가족적 치료개입

정신장애인의 재활이 강조되면서 가족은 이들을 돌보는 과정에서 발생하

---

16) 박경일 외, 전게서, pp.375-376, 참조.

는 많은 문제에 어떻게 대처해야 할지 당황하게 된다. 그러므로 가족적 치료 개입은 가족에게 정신장애를 이해시키고 문제상황에 대처하며 환자와 대화할 수 있도록 유도하여야 한다. 궁극적으로는 정신장애인의 사회적 재활을 돕고자 하는 목적에서 모든 가족이 상호역동적인 협력과 이해를 통해 접근하는 노력이 필요하다.

### (3) 사회적 기술훈련

사회기술훈련(social skill training)은 환자의 문제의식에서 출발하여 정신장애인 각자의 사회적 기술수준을 사정하고 훈련하는 것을 말한다. 정신장애인은 정신장애가 만성화될수록 사회적 기능을 상실하게 된다. 이러한 사회적 기술의 부족은 점차 정신장애인을 사회적으로 불리한 상태에 놓이게 하여 사회적 재활을 더욱 어렵게 만들고 있다. 따라서 집단구성원에게 사회기술훈련을 소개하고 상황을 설정하여 역할극, 모델제시, 성원 간의 피드백을 통해 필요한 사회기술을 훈련시켜야 한다.

## 3) 지역사회 접근방법[17]

### (1) 부분입원과 주간보호

부분입원과 주간보호는 정신장애인이 장기간의 입원생활에서 벗어나 지역사회로 돌아가고자 할 때, 그들의 사회적 기능을 향상시켜 지역사회 적응을 준비시켜 주는 중간단계를 말한다. 따라서 환자들은 낮병원, 밤병원과 같이 병원 중심의 부분입원과 지역사회정신건강센터나 기타 사회복귀시설에서의 주간보호프로그램 등을 활용해야 한다.

---

17) 박경일 외, 전게서, pp. 376-377, 참조.

### (2) 사례관리

사례관리(case management)는 복합적인 욕구를 가진 정신장애인에게 통합적으로 서비스를 제공하는 것을 말한다. 즉, 정신장애인의 욕구를 만족시킬 수 있도록 지역사회의 다양한 서비스를 통합하는 프로그램이다. 따라서 사례관리는 각각의 서비스가 개인적 욕구에 맞게 연계성을 가지고 제공되며 개입의 효과성을 높이도록 해야 한다. 또한 클라이언트의 문제해결, 기술교육, 정보제공 등과 같은 미시적 개입부터 옹호서비스, 조정 및 연결서비스, 자원의 개발 등과 같은 거시적 개입에 이르기까지 모든 개입수준을 포함되어야 한다.

### (3) 직업재활

직업재활은 정신장애인에게 일을 통하여 자아존중감과 자아개념을 높여 주고 광범위한 사회적 기술을 활용할 수 있도록 원조하는 서비스를 말한다. 따라서 직업재활은 이들에게 정신과적 증상을 경감시켜 주기 때문에 매우 중요한 프로그램으로서, 스스로 자활의지를 가지고 직업재활에 참여할 수 있도록 삶의 의미적 동기를 부여해야 한다.

## 4. 정신보건사회복지의 과제

정신보건사회복지는 환자의 정신질환 치료에 대한 목표가 그들의 정신적, 정서적 고통으로부터 건강회복과 사회적응에 기여하는 데 있다. 따라서 정신보건사회복지의 활성화를 위한 몇 가지 과제를 제시하면 다음과 같다.

첫째, 정신과 치료팀과의 협력방안이 필요하다. 정신과 환자의 정확한 진단을 내리기 위해서는 환자 개인과 그 가족력 및 사회력에 관한 올바른 정보수집이 요구된다. 따라서 정신보건사회복지사는 사회복지실천의 지식과 기술, 경험 등을 통하여 환자의 가족력과 사회환경을 조사하고 파악하여 역동적 팀 접근에 일조해야 한다.

둘째, 정신과 병원의 프로그램 개발이 필요하다. 정신과 병원 및 시설은 치료공동체 운영, 집단치료프로그램 운영, 자원봉사자 활용, 정신과환자 진료계획 등 다양한 프로그램의 운영방침을 현실성있게 세울 필요가 있다. 따라서 정신보건사회복지사는 다양한 프로그램을 통하여 환자들에게 동기, 능력, 기회 등을 부여함으로써, 이들의 잠재능력의 계발과 재사회화의 기능향상으로 사회복지를 잘할 수 있도록 원조해야 한다.

셋째, 지역사회자원의 연결망 구축이 필요하다. 정신과 병원과 시설은 환자 치료의 프로그램에 유익한 지역사회자원인 자원봉사자, 치료레크리에이션, 도자기공예활동 등과 연결이 가능하도록 해야 한다. 특히 환자의 지속적인 서비스를 위해 낮병원과의 업무연결, 퇴원 후 지역 내의 자조집단 연결, 사회기관과 재활훈련 연결, 직업재활을 위한 작업장 연결, 집단거주시설 연결 등이 구축되어야 한다.

넷째, 교육프로그램의 활성화가 필요하다. 정신보건과 관련된 홍보 및 교육프로그램을 개발하여 환자와 그 가족에게 적합한 교육이 이루어져야 한다. 특히 환자가족에 대한 교육과 자문, 지역주민의 정신건강에 대한 홍보와 의욕고취를 위해 교육참여를 유도해야 한다. 그리고 회복기에 있는 정신질환자의 재활을 위한 의식조사, 정신보건재활 프로그램개발, 정신보건시설 확장 등의 활용방안이 이루어져야 한다.

생각해 볼 문제

1. 학생들의 부적응문제 네 가지 차원을 제시하시오.

2. 학교사회복지의 실천모델 다섯 가지를 제시하시오.

3. 교정시설의 종류 세 가지를 제시하시오.

4. 교정복지의 과제를 설명하시오.

5. 정신보건사회복지의 기능 세 가지를 제시하시오.

6. 정신보건사회복지의 접근방법을 설명하시오.

# 참고문헌

곽효문, 산업복지론, 서울: 제일법규, 1997.

권육상, 사회복지실천론, 서울: 학문사, 1999.

김규수, 의료사회복지론, 서울: 형설출판사, 1986.

김기태 외, 사회복지의 이해, 서울: 박영사, 1999.

김덕준 외, 신사회사업개론, 서울: 한국사회복지연구소, 1970.

김만두, 현대사회복지총론, 서울: 홍익재, 1982.

김만두 · 한혜경, 현대사회복지개론, 서울: 홍익재, 1993.

김상규 외, 사회복지론, 서울: 형설출판사, 1990.

김상균, 현대사회와 사회정책, 서울: 서울대학교출판부, 1987.

김연옥 · 최혜경 역, 사회사업면접의 이론과 사례, 서울: 한울아카데미, 1994.

김영모 외, 현대사회복지론, 서울: 한국복지정책연구소출판부, 1982.

김영모, 한국사회복지론, 서울: 경문사, 1978.

김영모, 현대사회문제론, 서울: 한국복지정책연구소출판부, 1982.

김영호, 자원복지의 이론과 실제, 서울: 홍익재, 1989.

김정순, 노인복지학, 서울: 이우출판사, 1981.

김종일, "한국사회복지정책의 흐름과 논리", 동향과 전망, 서울: 한국사회연구소, 1993.

남기민, 사회복지정책론, 서울: 학지사, 2004.

남세진 · 최성재, 사회복지조사방법론, 서울: 서울대학교출판부, 1990.

대구대학교 사회복지연구소 편, 사회복지사전, 서울: 경진사, 1985.

문병주, 지방자치와 지역사회복지사업, 서울: 그린파스츄어, 1991.

민주쟁취국민운동본부 편, 지방자치제란 무엇인가, 서울: 중원문화, 1988.

박경일 외, 사회복지학강의, 파주: 양서원, 2001.

박옥희, 장애인복지의 이론과 실제, 서울: 학문사, 1998.

방희덕, "지방자치제 실시와 지역사회복지", 사회복지(제33권 2호), 서울: 한국사회복지
        협의회, 1987.

보건복지부, 노인보건복지 국고보조사업, 2001.

보건복지부, 재가복지센터 설치운영지침, 서울: 보건복지부 자립지원과, 1992.

성규탁 역, 사회복지행정조직론, 서울: 박영사, 1985.

성규탁, 사회복지행정론, 파주: 법문사, 1993.

성진숙 외 역, 사회복지조사방법론, 파주: 나남출판사, 1998.

송근원 · 김태성, 사회복지정책론, 파주: 나남출판사, 1995.

송성자, 가족관계와 가족치료, 서울: 홍익재, 1987.

송정부 역, 사회복지, 서울: 대영문화사, 1992.

송정부 역, 사회복지학, 서울: 학문사, 1980.

신두범, 행정학원론, 서울: 유풍출판사, 1980.

신중섭 외, 각국의 사회보장, 서울: 유풍출판사, 1986.

아산사회복지사업재단, 장애자복지편람, 서울: 아산사회복지사업재단, 1981.

안해균, 정책학원론, 서울: 다산출판사, 1990.

어윤배, 사회정책의 이론과 과제, 서울: 숭실대학교출판부, 1996.

염홍철, 종속이론, 파주: 법문사, 1981.

우재현 편저, 산업복지개론, 서울: 경진사, 1990.

윤성진, "지역복지의 발전방향에 관한 연구", 지역복지정책 (제5집), 서울: 한국지역복지
        정책학회, 1991.

이선우 · 전하성, 청소년복지론, 서울: 홍문당, 1985.

이수종, "청소년지도방향과 대책", 문교행정 (제4호), 1982.

이인정 · 최해경, 인간행동과 사회환경, 파주: 나남출판사, 1995.

이준우 편, 장애인과 지역사회, 서울: 한국밀알선교단출판부, 1999.

이혜경, "비교사회복지학의 이론적 모델연구", 사회사업학회지 (제4호), 서울: 한구사회
        사업학회, 1982.

이효재, 가족과 사회학, 서울: 경문사, 1988.

장인협 역, 산업사회와 사회복지, 서울: 대한교과서주식회사, 1980.

장인협, "지방자치시대와 사회복지사의 위상", 전국사회복지사대회 (제7회), 1994.

장인협, 사회복지개론, 서울: 한국사회개발연구원, 1981.

장인협, 사회복지학개론, 서울: 서울대학교출판부, 1993.

장인협, 사회사업실천방법론 (상), 서울: 서울대학교출판부, 1989.

장인협, 케이스워어크, 서울: 수문사, 1981.

장인협 · 문인숙 공역, 사회복지의 원리와 방법, 서울: 집문당, 1986.

장인협 · 이정호, 사회복지행정, 서울: 서울대학교출판부, 1993.

장인협 · 최성재, 노인복지학, 서울: 서울대학교출판부, 1987.

전재일 외, 사회복지개론, 서울: 형설출판사, 1999.

전재일 외, 사회복지론, 서울: 형설출판사, 1996.

전준우, 가족복지론, 서울: 홍익출판사, 1988.

정영석, "한국소년 비행의 현황과 그 대책", 연세논총, 서울: 연세대학교, 1971.

정우식, 청소년 문제, 그 실상과 대책, 서울: 삼성출판사, 1986.

조휘일, "볼런티어 활동의 기능과 역할", 몽산 하상락교수 송수논문집, 농원농화사, 1975.

조흥식 외, 가족복지학, 서울: 학지사, 1998.

중앙사회복지연구회 역, 사회사업의 기본문제, 서울: 이론과 실천, 1991.

중앙사회복지연구회 역, 현대자본주의와 사회사업, 서울: 이론과 실천, 1991.

지윤, 사회사업사, 서울: 홍익재, 1985.

최성재 · 남기민, 사회복지행정론, 파주: 도서출판 나남출판, 1993.

최일섭, 지역사회복지론, 서울: 서울대학교출판부, 1985.

최일섭 · 류진석, 지역사회복지론. 서울: 서울대학교출판부, 1996.

하상락, 한국사회복지사론, 서울: 박영사, 1989.

한국사회과학연구소 사회복지연구실, 한국 사회복지의 현황과 쟁점, 1994.

한국사회복지연구회, 사회복지의 역사, 서울: 이론과 실천, 1990.

한국사회복지학연구회 역, 사회복지의 사상과 역사, 서울: 한울아카데미, 1991.

한인영 외, 학교와 사회복지, 서울: 학문사, 1997.

현외성 외, 사회복지학의 이해, 서울: 유풍출판사, 1993.

현외성, 비교사회정책연구, 마산: 성은출판사, 1992.

황경식 역, 사회정의이론, 서울: 서광사, 1986.


岡本民夫 · 小田兼三 編, 社會福祉授助技術總論, 京都: ミネルヴァ書房, 1992.

京極高宣, 現代福祉社學の構圖, 東京: 中央法規出版社, 1990.

古川孝順 · 定藤文弘 · しょうじ洋子, 『社會福祉論』, 東京: 有斐閣, 1993.

磯邊實一, 社會福祉學槪論, 東京: 中央法規, 1981.

大鳥侑 編, 社會福祉實習敎育編, 東京: 海聲社, 1987.

大阪ボランチィア協會, ボランチィア, 京都: ミネルヴァ書房, 1993.

木田徹郎, 社會福祉事業, 東京: 川鳥書店. 1968.

福祉士養成構座編輯委員會, 社會福祉原論, 東京: 中央法規, 1989.

福祉士養成構座編輯委員會 II, 社會福祉授助技術各論, 東京: 中央法規, 1999.

福祉士養成構座編纂委員會 I, 社會福祉授助技術總論, 東京: 中央法規, 1999.

富永健一, 産業社會動態, 東京: 東洋經濟新報社, 1974.

山口建藏 外編, 社會福祉, 東京: 中央法規出版,1986.

三浦文夫 外, 社會福祉政策, 東京: 有斐閣, 1982.

三ッ本任一, "自立生活の基本理念", 自立生活への道, 全國社會福祉社協議會, 昭和 63.

星野貞一郎・渡燮武男 編著, 福祉社會學, 東京: ミネルウ書房 , 1986.

阿部志郎, 社會福祉教室, 東京: 有裵閣, 1977.

安井誠一郎, 社會問題と社會事業, 東京: 三省堂, 1933.

永田幹夫, 地域福祉組織論, 東京: 全國社會福祉協議會, 1982.

竹內愛二, 專門社會事業研究, 東京: 弘文堂, 1968.


Ackerman N., *The Psychodynamics of Family Life*, New York: Basic Books, 1960.

Alinsky S., *Rules for Radicals*, New York: Random House, 1972.

Allen-Meares P., "Social Work Services in School: A National Study of Entry-Level Tasks", *Social Work*, vol. 39, 1994.

Anderson J., Public Policy Making, New York: Holt Co., 1979.

Anderson R. & Carter I., *Human Behavior in the Social Environment: A Social System Approach*, Chicago: Aldire, 1990.

Appelbaum R., *Theories of Social Change*, Chicago: Rand McNally College Publishing Co., 1970.

Austin M., *Supervisory Management for the Human Services*, New Jersey: Prentice-Hall Inc., 1981.

Baker J., "Social Conscience and Social Policy", *Journal of Social Policy*, vol. 8, No.2, 1979.

Baldock C., *Volunteers in Welfare*, Sydney: Allen and Unwin, 1990.

Barker R., "Industrial Social Work", *The Social Work Dictionary*, NASW, 1987.

Bartlett H., "Social Work Practice", *Encyclopedia of Social Work, 16*, New York: National Association of Social Workers, 1970.

Bartlett H., *The Common Base of Social Work of Practice*, New York: National Association of Social Workers, 1970.

Bear B. & Federico, *Education of the Baccalaureate Social Worker,* 1980.

Becvar D. & Becvar R., *Family Therapy: A Systemic Intergration*, Boston: Allyn and

Bacon Inc., 1988.

Berrien F., *General and Social Systems*, New Jersey: Rutgers University Press, 1968.

Bertalanffy L., *General System Theory*, New York: Braziller, 1968.

Biestek F., *The Casework Relationship*, Chicago: Loyola University Press, 1961.

Blackburn C., "Family Social Work", *Encyclopedia of Social Work* (15), New York: NASW, 1965.

Boehm W., "The Nature of Social Work", *Social Work*, April, 1958.

Bowen M., *Family Therapy in Clinical Practice*, New York: Jason Aronson, 1978.

Bradshaw J., "The Concept of Social Need", in N. Gilbert & H. Specht eds., *Planning for Social Welfare*, New Jersey: Prentice Hall Inc., 1977.

Bradway J., *Law and Social Work*, Chicago: University of Chicago Press, 1929.

Brager G., "Advocacy and Political Behavior", *Social Work*, vol. 13, April, 1968.

Bruce M., The Coming of the Welfare State, London: B. T Batsford, 1968.

Buckly W., *Sociology and Modern Systems Theory*, New Jersey: Englewood Cliffs, Prentice-Hall Inc., 1967.

Burns M. & Glasser P., "Similarities and Differences in Casework and Group Work Practices", *Social Service Review*, vol.34, December, 1963.

Carkhuff R., *The Development of Human Resources*, New York: Holt, Rinehart & Winston Inc., 1971.

Chaplin J., *Dictionary of Psychology*, New York: Dell Publishing Co. Inc., 1968.

Chetkow-Yanoov B., *Social Work Practice: A systems Approach*, New York: Haworth Press, 1992.

Chilman C., "Public Social Policy and Population Problems in the United States", *The Social Service Review*, Vol.47, 1973.

Comptpn B. & Galaway B., *Social Work Process*, Illinois: The Dorsey Press, 1984.

Costin L., "School Social Work Practice: A New Model," *Social Work*, Vol.20, 1975.

Cox F. et al., *Strateies of Community Organization: A Book of Readings,* Illinois: F. E. Peacock Publishers Inc., 1970.

Dahrendorf R., "Toward a Theory of Social Conflict", *Journal of Conflict Resolution,* 1958.

Dinitto D. & Dye T., *Social Welfare: Politics and Policy*, New Jersey: Prentice- Hall, 1983.

Donnison D., *Social Policy and Administration*, London: Allen & Unwin, 1964.

Dunham A., *The New Community Organization*, New York: Thomas Y. Crowell Co.,

1970.

Ehlers W. et al., *Administration for the Human Services*, New York: Harper & Row Publishers, 1967.

Etzion A., *Modern Organizations*, New Jersey: Prentice-Hall Inc., 1964.

Fink A., *The Field of Social Work*, New York: Holt, Rinehart & Winston Inc., 1949.

Flora P., "Solution or Source of Crisis? The Welfare State in Historical Perspective", in W. Mommsen ed., *The Emergence of the Welfare State in Britain and Germany*, London: Oxford, 1981.

Ford L., "Federal Financing", *Encyclopedia of Social Work*, New York: NASW, 1965.

Freidlander W. & Apte R., *Introduction to Social Welfare,* New Jersey: Englewood Cliffs, Prentice-Hall, 1968.

Friedlander W., *Concepts and Methods of Social Work,* New Jersey: Prentice-Hall Inc., 1977.

Gates B., *Social Program Administration: The Implementation of Social Policy*, New Jersey: Englewood Cliffs, Prentice-Hall, 1980.

George V. & Wilding P., *Ideology and Social Welfare,* London: Routledge & Kegan Paul, 1976.

George V. & Wilding P., *The Impact of Social Policy,* London: RKP, 1984.

Gilbert N. & Specht H., *Dimension of Social Welfare Policy,* New Jersey: Prentice-Hall Inc., 1974.

Glennerster H., *Paying for Welfare,* Oxford: Basil Biackwell Ltd., 1985.

Greenwood E., "Social Welfare Research", *Social Service Review,* Vol.3, 1957.

Grosser C., "Community Development Programs Serving the Urban Poor", in R. Kramer & H. Specht eds., *Readings in Community Organization Practice,* New Jersey: Prentice-Hall Inc., 1969.

Gurin A., "Social Planning and Community Orgaization", *Encyclopedia of Social Work,* 1971.

Hamilton G., *Theory and Practice of Social Casework,* New York: Columbia University Press, 1951.

Harper E. & Dunham A., *Community Organization in Action Basic Literature and Critical Comment,* New York: Association Press, 1959.

Higgins J., *States of Welfare,* Oxford: Basil Blackwell & Martin Robertson, 1981.

Higgins J., *The Poverty Business,* Oxford: Basil Blackwell & Martin Robertson, 1978.

Hillman A., *Sociology and Social Work,* Washington D.C.: Public Affairs Press, 1956.

Hjelle L. & Ziegler D., *Personality Theories,* London: McGraw-Hill International Book Co., 1981.

Hollis F., "The Psychosocial Approach to the Practice of Casework," in R. Robert & R. Nee eds., *Theories of Social Casework,* Chicago: University of Chicago Press, 1970.

Hollis F., *Social Casework,* New York: Random House, 1964.

Horton P. & Leslie, *The Sociology of Social Problems,* New York: Appleton Century Crofts, 1955.

Ilsley P., *Enhancing the Volunteer Experience,* San Francisco: Jossey-Bass Publishers, 1990.

Johns R. & Demarche D., *Community Organization and Agency Responsibility,* New York: Association Press, 1951.

Kadushin A., *A Child Welfare Services,* New York: Russell Sage, 1969.

Kadushin A., *Homemaker Services, Child Welfare Service,* New York: Macmillan Publish Co. Inc., 1980.

Kahn A., *Theory and Practice of Social Planning,* New York: Russell Sage, 1969.

Katz D. & Kahn R., *Social Psychology of Organization,* New York: Johns Wiley & Sons, 1978.

Keefe T., "Empathy: The Critical Skill", *Social Work,* Vol.21, Jan., 1976.

Kurtz R., *Social Work Year Book*, New York: NASW. 1960.

Kurzman P., "Industrial Social Work", *Encyclopedia of Social Work* (18th), New York: NASW, 1977.

Laszlo E., "The Systems View of the World", *Introduction to Systems Philosophy*, New York: Gorden & Breach, 1972.

Lippitt R., Watson J. & Westley B., *The Dynamics of Planned Change,* New York: Harcourt, Brace & World, Inc., 1958.

Lubove R., *The Professional Altruist: The Emergence of Social Work as a Cause*, Cambridge: Harvard University Press, 1965.

Lurie H., *Encyclopedia of Social Work*, New York: NASW, 1965.

Macpherson S., *Social Policy in the Third World*, Brighton: Wheatsheaf Books, 1982.

Manser G. & Cass R., *Voluntarism at the Crossroads*, New York: Family Service Association of America, 1976.

Marshall T., *Social Policy in the Twentieth Century*, London: Hutchinson University Library, 1970.

Marshall T., *Social Policy*, London: Hutchinson, 1975.

Marx K., "Manifesto of the Communist Party", in L. Fouer ed., *Marx and Engels: Basic Writing on Politics and Philosophy*, 1959.

Masi D., *Human Service in Industry*, Massachusetts: Lexington Book, 1982.

McBroom E., "Socialization and Social Casework," in R. Robert & R. Nee eds., *Theories of Social Casework*, Chicago: University of Chicago Press, 1970.

McNeil C., " Community Organization for Social Welfare", *Social Work: Year Book, New York: American Association of Social Worker*, 1954.

Mead M., "Introduction to Optimun Mental Health", in A. Deutsch ed., *The Encyclopedia of Mental Health*, vol. 1, New York: Watts, 1963.

Merton R. & Nisbet R., *Contemporary Social Problems*, New York: Harcourt Bruce Jovanovich, 1979.

Merton R., *On Theoretical Society*, New York: Free Press, 1967.

Meyer A., "Historical Sketch and Outlook of Psychiatric Social Work", *Hospital Social Service, V,* 1922.

Middleman R. & Goldberg G., *Social Service Delivery: A Structural Approach to Social Work Practice,* New York: Columbia University Press, 1974.

Midgly J., *Social Security, Inequality and the Third Word,* New York: John Wiley & Sons, 1984.

Miller D., *Social Justice,* Oxford: Clarendon Press, 1976.

Moore W., *Social Change,* New Jersey: Prentice-Hall Inc., 1963.

Morales A. & Sheafor B., *Social Work: A Profession of Many Faces,* Boston: Allyn and Bacon Inc., 1987.

Muraskin W., "Regulating the Poor: Review Article", *Contemporary Sociology: A Journal of Review,* vol.4, No.6, 1976.

Murphy C., *Community Organization Practice,* Boston: Houghton Mifflin Co., 1954.

Neugeboren B., Organization, Policy, and Practice in Human Services, New York: Longman, 1985.

Newman B. & Newman P., *Development through Life: A Psychosocial Approach,* California: Books Cole Publishing Co., 1991.

O'Keefe D., "Psychiatric Social Work", in R. Kurtz ed., *Social Work Year Book,* New York: National Association of Social Workers, 1960.

Pappell, C. & Rothman B., "Social Group Work Model: Possession and Heritage", *Journal of Education for Social Work.,* vol.2, No2, 1966.

Perlman H., "The Problem-solving Model in Social Casework", in R. Robert & R. Nee eds., *Theories of Social Casework,* Chicago: University of Chicago Press, 1970.

Perlman R. & Gurin A., *Community Organization and Social Planning,* New York: Johns Wiley & Sons, 1972.

Piccard B., *An Introduction to Social Work,* Illinois: The Dorsey Press, 1975.

Pierson C., *Beyond the Welfare State,* Oxford: The New Political Economy, Polity Press, 1991.

Pincus A. & Minahan A., *Social Work Practice: Model and Method,* Itasca, Illinois: F. E. Peacock Publishers Inc., 1990.

Pinker R., "Social Policy and Social Justice", *Journal of Social Policy,* vol.3, No.1, 1974.

Piven F. & Cloward R., *Regulating the Poor,* New York: Random House, 1971.

Polansky N., *Social Work Research,* Chicago: The University of Chicago Press, 1960.

Popper K., *Conjectures and Refutations,* London: Routledge and Kegan Paul, 1962.

Puryear D., *Helping People in Crisis,* California: Jossey-Bass, 1979.

Rein M., *Social Policy: Issues of Choice and Change,* New York: Random House, 1970.

Richards, P. & Thomson A., *Basic Need and the Urban Poor,* London: Croom Helm, 1984.

Richmond M., *What is Social Casework?* New York: Russel Sage Foundation, 1922.

Romanyshyn J., *Social Welfare,* New York: Random House, Kingsport, 1971.

Ross M., *Community Organization: Theory, Principles and Practice,* New York: Harper, Brothers Publishers, 1967.

Rothman J., "Three Models of Community Organization Practice", in F, Cox ed., *Strategies of Community Organization,* Illinois: F. E. Peacock Publishers, 1974.

Rubin H. & Rubin I., *Community Organization and Development,* Columbus, Chio: Merrill Publishing Co., 1986.

Sanders I., "Professional Roles in Planned Change." in R. Kramer & H. Specht eds., *Readings in Community Organzation Practice,* New Jersey: Prentice-Hall Inc., 1969.

Sheard J., "From Lady Bountiful to Active Citizen", in D. Smith, C. Rochester & R. Hedley, *An Introduction to the Voluntary Sector,* London: Routledge, 1995.

Shotland R. & Mark M., *Social Science and Social Policy,* Beverly Hills: Sage Publication, 1985.

Skidmore R. & Thackeray M., *Introduction to Social Work,* New Jersey: Prentice-Hall Inc., 1976.

Skidmore R., *Social Work Administration,* New Jersey: Prentice-Hall Inc., 1983.

Smalley R., "The Functional Approach to Casework Practice". in R. Robertbert & R. Nee eds., *Theories of Social Casework,* Chicago: University of Chicago Press, 1970.

Smith G., *Social Need Policy, Practice and Research*, London: RKP, 1980.

Specht R. & Craig G., *Human Development: A Social Work Perspective,* Englewood Cliffs, New Jersey: Prentice-Halls, 1987.

Stroup H., *Social Work,* New York: American Book Co., 1948.

Sussanman H., *Juvenile Delinquency in American Society,* New York: Harper & Row, 1961.

Thomas E., "Behavioral Modification and Casework," in R. Robert & R. Nee eds., *Theories of Social Casework,* Chicago: University of Chicago Press, 1970.

Titmuss R., *Social Policy,* London: George Allen & Unwin Ltd., 1974.

United Nations, *Social Progress through Community Development,* New York: U.N., 1955.

Vakharia P., *Encyclopedia of Social Work,* NASW, 1965.

Warren R., "Action System", *The Community in America,* Chicago: Rand Mcnally Co., 1963.

Weiner B., *Human Motivation,* New York: Holt Co., 1980.

Wickenden E., *Social Welfare in a Changing World,* Washington, D.C.: Public Affairs Press, 1965.

Wilensky H. & Lebeaux C., *Industrial Society and Social Welfare,* New York: Collier Macmillan Publishers, 1965.

Yasuichiro Y. ed., *Systems Approach in Family Therapy,* 1984.

Zastrow C., *The Practice of Social Work,* California: Wadsworth Publishing Company, 1992.

# 찾아보기

## 저자 소개

**박용순(Park Yongsoon)**

성결대학교 사회복지학과 졸업
숭실대학교 대학원 사회사업학과 졸업(문학석사)
숭실대학교 대학원 사회사업학과 졸업(문학박사)
한국사회복지학회 이사
한국사회복지행정학회 이사
한국지역사회복지학회 이사
경기도 사회복지전담공무원 임용시험 출제위원
충청남도 공무원 임용시험 출제위원
경상북도 공무원 임용시험 출제위원
한국교육개발원 교육기관 평가위원
안양시 종합자원봉사센터 소장
안양시 비산사회복지관 관장
안양시 수리장애인복지관 관장
현재: 성결대학교 사회복지대학원장
　　　성결대학교 사회복지학부 교수

〈주요 저서〉
사회복지학의 이해(공저, 유풍출판사, 1993)
빈곤과 자립(학지사, 2001)
사회복지수험서(서현사, 2003)
사회복지행정론(공저, 창지사, 2003)
기독교와 아동복지(공저, 예영, 2003)
지역사회복지론(학지사, 2006)
사회문제론(공저, 학지사, 2008)
사회복지시설운영론(공저, 창지사, 2012)
자원봉사론(공저, 창지사, 2013)
사례관리(공저, 창지사, 2016)
사회복지정책론(공저, 창지사, 2016)

이 외 논문 다수

4판
# 사회복지개론
**Introduction to Social Welfare, 4th ed.**

1999년  3월 25일  1판  1쇄 발행
2001년  3월 10일  1판  4쇄 발행
2002년  1월 10일  2판  1쇄 발행
2007년  1월 20일  2판  9쇄 발행
2008년  2월 25일  3판  1쇄 발행
2016년  3월 20일  3판  7쇄 발행
2017년  3월 10일  4판  1쇄 발행
2022년  2월 10일  4판  4쇄 발행

지은이 • 박 용 순
펴낸이 • 김 진 환
펴낸곳 • ㈜ **학지사**
　　　　04031 서울특별시 마포구 양화로 15길 20 마인드월드빌딩 5층
대표전화 • 02) 330-5114　　팩스 • 02) 324-2345
등록번호 • 제313-2006-000265호

홈페이지 • http://www.hakjisa.co.kr
페이스북 • https://www.facebook.com/hakjisabook

ISBN 978-89-997-1182-4 93330

정가 **16,000**원

이 도서의 국립중앙도서관 출판시도서목록(CIP)은 서지정보유통지원시스템
홈페이지(http://seoji.nl.go.kr)와 국가자료공동목록시스템(http://www.nl.go.kr/kolisnet)
에서 이용하실 수 있습니다.
(CIP제어번호: CIP2017004330)

출판 · 교육 · 미디어기업 **학지사**

간호보건의학출판 **학지사메디컬** www.hakjisamd.co.kr
심리검사연구소 **인싸이트** www.inpsyt.co.kr
학술논문서비스 **뉴논문** www.newnonmun.com
원격교육연수원 **카운피아** www.counpia.com